本书获得教育部青年基金项目"儿童法律意识的发展规律及预测模型研究"（项目批准号：18YJC880099）的资助；同时，还获得浙江省自然科学基金/青年基金项目"浙江省中小学生法律意识的发展关键期及预测模型构建"（项目批准号：LQ19C090002）和温州大学的出版资助。

徐淑慧 著

法律意识植根于自我的教育研究

中国社会科学出版社

图书在版编目（CIP）数据

法律意识植根于自我的教育研究 / 徐淑慧著. —北京：中国社会科学出版社，2020.12
ISBN 978-7-5203-7706-5

Ⅰ.①法… Ⅱ.①徐… Ⅲ.①公民—法律意识—研究—中国 Ⅳ.①D909.2

中国版本图书馆 CIP 数据核字（2020）第 264272 号

出 版 人	赵剑英	
责任编辑	孔继萍	
责任校对	夏慧萍	
责任印制	郝美娜	
出　　版	中国社会科学出版社	
社　　址	北京鼓楼西大街甲 158 号	
邮　　编	100720	
网　　址	http://www.csspw.cn	
发 行 部	010-84083685	
门 市 部	010-84029450	
经　　销	新华书店及其他书店	
印刷装订	北京市十月印刷有限公司	
版　　次	2020 年 12 月第 1 版	
印　　次	2020 年 12 月第 1 次印刷	
开　　本	710×1000　1/16	
印　　张	20	
插　　页	2	
字　　数	322 千字	
定　　价	118.00 元	

凡购买中国社会科学出版社图书，如有质量问题请与本社营销中心联系调换
电话：010-84083683
版权所有　侵权必究

序

　　未成年人是新时代的希望和接班人，未成年人的健康成长是家庭幸福的源泉、社会发展的动力、国家复兴的关键。但由于错综复杂的原因，部分未成年人出现了心理失衡、道德失范、行为失当乃至触犯法律的行为。21世纪以来我国未成年人犯罪虽然得到有效遏制，但低龄未成年人犯罪现象时有发生，引起学术理论界与实务部门的格外关注。我们震惊地发现，10岁出头的"毛孩子"抢劫或盗窃财物、欺凌或伤害他人，熊孩子经常肆无忌惮地挑战法律的底线，未成年人弑母杀师的滔天大罪也时有发生。未成年人犯罪现象已经成为家庭之痛、学校之困、社会之难题，既对国家、社会和人民造成莫大的危害，也毁掉了未成年人的人生及其家庭。面对如此现实，人们都认识到其重大隐患，也尝试全方位、立体化、实效化地对未成年人犯罪实施预防与干预。不过目前针对未成年人犯罪的预防教育矫正管理情况却不容乐观。一是常规管教途径效果堪忧，涉罪未成年人往往处于"家长管不了、学校管不好、社会管不着"的"三不管"境地。随着我国城市化进程的推进，大量农村人口迁移到城市居住，客观上造成了大量留守儿童和流动人口，亲子分离成为许多家庭的常态。加之网络的迅猛发展、智能手机等网络移动终端的普及与"触网"年龄的低龄化趋势。这些情况最终导致亲子沟通的量与质双双下降，使许多家庭丧失了情感与道德管教的基本功能。而城镇化带来的传统村落凋零、宗族势力衰败，导致邻里、宗族、村集体等传统社会教育力量式微，而新社区的教育功能尚未形成，使社会教育处于"青黄不接"的境地。二是司法强制性管教途径利弊共存，隔离、强制带来的矫正效果并不尽如人意，而"交叉感染""污名化效果""人格监狱化"等"副作用"却如影相随。三是面对未成年犯罪现象，虽然法学、教育学、心理学、犯罪学等多个学科均有关注和研究，但大多研究局限在各自的学科领域利用各自学科的专业知识对这一社会问题进行探讨。未成年人犯罪问题本就是一个涉及多学科领域的社会问题，令人高兴的是，徐淑慧博士多年来致力于问题青少年教育矫正管理研究，选取犯罪青少年作为研究对象，对自己的博士学位论文精雕细刻、反复修改并增加新近研究内容，为该领域奉献出少见的耳目一新的专著：《法律意识植根于自我的教育研究》。

本书的最大亮点是，基于多元化开放性的教育矫正视域，进行系统的理论分析，探讨未成年人犯罪形成的心理机制与教育矫正策略与路径。首先对未成年人犯罪的现状、未成年人犯罪的相关理论进行整合分析，探究未成年人犯罪的原因。这使作者夯实了后续研究的现实根基，使后续的研究有理有据。其次，通过实证研究，论证了作者对未成年人犯罪原因的假设与猜想，即未成年人犯罪源于家庭教育不良所导致人格自我发展不佳，进而薄弱的自我又影响到其社会化程度，导致其正常的社会关系破裂，最终被社会边缘化，成为一名犯罪青少年。再次，从多元化的大教育视域出发，立足预防教育矫正的终极关怀，探究对未成年人的预防教育的价值预设、价值承诺和定位问题等。以此为理据，展开对未成年人犯罪预防教育的价值本体探究，确立培育健康人格作为预防未成年人犯罪的根本，对法律意识的内化是预防未成年人犯罪的关键。最后，基于前期的理论基础，进一步做了验证性实证研究，确立了法律意识植根于自我的预防教育体系的可行性，为后期进一步完善这一未成年人犯罪预防体系奠定理论与实证基础。

通览全书，本书作者笔下的辞藻温润、字字珠玑，对未成年人犯罪不是严加斥责与贬低，而是怀着悲天悯人的情怀来书写他们的内心世界，充分体现了我国优秀传统文化中"幼吾幼以及人之幼"的恤幼、爱幼美德。可以看出，在作者眼中，未成年人犯罪不仅仅是违法犯罪事件的加害人，也是家庭、学校、社会管教不当的受害者，所以不能把所有的错误都算到未成年犯的头上。面对未成年人犯罪现象，家庭、社会、国家均应承担自己应负的那部分责任。这体现了作者人道主义精神和人文关怀的基调。

作者在书中通过剖析未成年犯形成的心理机制，以提醒相关人员能够及早发现导致未成年人犯罪的心理与行为因素，由事后的消极惩罚转向事前的积极预防。另外，作者尝试论证构建一个预防与矫治未成年人犯罪的法律意识植根于自我之体系，并进行了实证验证。这是本书理论研究和实践探索的重要现实意义。这种超前预防思想与实务探索倾向均着眼于将理论用于指导和改造实践，在学术追求上体现了"上工治未病"的境界，精神可嘉、可圈可点。

徐淑慧博士是我校招收的也是我指导的首届博士生，在校期间她埋头经典、勤于深思、见解独特，有多篇问题青少年教育矫正论文面世，其中以第一作者在权威期刊《教育研究》发表的《法律信仰的特点、结构与培养策略》最为着力，也由此奠定了她后来的一系列研究课题。博士毕业后的3年之内，已先后获得教育部人文社会科学研究项目、浙江省自然科学基金、浙江省社科联项目、浙江省教育科学规划课题等诸多项目，难能可贵的是皆与法律意识有关。由此可见其"咬定青山不放松"的研究志趣，更彰显出令人高兴的研究潜力。希望徐淑慧博士以本书的出版作为新的起点，深入探索预防未成年人犯罪的法律意识植根于自我之体系的教育矫正的内在规律与发生发展机制，并将研究成果转化为社会效益，用研究所得解决该领域的现实问题。适逢《民法典》刚刚颁布，《社区矫正法》即将实施，《预防未成年人犯罪法》正在修订，期待徐淑慧博士以此为契机将研究向纵深发展，一方面从哲学层面深入思考预防未成年人犯罪的教育价值与实现路径；另一方面在挖掘中国优秀传统文化的同时借鉴国外先进研究成果，形成与中国国情相适应的、有中国特色的预防未成年人犯罪的教育矫正管理理论与实践体系，期待徐淑慧博士"法律自我"的面世。

苏春景

2020年7月1日

（苏春景，二级教授、博士生导师，享受国务院政府特殊津贴专家，鲁东大学问题青少年教育矫正研究院院长）

前　　言

本书是作者主持的教育部青年基金项目"儿童法律意识的发展规律及预测模型研究"（项目批准号：18YJC880099）的最终成果，由于项目对于著作方面的预算有限，还受到2018年被批准立项的浙江省自然科学基金/青年基金项目"浙江省中小学生法律意识的发展关键期及预测模型构建"（项目批准号：LQ19C090002）和温州大学的出版资助。

在进行这项研究的过程中，作者还得到了鲁东大学教育科学学院、山东省未成年人管教所等部门的支持与帮助。

这项研究开始于作者的博士学位论文选题。作者攻读博士研究生期间的研究方向是问题青少年教育矫正管理，鉴于对"问题青少年"本身鉴定的复杂性与多元性，所以，作者选取了一个典型的问题青少年群体，即未成年犯。对于犯罪问题，当前已有非常丰富的研究成果，比如有吴宗宪教授全面梳理的西方犯罪学理论，还有年轻学者如姚建龙教授对青少年犯罪问题的相关研究等。那么，在这样的背景之下，如何使自己的选题具有一定的创新性，作者基于以下几方面的思考，确定了当前的研究主题。首先，考虑到作者的学术经历。作者的本科专业是法学，硕士的研究方向是发展与教育心理学，所以，想在选题中将这两者进行有机结合。其次，考虑到导师多年来在教育学领域取得的成就，以及基于攻读博士研究生期间对问题青少年的发生、发展以及各方面的思量，最终确定了本书的研究主题。

在确定了选题后，作者除了阅读大量的书籍、文献之外，还专程在未成年犯管教所进行了实地考察，收集到了大量的一手资料，其中包括问卷调查数据、个案访谈以及在法律允许的限度内查阅的相关卷宗材料等。

在此，作者对博士研究生导师苏春景教授，以及研究中涉及上述机构及有关领导和为本著作顺利开展提供建议的各位专家们表示衷心感谢。没有他们的指导与支持，这项研究就不能顺利进行以及及时完成。

本著作涉及的内容，除了博士研究生期间的研究内容外，还有在工作后对博士研究生期间研究工作的继续。例如，书稿最后一章关于"法律意识植根于自我的探索性实证研究"，其中涉及对法律意识测评工具的开发、对不同阶段个体法律意识与自我关系的实证研究等内容，均为在博士学位论文基础上的进一步探究。最后一章的内容也是为作者后续独立提出"法律自我"做好铺垫。因为"法律自我"是一个全新的概念，鉴于作者的学术阅历与知识储备，也考虑到博士研究生毕业等现实问题，所以，本书稿中没有专门设置"法律自我"这方面的内容。同时，由于时间和精力方面的原因，对最后一章的实证探究，只是选取了法律意识结构的部分内容进行验证性实证研究。

在本书研究中，特别重视了下列几方面问题：

1. 理论性

看一项课题是否具备一定的深度与指导意义，首先就看该课题的理论性是否很强。很多的实践工作之所以会出现低效率甚至无效率的状况，除了其他一些不可控因素，其中非常重要的一个因素就是理论论证不够全面或理论导向有误。所以，学理性在课题研究中非常重要。作者在构建整个课题的逻辑框架时，除了对前人相关研究做了仔细学习与梳理，同时，结合自己的学术背景，对相关理论进行了严密的论证，力图为后期的实证研究，乃至进一步地深入拓展研究奠定基础。

比如，当确定研究对象为犯罪群体时，作者便从对犯罪的思考入手，即为何会出现犯罪现象？这种现象是否与社会发展同步？为何人类不喜欢犯罪，但它却与人类社会相伴相随呢？然后针对这一问题进行了追本溯源，力求从哲学高度对这一现象进行解读。接着将犯罪与某一特定群体相结合，对研究范围进行了限定，同时，考虑到这个群体与其他群体的本质区分在哪里？是年龄？还是社会地位？抑或是心智的成熟度不同？最后，结合这个群体的犯罪特点，对犯罪原因进行了理论构建。

2. 实证性

研究问题的提出是对现实中青少年犯罪问题的一种回应。因此，在整个研究过程中，无不体现出对目前青少年犯罪问题的现状关注，包括在理论构建的基础上对未成年犯管教所犯罪青少年的调查、访谈、个案分析等，均是立足于现实，促使研究工作聚焦于对实际问题的解决。以及后期的在"法律意识植根于自我"对预防犯罪教育的作用，里面涉及的"法律意识植根于自我"体系的几个形成阶段，也是通过大量的实证调研进行了初步验证。因此，本研究在建构好基本理论框架后，务实地踩在了"实证"研究上，坚定地贯彻了"从理论中来，到实证中去"的研究理念。

3. 操作性

本研究在提出"法律意识植根于自我"这样一种犯罪预防与矫治教育方式后，对相关概念进行了可操作化的转变。比如从微观层面揭示了未成年犯人格的自我形成机制，对人格自我形成的影响因素均进行可操作化的实证验证。后期对法律意识测评工具的开发，以及"法律意识植根于自我"的发展阶段，同样进行了可操作化的探究。使得理论不再是高高在上的、空洞抽象的表现形式，而是落到了实实在在的数据上，并以数据的形式展现给大家。

4. 学科融合性

本研究从选题、到研究理论的构建、研究方法的选用以及研究成果的预期适用领域，无不体现出了它的学科融合性。首先，从项目的选题来看，涉及法理学的法律意识内容、心理学自我概念、犯罪学和社会学关于青少年犯罪等相关理论、教育学中预防犯罪教育和犯罪矫治教育等内容；其次，利用人工智能算法，对研究数据进行挖掘，构建青少年犯罪的预测模型；再次，以心理测量统计学关于量表的编制技术开发法律意识发展状况测评量表；最后，利用教育学、心理学的相关理论和研究方法探究研究被试法律意识发展特点、影响因素及心理机制。整个研究过程中，体现出了学科之间的交叉融合。

本书的结构大体上分为四部分：

第一部分是绪论部分，论述研究问题的提出、研究的基本概念界定、研究思路和研究方法等基本问题。

第二部分是理论构建部分，即第一章，论述法律意识植根于自我的依据，主要立足于犯罪的视角，论述自我与犯罪的关系、法律意识与犯罪的关系，最后提出法律意识植根于自我的可能性与价值。

第三部分是实证研究部分，即第二章和第三章，通过定量研究论述未成年犯的亲子关系、社会关系对法律意识植根于自我体系形成的影响，以及未成年犯的形成机制及预测模型，最后通过质性研究方法对前面的量化研究进行了验证。

第四部分是法律意识植根于自我的教育模式探究，即第四章和第五章，论述了法律意识植根于自我的教育特征、教育主体、教育方式和教育内容，并对法律意识植根于自我体系的形成阶段进行了详尽的论述；同时，对未成年犯法律意识植根于自我的矫治教育进行了简单阐释。在教育理论构建后，作者接着进行了探索性的实证研究，通过开发法律意识测评工具，对不同阶段个体法律意识与自我的关系进行实证调查，一定程度上验证了个体法律意识植根于自我体系的可能性、方式及影响因素。

目 录

绪 论 ·· (1)
 第一节 研究背景和问题提出 ······························ (1)
  一 研究背景 ··· (1)
  二 问题提出 ··· (3)
 第二节 研究目的和意义 ······································ (9)
  一 研究目的 ··· (9)
  二 研究意义 ·· (10)
 第三节 相关研究状况 ·· (11)
  一 有关自我的研究 ···································· (11)
  二 有关法律意识的研究 ······························ (16)
  三 有关犯罪的研究 ···································· (19)
 第四节 基本概念界定、研究思路和研究方法 ········· (24)
  一 基本概念界定 ······································· (24)
  二 研究思路 ··· (26)
  三 研究方法 ··· (27)

第一章 法律意识植根于自我的依据 ························· (29)
 第一节 自我与犯罪的关系分析 ··························· (29)
  一 自我健康发展使个体远离犯罪 ················· (29)
  二 自我发展受挫导致个体成为犯罪的易感性群体 ··· (31)
 第二节 法律意识与犯罪的关系 ··························· (33)
  一 宏观法律意识对犯罪的排斥 ···················· (33)

二　犯罪人微观法律意识的缺失 …………………………………… (38)
　第三节　法律意识植根于自我的可能性与价值 ……………………… (42)
　　一　法律意识植根于自我的可能性 ……………………………… (42)
　　二　法律意识植根于自我的价值与特征 ………………………… (52)

第二章　未成年犯法律意识植根于自我的定量研究 …………………… (58)
　第一节　未成年犯亲子关系对法律意识植根于自我体系
　　　　　形成的影响 ……………………………………………… (58)
　　一　引言 ………………………………………………………… (58)
　　二　方法 ………………………………………………………… (61)
　　三　结果 ………………………………………………………… (62)
　　四　讨论分析 …………………………………………………… (79)
　　五　小结 ………………………………………………………… (83)
　第二节　未成年犯社会关系对法律意识植根于自我体系
　　　　　形成的影响 ……………………………………………… (84)
　　一　引言 ………………………………………………………… (84)
　　二　方法 ………………………………………………………… (87)
　　三　结果 ………………………………………………………… (91)
　　四　讨论分析 …………………………………………………… (99)
　　五　小结 ……………………………………………………… (102)
　第三节　未成年犯社会关系断裂对法律意识植根于自我
　　　　　体系形成的影响 ………………………………………… (103)
　　一　引言 ……………………………………………………… (103)
　　二　方法 ……………………………………………………… (106)
　　三　结果 ……………………………………………………… (108)
　　四　讨论分析 ………………………………………………… (119)
　　五　小结 ……………………………………………………… (121)
　第四节　未成年犯的形成机制及预测模型评估 …………………… (122)
　　一　文献综述 ………………………………………………… (123)
　　二　研究假设 ………………………………………………… (127)

三　研究方法 …………………………………………（128）
　　四　研究结果 …………………………………………（131）
　　五　讨论分析 …………………………………………（138）
　　六　结论 ………………………………………………（140）

第三章　未成年犯法律意识植根于自我的质性个案研究 ………（141）
　第一节　引言 ……………………………………………（141）
　第二节　方法 ……………………………………………（145）
　　一　被试 ………………………………………………（145）
　　二　个案研究法 ………………………………………（145）
　　三　个案研究程序 ……………………………………（145）
　　四　个案研究资料的整理 ……………………………（146）
　第三节　访谈案例的呈现 ………………………………（146）
　　一　案例一 ……………………………………………（146）
　　二　案例二 ……………………………………………（147）
　　三　案例三 ……………………………………………（148）
　　四　案例四 ……………………………………………（149）
　　五　案例五 ……………………………………………（150）
　　六　案例六 ……………………………………………（151）
　　七　案例七 ……………………………………………（152）
　第四节　案例评析 ………………………………………（153）
　第五节　小结 ……………………………………………（157）

第四章　法律意识植根于自我的教育模式探究 …………………（159）
　第一节　法律意识植根于自我的教育特征 ……………（159）
　　一　预防为先的整合性特征 …………………………（159）
　　二　适宜关系的人格教育本质特征 …………………（160）
　　三　主体性原则的追求生命意义特征 ………………（160）
　第二节　法律意识植根于自我的教育主体及方式 ……（161）
　　一　教育主体 …………………………………………（161）

二　教育方式 …………………………………………………（169）
　第三节　法律意识植根于自我的教育内容 ……………………（174）
　　一　形成于自然法理念中的自我 ………………………………（174）
　　二　自我表现形式中的微观法律意识 …………………………（176）
　　三　法律意识植根于自我的形成策略 …………………………（178）
　第四节　法律意识植根于自我的发展阶段 ……………………（185）
　　一　第一阶段——混沌状态 ……………………………………（185）
　　二　第二阶段——共生状态 ……………………………………（187）
　　三　第三阶段——融合状态 ……………………………………（189）
　第五节　未成年犯法律意识植根于自我的矫治教育概述 ……（190）
　　一　矫治教育的可能性 …………………………………………（190）
　　二　矫治教育的必要性 …………………………………………（191）
　　三　矫治教育的策略探析 ………………………………………（192）

第五章　法律意识植根于自我的探索性实证研究 ……………（200）
　第一节　中小学生法律认知理论构建及测评量表的开发 ……（200）
　　一　法律认知的理论构建 ………………………………………（201）
　　二　小学生法律认知量表的编制 ………………………………（203）
　　三　中学生法律认知量表的编制 ………………………………（207）
　第二节　法律情感的理论构建 …………………………………（214）
　　一　法律情感的内涵及特征 ……………………………………（215）
　　二　法律情感的维度 ……………………………………………（217）
　　三　法律情感的功能 ……………………………………………（221）
　　四　青少年学生积极法律情感的培养策略 ……………………（223）
　第三节　大学生法律情感测评工具的编制及信效度检验 ……（227）
　　一　研究方法 ……………………………………………………（227）
　　二　研究结果 ……………………………………………………（229）
　　三　结果讨论 ……………………………………………………（233）
　第四节　自我与法律意识关系的实证研究 ……………………（233）
　　一　小学生法律认知与自我的关系 ……………………………（234）

  二 初中生法律认知与自我的关系 …………………………（237）
  三 大学生法律情感与自我的关系 …………………………（240）
  四 讨论分析 ……………………………………………………（242）
  五 结论 …………………………………………………………（244）

总结与展望 ……………………………………………………………（245）
  第一节 主要结论 ……………………………………………（245）
  第二节 展望 …………………………………………………（249）

参考文献 ………………………………………………………………（250）

附录 A 个人基本情况调查表 …………………………………（269）
附录 B 青少年自我意识量表（部分）………………………（271）
附录 C 父母教养方式评价量表（部分）……………………（274）
附录 D 核心自我评价量表（部分）………………………（278）
附录 E 父/母亲及同伴依恋量表 …………………………（279）
附录 F 青少年社会支持量表（部分）……………………（283）
附录 G 法律意识问卷（部分）……………………………（284）
附录 H 青少年疏离感量表（部分）………………………（285）
附录 I 公正世界信念量表（部分）………………………（287）
附录 J 未成年犯访谈提纲 …………………………………（289）
附录 K 小学生法律认知与自我意识及生活质量量表 ……（292）
附录 L 中学生法律认知量表 ………………………………（295）
附录 M 自尊量表 ……………………………………………（297）
附录 N 大学生法律情感测评量表 …………………………（298）

后记 ……………………………………………………………………（301）

绪　　论

第一节　研究背景和问题提出

一　研究背景

当前中国社会处于快速转型期，社会问题表现出极端复杂性，进步和代价反差明显。[①] 伴随着转型期这个发展阶段，中国社会还处于信息化和全球化的大背景中。互联网成为信息最重要的传播手段之一，2019年，我国未成年网民规模达1.75亿，未成年人互联网普及率达93.1%，未成年人上网最普遍的工具是手机。[②] 互联网时代的到来在给人们生活带来便利的同时，也滋生了一系列负面影响。根据中国青少年网络协会2011年公布的《中国青少年网瘾数据报告》显示，我国青少年网民中网瘾比例超过四分之一，达到26%。[③] 全球化则是当今时代的一个发展趋势，世界各国相互妥协、相互协调、相互合作被认为是全球化的基本精神。[④] 未成年犯罪现象裹挟于这种错综复杂的社会背景下。

据调查，山东省烟台市某区检察院从2010年到2014年10月，起诉的未成年人共84人；山东省烟台市芝罘区法院少年法庭从2006年到

[①] 郑杭生：《改革开放30年：快速转型中的中国社会——从社会学视角看中国社会的几个显著特点》，《社会科学研究》2008年第4期。

[②] 共青团中央维护青少年权益部、中国互联网络信息中心：《"2019年全国未成年人互联网使用情况研究报告"发布》，《青年记者》2020年第16期。

[③] 邓验：《青少年网瘾现状及监控机制研究》，博士学位论文，中南大学，2012年。

[④] 刘思华、方时姣、刘江宜：《经济与环境全球化融合发展问题探讨》，《陕西师范大学学报》（哲学社会科学版）2005年第2期。

2014年6月共审结未成年人犯罪案件231件，318人。① 2004年到2007年4年间，呼和浩特市共审结一审刑事案件61451件，8989人，其中在判决已生效的629名罪犯中，未成年罪犯占到了7%；2004年，未成年罪犯占到了罪犯总数的8%，2007年也为8%；在判决已生效的629名未成年人罪犯中，犯盗窃、抢劫、故意伤害罪有557人，约占总数的89%，仅盗窃、抢劫的犯罪未成年人占81%。以玉泉区法院为例，2013年未成年刑事案件17件，未成年被告38人，其中男性35人，女性3人，小学初中文化8人。②

台湾2012年少年儿童犯罪总人数合计为11394人，其中刑事案件有384人（占全体少年儿童犯罪人数的3.37%），保护事件有11010人（占96.63%），其中虞犯少年③儿童则有1979人。并且，台湾近10年来整体犯罪少年儿童④虽有减少趋势，唯有2011年、2012年呈明显增加情形，但2012年虞犯少年儿童人数则呈现增加趋势，为近10年人数最高的一年。近10年犯罪少年儿童占整体少年及儿童人口数每万人约为16.38—25.49人，其中以2012年的每万人25.49人达到最高。⑤

20世纪90年代初到2008年，我国未成年犯人数增加近3倍，犯罪率高达12.14‰。⑥ 从2009年到2013年则有下降趋势，例如，2009年，全国法院审理的未成年人犯罪人数达77604人，占刑事犯罪总人数7.79%；2010年全国法院审理未成年人犯罪人数为68193人，占刑事犯罪总人数6.77%；2011年全国法院审理未成年人犯罪人数为67280人，占刑事犯罪总人数6.39%；2012年全国法院审理未成年人犯罪人数为

---

① 这里的未成年犯是指犯罪时不满18周岁的人。
② 邢媛媛：《规制未成年人犯罪的新视野——以内蒙古地区为例》，《前沿》2014年第9期。
③ 我国台湾地区"少年事件处理法"第3条规定少年虞犯主要指有以下行为的人：(1) 经常与有犯罪习性的人交往；(2) 经常出入少年不应当进入的场所；(3) 经常逃学或者逃家；(4) 参加不良组织；(5) 无正当理由经常携带刀械；(6) 吸食或者打烟毒或者麻醉药品之外的迷幻物品；(7) 有预备犯罪或者犯罪未遂而为法所不罚。
④ 台湾儿童人口数指未满12岁的年龄层人口数，少年人口数是指12岁以上18岁以下的年龄层人口数。
⑤ "法务部"保护司编：《犯罪状况及其分析》，台北："法务部"2012年，第274—277页。
⑥ 姚兵、任立军：《论未成年犯罪人无期徒刑之适用》，《预防青少年犯罪研究》2014年第2期。

63782人，占刑事犯罪总人数5.47%；2013年全国法院审理未成年人犯罪人数为55817人，占刑事犯罪总人数4.82%。[①] 这表明对未成年犯罪的控制取得了一定的成效。

从全国部分省市到台湾地区最后乃至全国有关未成年犯罪的调查数据表明，未成年犯罪现象依旧存在。国际社会于2014年7月11日的世界人口日呼吁国际社会加大对青少年的投资，发展青少年的潜力。2014年10月20日至23日召开的中共十八届四中全会的治国目标是建设社会主义法治国家。未成年犯作为法律调整的重要主体，对他们法律意识的研究是法治建设的一个重要内容。而且，被处以刑罚的未成年人其主观恶性和人身危险性较高，因此，对未成年犯进行研究并矫治是应社会之急需。最后，未成年犯还处在发展和成长过程中，所以，进行教育矫治相对容易。从另一方面来说，未成年人的健康成长可为社会提供一种潜在的建设力量。未成年人是社会的希望，承载着"中国梦"的一个群体，研究未成年人犯罪并提出可行性的预防矫治策略，是社会亟待解决的重大问题之一。

二 问题提出

未成年人的健康成长是每个家庭的期望，未成年人社会化过程的顺利进行是他们适应社会的保障。未成年人犯罪行为阻断了自身社会化进程，对个体和社会带来极大的负向影响。本书立足于对未成年犯犯罪原因的思考，期望寻找一种从根源上对犯罪现象进行遏制的策略或方法，故本书首先需要梳理有关犯罪原因方面的理论。对于犯罪原因方面的理论，不同学科有不同的解释，具体如下。

1. 心理学视角的解释

阿德勒认为犯罪就是个人为克服自卑感而进行的过度补偿，而自卑感是由身体缺陷、低劣的社会经济条件和错误的教育引发的。由于这三种因素，会使个体不断因自我评价低而产生自卑感。为了弥补这种自卑感，有些个体就会采取触犯社会禁忌、违反社会规范的行为，从而导致

[①] 陈伟、谢可君：《未成年人再犯行为特点与刑罚调整——以累犯制度修改前后的实证分析为基点》，《青年研究》2015年第2期。

犯罪。奥古斯特·艾希霍恩认为，发展不足型超我是犯罪行为的原因之一，他把发展不足型超我归因于这些儿童缺失父母或缺失爱，以至于不能形成关爱依恋。希利认为少年犯罪行为是儿童和少年在寻找解决心理冲突的方法过程中所做的尝试，是儿童和少年寻求满足一些内心需要，减轻自己内心紧张过程的表现方式。雷德尔和瓦因曼认为，少年犯罪是因为他们有着创伤性的经历，父母养育方式不当，使他们没有机会建立起与成人亲密的依恋关系，没有形成良好的超我，更没有发展出阻止本能欲望的自我。将道德发展理论应用于犯罪青少年研究的科尔伯格认为，人的道德发展分为三水平六阶段，犯罪青少年的道德发展一般处于第一和第二个阶段，即前习俗水平中的惩罚和服从定向阶段以及工具与相对主义定向阶段。中和理论认为，犯罪者和正常人没什么质的区别，他们也是遵循传统的价值观，只是在犯罪后会将自己的行为进行"中和"，使之合理化。而漂移理论则认为，犯罪者什么时间会犯罪，取决于情景因素，当社会控制力量减弱，阻止犯罪的因素减弱或消失，他们便会选择犯罪。①

综合分析心理学理论对青少年犯罪原因的分析可得：他们侧重于人格层面的解释，比如超我不足，自我不能正常工作，低的道德发展水平。漂移理论的本质也是侧重于揭示自我发展不足，这导致个体的低自我控制无法对抗犯罪的诱惑。所以，该理论启发我们对青少年的犯罪行为可由人格自我层面去解析，也为我们研究自我提供理论依据。

2. 社会学的解释

失范或紧张理论认为社会文化所确立的目标和达成目标的手段是特定的，犯罪行为是那些不能通过社会所确立的手段去实现目标的行为。不同机会理论则认为被社会所认可的成功，是需要用合法的机会去获得，但是对于一些无法接受教育或者对接受教育抱有消极态度的青少年来说，要获得合法机会是很困难的，所以为达目的，他们会转向非法机会去获得成功，从而导致犯罪。少年犯罪亚文化理论认为，少年犯罪是一种对抗主流文化而遵从犯罪亚文化的一种行为表现，这种亚文化本身包含有

---

① 吴宗宪：《西方犯罪学史》第3卷，中国人民公安大学出版社2010年版，第802—890页。

犯罪的成分。赫希的社会控制理论认为，少年犯罪是因为他们与传统社会联系削弱的结果，因为没有了对父母、学校、朋友的依恋，他们也不会将精力和时间投入到传统活动中去，也不去遵循传统社会所认可的价值观念。这样，社会联结的破坏，失去了对犯罪的控制力，从而容易去犯罪。标定理论则认为，犯罪是社会所制造的，社会对那些表现不良好的孩子贴上"坏"的标签，促使那些个体去认同、内化并迎合这种标签，从而创造出一个真正的"坏"孩子——罪犯。社会对越轨行为的标定，分为规则制定者和规则执行者。规则制定者凭借手中的权力，将一部分人标定为不好的，而执行者则负责执行这些规则，但通常不去考虑规则的意义，只负责把标定为"不良的"个体抓起来或者加以制裁。[①]

社会学理论侧重于从社会文化和社会结构出发解释青少年的犯罪现象。犯罪是青少年对主流文化价值观的反叛，或者是青少年对社会资源的分配不当的一种消极应对行为。犯罪是青少年的表现不符合社会地位优越者制定的规则，从而被"排斥"的一种结果。此理论对本研究的意义是如何将社会主流文化正确传播给青少年，促使他们正确认知并认同主流文化和价值观。对犯罪预防不仅需要青少年对主流文化价值的遵从，还需要社会给青少年的发展创造更多的机会。

3. 犯罪的生物学解释

早期的如龙勃罗梭认为犯罪是一种返祖现象，犯罪人的行为更接近原始人，是进化过程中出现了意外的产物。谢尔登的身体形态论将人们的身体形态分为内胚层体型者、中胚层体型者以及外胚层体型者。他认为中胚层体型者因为肌肉发达，好运动，所以更容易去犯罪。现代的生物学主要从遗传、基因以及染色体异常方面来解释犯罪，但遗传以及基因有一个共同的生长环境，所以解释力经常遭受怀疑。而染色体异常出现的概率非常小，也不能作为解释犯罪行为发生的可靠论据。还有大量的研究去论证影响神经系统的化学物质对犯罪的影响，荷尔蒙、神经递质甚至到饮食与营养都包括进来。但问题是，犯罪的形式多样化，生物学因素可以解释一些犯罪行为，比如暴力犯罪，但无法解释大多数犯罪

[①] 吴宗宪：《西方犯罪学史》第 3 卷，中国人民公安大学出版社 2010 年版，第 1160—1189 页。

行为。①

处于青春期发展阶段的青少年，生理机能发展很迅速。生物学理论引导本研究对青少年物质自我持科学认知，并据此提出相关的教育策略。

4. 整合理论

犯罪与人性理论认为，体质因素和社会因素综合作用下才发展成为人性，犯罪性是人性的一种常见的表现形式。所以犯罪性会受到遗传特性、智商、体型等生物因素的影响，也会有家庭、学校、社会中的不良因素的影响。但该理论认为生物因素的影响大于社会因素的影响。杰弗利认为，个体之间的行为差异是由于个人与环境的不同互动模式造成的，遗传、大脑结构以及行为与环境之间的互动是有机体存在的方式。犯罪就是不同互动模式中的一种，那么犯罪因素当然会受到基因、大脑结构及人格的综合影响。犯罪的一般理论认为，犯罪性的核心是低自我控制，当具有低自我控制的个体遇到合适的犯罪机会就会产生犯罪行为。而犯罪性的核心，即低自我控制是由不适当的儿童养育活动造成的。②

整合理论还是将人置于社会环境之上，但也认为人的发展会受到环境因素的影响，包括犯罪性。这启发本研究最终将人格自我置于微观环境、中层环境以及宏观环境的核心位置，尝试去建立一种良性互动的环境，降低青少年犯罪性的滋生。

本书拟将法学和心理学对犯罪的研究统一起来置于社会中进行研究。这种跨学科的综合研究主要体现在对犯罪人"自我"的探究上。实证派将人格理论引入刑法领域，比如龙勃罗梭的"天生犯罪人"理论，菲利更是明确提出犯罪是人类学因素、自然因素和社会因素相互作用的一种社会现象，其中人类学因素包括生理因素和心理因素，并在这里涉及人格或个体特性。③李斯特在提出"人身危险性"概念时认为，刑罚的适用应延伸到对犯罪活动中体现出的危害社会的罪犯的个性作出负面评价。④目前已有的关于自我意识与犯罪关系方面的研究，主要集中在低自我控

---

① 吴宗宪：《西方犯罪学》，法律出版社2006年版，第188页。
② 同上书，第463—470页。
③ [意] 恩里·菲利：《犯罪社会学》，郭建安译，中国人民公安大学出版社2004年版，第143—144页。
④ [德] 李斯特：《德国刑法教科书》，徐久生译，中国法律出版社2006年版，第170页。

制方面的研究上。赫希等人关于犯罪原因的阐述是基于古典学派的论点，他们认为个体的行为实则都是对利益的追求，是一种求乐避苦的结果，而犯罪行为所具备的特点就是可以满足个体的欲望，却不需要花费很久的时间和复杂的劳动。当各种诱惑出现，加上个体的低自我控制力，最终导致犯罪行为的发生。所以，赫希认为，低自我控制是个体缺乏一种抵制诱惑的意志力，从而导致犯罪行为的发生。[1] 根据犯罪的一般理论所做的研究表明，青少年的偏差行为与低自我控制具有高度相关性。[2] 个体的自我控制能力成为预测犯罪行为的重要因素。[3] 在个体违法犯罪的众多因素中，低自我控制具有特别关键的作用。[4] 自我控制是自我意识能动性水平的最终体现，是自我意识的执行者和操作者。[5] 但自我认识、自我体验和自我控制三个维度是紧密联系的，故研究未成年犯的自我意识可以从整体上把握该群体自我的发展状况及水平，有助于对其违法犯罪的深层原因进行完整剖析。

以上理论从不同的视角、不同层面探讨青少年犯罪的原因。心理学从微观层面，社会学从宏观的社会结构、社会文化视角着手，生物学从犯罪主体发生的物质结构进行解释，而整合理论则试图从跨学科视角来解析青少年犯罪的根源，这些理论对研究犯罪青少年的实践活动起到了很好的指导作用。综合以上理论可知，生物载体是个体做出某种判断或行动的物质基础，作为高级动物——人所具有的"自我"是核心；外部的社会环境因素则退居于第二位因素，它只对"自我"的形成具有促进或者阻碍的作用。据此，我们提出如何使得个体的自我保持良性的发展

---

[1] Gottfredson, M. R., Hirschi, T, *A General Theory of Crime*, New York: Stanford University Press, 1990, p.71.

[2] Baron, and W. Stephen. "Self-Control, Social Consequences, and Criminal Behavior: Street Youth and the General Theory of Crime." *Journal of Research in Crime & Delinquency*, Vol. 40, No. 4, 2003, pp. 403–425.

[3] Rand, D. L., J. A. Stein, S., "Turner. Reliability and validity of a self-control measure: Rejoinder." *Criminology*, Vol. 36, No. 1, 1998, pp. 175–182.

[4] 郑红丽、罗大华：《低自我控制与家庭社会经济地位在青少年犯罪中的作用——我国青少年犯罪成因实证研究初探》，《青年研究》2009年第3期。

[5] 聂衍刚、张卫、彭以松：《青少年自我意识的功能结构及测评的研究》，《心理科学》2007年第2期。

态势？何种外部环境对个体的自我发展具有促进作用？通过一个什么样的媒介，可以将个体的"自我"与外界环境很好地连接起来？具体到本书，也就是下列几个问题需要进一步解释。

首先，未成年人的自我和犯罪行为是如何发生联系的？上述理论中有所解释，是薄弱的自我或者超我发展不足，或者低的自我控制导致个体走向犯罪道路。但这些理论却没有进一步解释，自我是如何发展为薄弱的自我？纵使目前认为低自我控制的个体容易走向犯罪道路，但是对低自我控制的发生机制却没有进一步的解释。

其次，如何将内部因素和外部因素糅合在一起？很多理论都开始注意到研究犯罪行为应该同时考虑内外因素，并且罗列出如何使得二者良性发展，如何促进个体健康成长，外部的中层环境如家庭和学校该如何教育和互动，倡导社会大环境如何运作的一些建议。但总体来看这些理论还是使得内外因素处于分离状态。所以，本书希望通过个体的自我这条主线，加上可以将中层环境和宏观环境同时包容的一个外部节点来重新构建一种理论。

再次，众多对犯罪原因的理论解析中缺乏对法律应有的重视程度。违法犯罪违反的是国家律法，但目前就青少年犯罪理论分析中，对一些显而易见的，凭借正常人的一般认知就可判定为违法犯罪的行为需要深入探究，如故意伤人或者盗窃，为何他们"知法犯法"？这背后的根源是什么？据此，本书提出另一个研究内容，有关法律意识的研究。对法律意识的研究，近年来国内研究不是很热，国外对这方面的研究多采用实证法，但研究未成年犯的法律意识几乎没有。所以本书试图通过对法律意识与自我相结合进行研究，期望构建出一种抑制犯罪的理论体系。

最后，内因和外因亦即个体自我和行为、环境是通过何种交互作用对青少年发生影响并导致其犯罪？作为社会控制手段的法律意识为何没有发生应有的作用？犯罪的整合理论有讨论到犯罪是由个体因素和社会因素综合作用下的结果，但没有进一步来分析个体因素和社会因素是如何具体地对青少年产生作用，使其逐步演变为未成年犯。未成年人到未成年犯这中间具体发生了什么？社会因素在这个过程中是以何种方式去影响这一演变趋势？个体因素和社会因素是如何发生"合力"制造出未成年犯的？本书试图从自我和法律意识着手，揭开未成年犯罪演变进程的神秘面纱,以及期望探索出一种有效预防未成年犯罪的理论模型。

第二节 研究目的和意义

一 研究目的

本研究基于对青少年犯罪原因的深入剖析,落脚于青少年自我形成的过程。结合法律意识的特点和内容,期望青少年能够将法律意识植根于其自我的形成过程中。在确保青少年良性的自我成长环境的同时,将代表社会主流文化价值观的法律精神或法律意识渗透于自我之中,成为自我的一部分。这样,不仅可以确保青少年自身对违法犯罪的免疫力,而且通过对法律意识的内化,也是对社会主流文化和价值观的认同,便可确保青少年良好的社会适应能力。法律意识植根于自我之体系的建立,可形成从内在和外在双重的对违法犯罪强有力的抑制力和控制力。

具体研究目的有以下几点:

第一,通过分析自我、法律意识、犯罪三者之间的关系,寻求自我与法律意识的结合点。分析自我与犯罪、法律意识与犯罪的关系,并找寻二者的结合对犯罪的预防和控制作用。

第二,通过对法律意识与自我的理论研究,确定两者之间是通过亲子关系和社会关系相互融合和构建的,从而为个体形成犯罪预防之法律意识植根于自我体系提供了路径。

第三,对未成年犯的自我和法律意识进行实证分析,验证其自我发展不良,法律意识水平发展较低;基于法律意识植根于自我的观点,对未成年犯亲子关系、同伴关系和社会支持进行分析,证实其成长过程中亲子关系和社会关系均发展不良;对未成年犯不良自我、较低水平的法律意识与其亲子关系、社会关系进行实证研究,验证"关系"对自我和法律意识的发展起到的关键作用。从而证实未成年犯犯罪的根源是自我发展不良、法律意识水平低,而自我发展不良和法律意识水平低是由不良的"关系"发展而来。

第四,对未成年犯法律意识、自我和破裂的关系进行实证分析,从反面考察未成年犯破裂的关系是其不良自我和低水平的法律意识形成的关键因素。这样,进一步证实了未成年犯犯罪的根源在于其社会化过程中形成的不良自我与缺失的法律意识。

第五，通过典型案例分析，更深层次地揭示自我形成中的法律意识成长路径，从而揭示二者的实质关系。在案例中真实地再现未成年犯不良自我的形成与法律意识的缺失对他们走向犯罪道路的影响，同时也为如何促使个体在社会化过程中将法律意识植根于自我的形成之中，从而形成预防犯罪的法律意识植根于自我之体系提供实证经验。

第六，基于实证研究，从理论上构建法律意识植根于自我的犯罪预防体系，并探讨这一体系的形成在教育中是如何加以实现的；并结合未成年犯的实证研究，探讨对未成年犯的教育矫治策略。同时，通过对不同阶段个体自我与法律意识的实证分析，验证前期的理论构想。

二 研究意义

1. 理论意义

第一，将未成年犯罪的根源归结为未形成法律意识植根于自我之体系，从而丰富了犯罪学关于犯罪原因方面的理论。将心理学的自我理论，与法学的法律意识理论相结合，提出构建法律意识植根于自我之体系，并引入到未成年犯这个特殊群体中，从而丰富了自我理论的适用范围。一般心理学自我理论主要分析个体成长过程中的人格构建。本书将其引入未成年犯群体，探究该群体自我缺失度，希望从逆方向重建其自我。

第二，将心理学自我和法学的法律意识相结合，可以促进学科间的融合。本书的自我主要取自心理学中的概念，而法律意识则是法学学科中的一个理论。本书从这两个基本概念着手，引出它们的结合点并试图构建预防青少年犯罪的控制体系，将社会学及教育学的理念融合进本研究中，从而深化了学科之间的联系。

第三，丰富了教育学的相关理论。通过构建法律意识植根于自我之体系，并将这一体系的形成纳入"关系"中去，如亲子关系、同伴关系、师生关系、社会支持等，这些关系的健康发展，实则是家庭教育、学校教育和社会教育的目标。不管是对青少年的犯罪预防教育，还是对未成年犯的矫治教育，都属于教育学的研究范畴。故这一体系的构建，应然属于教育学的组成部分，从而期待丰富教育学的相关理论。

2. 实践意义

第一，将促进未成年人的健康成长。通过对法律意识植根于自我的研究，提出预防未成年人犯罪的路径，为未成年人健康成长做好防御工作；通过对未成年犯的实证研究，依据法律意识植根于自我的观点，可对他们的不良自我进行修复，并将法律意识内化为他们自我的组成部分。这些均可为监狱内未成年犯的矫治教育提供策略咨询。

第二，将可能促使教育内容的革新。通过对未成年犯预防理论模型的建构，对家庭教育、学校教育和社会教育提出预防和矫正两头抓的新要求，从而促进教育内容的革新；对未成年犯矫治的实证研究，对法制教育和心理教育提出直接需求。

第三，将为未管所未成年犯的矫治提供新思路。通过对未成年犯法律意识植根于自我的探究，在形成新的理论基础上，需要实践的检验和验证。通过对未成年犯的类型及其成因进行研究，为后续的矫治和帮扶提供相应对策。

第三节 相关研究状况

一 有关自我的研究

1. 詹姆斯的观点

威廉·詹姆斯将自我分为三类：物质自我、社会自我和精神自我。[①] 物质自我不仅指那些实际存在的实体物，还涉及个体对这些实体的情感态度；社会自我为他人眼中的自我，即反映性自我。这种自我涉及个体在社会中的地位及角色。精神自我即个体自己所感知的内部心理品质。"精神自我……指的是一个人内心或主观的存在，他的心理官能或性格倾向。"[②] 詹姆斯将自我分为三种类型，较为全面地概括了自我的内涵。这种划分是否全面？精神自我和物质自我、社会自我是否为平行关系？有没有可能还存在其他的自我形式？

---

① ［美］詹姆斯：《心理学原理》，田平译，中国城市出版社2003年版，第142页。
② 同上书，第147页。

2. 精神分析的观点

西格蒙德·弗洛伊德认为人格结构是三个相互作用的系统。自我是人格结构中通向意识，为满足本我而尽力与现实保持联系的组织。它受一种次级过程的心理机能引导，这些过程包括思维、评价、计划和决策等心智操作，且自我在与现实接触的时候并非全部是意识层面的，如自我在面对威胁时的各种防御机制就是潜意识层。[①] 卡尔·古斯塔夫·荣格认为，"自我（ego）是意识域的中心，由经验造就的人格所组成，是一切个人意识行动的主体"，"自我的肉体基础包含有意识和无意识两个因素。但它并非是由意识域构成，仅是意识域的参照点。自我却是后天习得的一个绝佳的有意识因素"。[②] 荣格强调了自我是有意识的，但其基础却包含着无意识。这样的界定也为我们研究自我提供了一种可能或途径。荣格进一步认为，"完整的人格与自我是不一致的，或者是与有意识的人格并不一致"。他建议将全部的人格称为自性（self），一种与自我（ego）属于整体和部分的关系。[③] 这里，荣格将人格与自我的关系进行了解释，他分析了自我与人格之间存在的差异性，既说明整体人格是包含着无意识内容，亦阐释了个性是附属于自我，也是自我的一种主要特征。

3. 自身心理学的观点

（1）狭义自身心理学观点

狭义自身心理学中的自身是描述性的概念，它认为自身是一种表象，与对象表象相对应。自身和对象表象都是心理装备（伊底、自我和超我）中的内容。因此，自身是经验性的，是自我活动的产物。[④] 狭义自身心理学认为，自身的形成离不开自恋力比多发挥的作用。自恋力比多的投注才使自身得以形成。

在初级自恋阶段，自恋力比多投注的对象为"自身—对象"，自身—对象被认为是自己的组成部分。但初级自恋阶段的平衡状态会由于母亲照料失误或者创伤性延迟而打破，这时婴儿为了缓解痛苦状态发展出两

---

① ［美］贝姆·艾伦：《人格理论》，陈英敏译，上海教育出版社2011年版，第20—22页。
② ［瑞士］弗洛姆·荣格：《自我与自性》，赵翔译，世界图书出版公司2014年版，第1—2页。
③ 同上书，第2—3页。
④ 蔡飞：《自身心理学：科赫特研究》，福建教育出版社2007年版，第91—92页。

种策略：夸大自身和理想化父母表象。

在心理结构形成之前，理想化自身—对象一则起到调节、控制和中性化驱力的作用，二则为自我提供理想和价值观。这也是皮亚杰的"他律"阶段。父母如果心理健康、人格健全就能满足这种理想化需求。但是父母的疏忽给孩子造成适度挫折，这种适度挫折使得儿童撤回一部分理想化自恋力比多，用于建立自我或者用于理想化超我，从而形成自我或超我。自我是在前俄狄浦斯期，儿童从父母表象撤回部分理想化自恋力比多形成的。而之前父母的禁令、训诫及其他赞美被内化到人格结构，形成强大的权威性力量；在俄狄浦斯期，由对象力比多和自恋力比多的投注，则形成超我。

在人格的发展过程中，理想化需要在人格发展的最初阶段遭受创伤性挫折，个体心理结构总体上十分脆弱。其一，个体不能将理想化自身—对象及其功能内化为自我（ego）这一心理结构；其二，个体自恋固着于这一最初阶段，从而导致心理结构总体上的脆弱。如果理想化需要发生在前俄狄浦斯期后期，则会阻碍理想化自身—对象功能的进一步内化。自我形成，但有缺陷，所以不能发挥调节、控制和中性化驱力的作用；其三，自恋力比多固着于外在对象。如果个体理想化需要在俄狄浦斯期或潜伏期和青春期遭受创伤性挫折，则导致个体超我理想化不足，软弱无力，那么，个体将缺失自己的理想和价值观，只会固着于外在的理想人物。

前面讲的是理想化父母表象对心理结构形成的作用及其遭受创伤性挫折后对心理结构的影响。下面我们谈谈另一种策略，夸大自身。夸大自身是自恋力比多投注于心理装备中身心总体表象形成的，它具有夸大性和好表现性。所以需要得到对象的肯定，即为反映性需要（mirroring need）。肯定儿童的对象就是反映性自身—对象（mirroring self-object）。如果父母人格健全，就能满足儿童的这种需求，但这种需求遭受适度挫折，促使现实自我将部分自恋力比多撤出夸大自身，用于现实活动，证实自己的能力，提高自尊。在前俄狄浦斯期，这种适度挫折会形成志向，它是由原始的夸大自身整合于现实导向的自我（reality-oriented）所形成。其次，适度挫折促使个体把反映性自身—对象及其功能逐渐转变成内在的心理功能，从而可以自己调节自尊。个体头脑中反应性自身—对象所具有的特征和态度，以及对儿童具体目标的影响，这些均会对儿童以后发展方向产生关键作用。

反映性需要遭受创伤性挫折，首先，会导致大量自恋力比多固着于原始的夸大自身，现实自我不能够利用这些力比多，从而导致水平分裂和垂直分裂。水平分裂无法汲取投注于夸大自身的自恋力比多（潜意识状态），这是由于儿童在展示夸大自身遭到拒绝的情况下出现的后果；垂直分裂是夸大自身与现实自我相隔离，导致现实自我无法利用投注于其上的力比多，这是有人格缺陷的家长利用孩子展示的能力提高自己的自尊所致。其次，创伤性挫折会阻止反映性自身—对象及其功能内化，导致个体缺乏维护自尊的心理机能。最后，不同发展阶段，造成的后果不同。如果创伤性挫折发生在自体性欲阶段，自身就处于分裂状态；如果发生在自恋形成阶段，则自身存在分裂的倾向。自身形成的结构图如下：

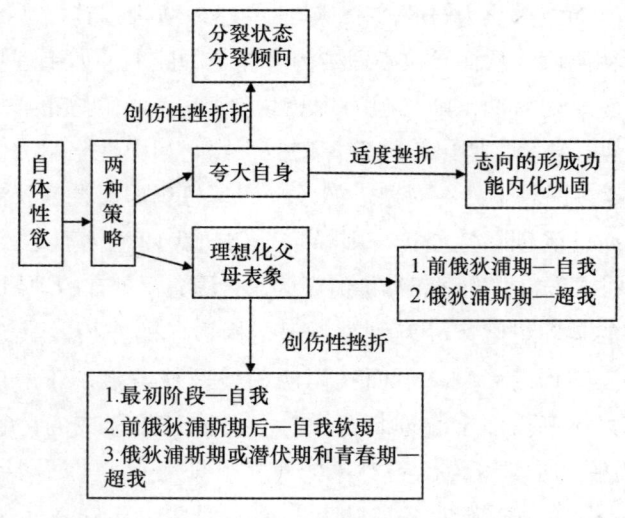

图1.1 自身结构形成的过程

（2）广义自身心理学观点

广义自身心理学认为自身是由人的核心志向（ambitions）、理想（ideals）连同某些才能（talents）和技巧（skills）所构成。[①] 自身的发展是

---

① 蔡飞：《自身心理学：科赫特研究》，福建教育出版社2007年版，第165页。

从初始自身发展为成熟的内聚自身。初始自身是新生儿固有特征与自身对象的选择性反应进行相互作用的结果，大概形成于个体生命的第二年，但不稳定，不能完全独立发挥作用。当个体在良好的自身对象环境中成长，便能形成志向、理想和才能及技巧。但个体一生都离不开自身对象，个体的发展各个阶段都存在着他—我自身对象，除了亲子关系，老师、朋友、同伴等都可以作为其自身对象，对个体自身的健全发展具有重要作用。

关于自身障碍的形成，从发生来看，是由于充当自身对象的个体本身具有人格障碍，不能满足个体的自身对象需要；实质上是自身结构的缺陷；从发展来看是自身发展停滞和固着于早期原始的自身对象关系的产物。自身形成图如下：

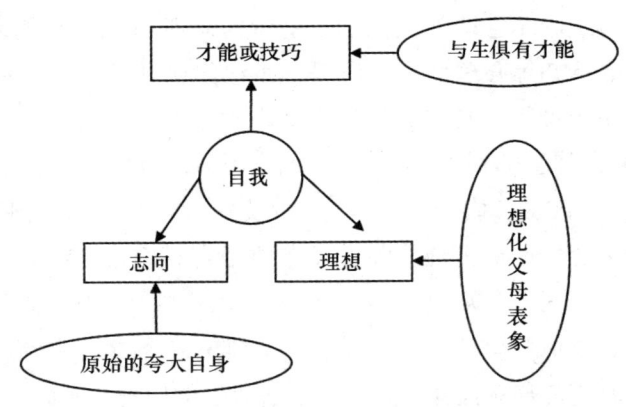

图1.2 广义自身心理学的自我形成

诸多的自我理论对本研究具有启发意义，自身心理学将自我加以剖析分解，并且此理论的产生是建立在大量的实证基础上的。这也从侧面支持本书将这一理论用于未成年犯的实证研究。自身的形成机制及其过程，为同化法律意识提供了理论上的可行性，例如法律意识的横向结构所包含的内容可作为自我意识、自我体验和自我控制的组成部分。另外，自我的发展及影响因素为将法律意识植根于自我提供了机遇和路径。自身心理学中对亲子关系、同伴关系的论述，使得本研究对未成年犯自我的量化研究成为可能。

二 有关法律意识的研究

1. 西方法律意识主要观点

西方学者对法律意识的研究，集中在社会法学和法律文化学领域。下面介绍与法律意识相关的思想观点，以便本研究全面深入地把握法律意识之内涵。

伯尔曼认为对法律信仰的丧失，导致了对过去维持社会秩序和社会正义的法律的怀疑，进一步导致对社会价值的怀疑，而这种消极的怀疑与不信任带给了人们巨大的痛苦与不安，这种痛苦与不安预示着整个精神文明的全盘崩溃。法律是规则，但不仅仅限于规则，它的功能超出规则本身，它对社会秩序的维持基于自身对应然终极性正义的信仰及法律活动所蕴含的情感。因此，对法律的理解，不仅看到它具有的规则效力的一面，更应该看到它确保人们遵从这种规则所蕴含的其他因素，比如信任、公正、认知等心理因素。所以，对法律服从的理解，应该注意到它所蕴含的超越世俗工具主义的正义和真理。将法律看作是一种神圣的事物、一种可以超越理性的存在、一种作为人类灵魂的有意义的存在，这种存在蕴含着人的理想、抱负、激情及它对生命的终极理解与关怀。法律是一种传统，这种传统根源于民族的语言和习俗之中，这也是法律具有继承性的表现。公众只有参与法律活动，才会认为法律是他们生活的终极意义，是他们生活中的神圣存在。唯有带着这种激情与信仰，法律才具有了真正的普遍性并使人们确信法律是他们的。所以，"法律必须被信仰，否则它将形同虚设"。①

在鲁道夫·冯·耶林看来，为反抗自己权利遭受不法卑劣行为而发起的斗争并不是为了标的物，更重要的是对自己法感情的维护，对自己法感情的维护关乎自身人格尊严的存在与否。因此，法感情关乎人类的精神生存状态，侵犯权利而引发的斗争根源在于损害了个体的法感情、侮辱了个体的人格。法感情也是衡量个体人格健全的一个指标，也是法律工作者应该具备的一种情感。透过法感情，理解法的本质，"把所有权利的心理源叫作法感情的称谓是正确无误的。法的力量完全与恋爱的力

---

① [美]伯尔曼：《法律与宗教》，梁治平译，中国政法大学出版社2003年版，第3页。

量一样，存在于感情之中"。① 个体对侵权行为的感受力和决定维护自己权利的勇气是检验人们法感情健康的两个标准。权利人通过维权行为维护了法律，法律则确保了社会秩序的稳定。因此，法律在这种为权利而斗争的过程中获得了新的生命力。

罗斯科·庞德认为法律是一种社会控制的强力，这种凭借强力进行社会控制的法律不单纯是强力本身，它将权力制度化并促使其发挥社会控制作用。② 这种能够凌驾于一切其他力量之上的强力也是法律具有约束力的理由。这种约束力源于法律所代表的正义，也可源自人们的法律理想。庞德指出："法律作为一批可作出司法或行政决定的权威性资料、根据或指示时包括各种法令、技术和理想。这种法律理想，实则是对社会秩序的描述及社会控制的设想。"③ 法律理想在解释法律时具有决定性的意义。法律作为社会控制的主要方式，它发挥作用需要其他因素的支持，如道德的基础性作用、家庭和学校的教育引导等。④

2. 国内学者法律意识观

李放编著的《法学基础理论纲要》认为法律意识是一种与政治、哲学、道德及文学艺术等有着密切联系的社会意识，它是人们关于法律现象的思想、观点、知识和心理的总称，包括法律起源、本质及作用的认知，是对法律的态度、期望、评价等。它由一定的社会物质生活条件决定，但有自身的相对独立性，所以法律意识的发展过程中也体现了历史继承性。李放进一步将法律意识的结构分为低阶段的、感性直观的法律心理和高阶段的、上升为系统理论的法律思想体系；基于法律意识的外部表现形式，将法律意识分为个体法律意识和社会法律意识，二者虽有区别，但也有内容上的重合。由于社会法律意识中，法律思想占的权重比较大，所以相对个人法律意识来讲，社会法律意识处于主导地位。⑤

王子琳、张文显主编的《法律社会学》认为法律意识是人们关于法

---

① [德] 鲁道夫·冯·耶林：《为权利而斗争》，郑永流译，法律出版社2012年版，第45页。
② [美] 庞德：《通过法律的社会控制》，沈宗灵译，商务印书馆2010年版，第26页。
③ 同上书，第23页。
④ 同上书，第33页。
⑤ 李放：《法学基础理论纲要》，吉林大学出版社1987年版，第290页。

律的一系列精神要素的总和，这些精神要素是对法律的感觉、期待、评价等，也就是何谓法、何谓权利义务、法的约束力来源于哪里、法的正当性如何理解等的心理反应、观念和理论；并按照法律意识反映社会存在的系统性和深刻度将法律意识分为法律心理、法律观点和法律理论。① 法意识应该是一种超脱现行法律、对"法"与"法治"有着全面和正确的认知与评价，是一种符合正义、顺应社会进步的价值取向。按照社会作用，将法意识分为良性的促进社会进步的法意识与恶性的法意识。②

这些关于法律意识的含义，一方面明确了它的客体是有关法律现象的知识、观点、态度、评价及心理的总称，另一方面论述到法律意识的结构和功能等。"未成年犯法律意识"的研究，固然离不开对法律意识的心理体验，包括法律认知、法律情感、法律态度和法律评价等。我们既要关注未成年犯对法律客观知识的认知程度，又要掌握未成年犯的法律情感体验、法律意志、法律需要和动机等法律意识的动力因素的发展状况。但目前关于法律意识的相关论述主要停留于在认知层面的研究。

贾应生认为，法律意识是一个民族或国家的社会成员对法律体系的认知、内化、价值认可及态度的各种心理的总称，这一切的社会基础是一个民族和国家的历史传统和民族文化。③ 他认为，法律意识首先表现为一种道义，而这种道义精神也就是法律形成之始对社会道德的确认。这种道义精神在调节个体相互关系时具有内驱力的作用，故构成了法律意识的核心。历史传统和民族文化构成法律意识的基础，这种文化是一种长期形成的习俗，是一个民族久经风雨后的传统积累的产物，这种积累包括本民族在人类文明的进程中所创造的法律思想和法律价值，这些思想和价值经过继承从而取得了相对稳固的地位，形成了该民族特有的民族法律心理。④ 学者将法律文化与民族传统引入法律意识中，扩大了法律意识的内涵与外延。将法律意识与文化、民族精神相联系，有助于更好地理解法律意识的社会功能与作用。

---

① 王子琳、张文显：《法律社会学》，吉林大学出版社1991年版，第164页。
② 郭道晖：《法的时代呼唤》，中国法制出版社1998年版，第407—411页。
③ 贾应生：《论法律意识》，《人大研究》1997年第9期。
④ 刘作翔：《试论法律文化的结构层次》，《西北政法学院学报》1988年第1期。

张正德的《法学权利论》认为法意识是一种社会现象，它是以个人法意识或社会法意识的形式存在于客观社会之中，它的本质是统治阶级用来调整社会关系，统治和维持社会秩序，以实现自己意志的精神力量。① 这种观点的本质与凯尔逊的法律观一致，凯尔逊认为法律是一种强制性的社会秩序，它采取一定的技术将社会成员在社会中的地位及义务加以确定，并对违反义务的社会成员进行制裁，以此来维持社会的和平秩序。② 刘旺洪从个体对法律现象的主观认知视角，认为法律意识的横向结构包括法律知识、法律理想、法律情感、法律意志、法律评价和法律信仰；法律意识的纵深结构分为法律心理、法律观念和法律意识形态。③

三　有关犯罪的研究

目前对犯罪本质的理解主要有三种：法律本位的犯罪内涵、社会本位的犯罪内涵，以及从犯罪人角度所揭示的犯罪本质。

1. 犯罪的法律本位概念

犯罪的法律定义认为犯罪是违反国家律法的行为。霍布斯认为，罪恶的标准来源于法律的规定，"没有法的地方便没有罪恶"。④ 法国法学家斯特法尼认为，"从纯粹的法律角度考虑，犯罪想象仅与犯罪行为相关联，而'犯罪行为'则是由刑法根据事先评定的、不得随意更改的客观严重程度作出规定并予惩处的行为，按照这一观念，犯罪现象表现为一种法律的抽象"。⑤ 日本的刑法理论认为，犯罪是在法律中被科处刑罚的可罚行为。⑥ 大陆法系刑法学界则认为犯罪是通过犯罪构成要件来鉴定的，是刑法分则各条中通过对犯罪主体、客体和犯罪行为的规定，来确定一个人的罪与非罪。

法律本位的犯罪概念，有明显的优点，即犯罪的特征容易掌握，且

---

① 张正德、付子堂：《法理学》，重庆大学出版社2003年版，第354页。
② 严存生：《西方法律思想史》，法律出版社2010年版，第282页。
③ 刘旺洪：《法律意识论》，博士学位论文，中国人民大学，2000年。
④ [英] 霍布斯：《利维坦》，吴克峰译，北京出版社2008年版，第226—227页。
⑤ [法] 斯特法尼：《法国刑法总论精义》，罗结珍译，中国政法大学出版社1998年版，第5页。
⑥ [日] 木村龟二：《刑法学词典》，顾肖荣译，上海翻译出版公司1991年版，第69页。

在司法过程中只要根据法律的标准即可确定"罪"与"非罪"的界限，这也起到对司法权的限制作用。如果假定立法者的智慧是无穷的，可以依据理性思维制定一部超越时代的完美刑法典，那么，法律本位的犯罪概念则可作为判定"善恶"的唯一标准。但是，现实情况是，刑法中的犯罪概念，忽略了立法者在一定时空下认知能力是有限的，故法律本位的犯罪概念存在根本上的缺陷；其次，不管刑法上对犯罪概念的阐释是从直接的规则上、构成要件还是从可罚性上来讲，都不能明确某些行为之所以为犯罪的根本性因素。如果法律的规定成为犯罪的根本原因，则会导致国家立法权可能陷入无限扩张的危险境地，而这是历来暴政的主要表现形式之一。

2. 犯罪的社会本位概念

以上讨论了犯罪的法律本位定义，那么另一种就是犯罪的社会本位定义，这一视角认为犯罪是与人类社会相伴相随的，犯罪是对人类社会发展的一种对抗，集中表现为犯罪行为的反社会性，犯罪对正常社会价值、秩序、文化规范的损害。

贝卡利亚主张，犯罪的本质特征是它的社会危害性。[1] 费尔巴哈认为犯罪是对他人权利的侵害。[2] 这种权利侵害理论源于社会契约论。该理论认为，个体在自然状态下，他的安全、自由、权利是处于不稳定的状态，为了促使自身基本权利得到保障，自然人让渡出自己的一部分权利交给一个特定的组织，即国家。这样犯罪侵害个人的权利，实则是侵害了每个个体所让渡出来的权利，故侵害的是一种社会关系，是对每个人权利的一种威胁。马克思和恩格斯认为："犯罪是孤立的个人反对统治关系的斗争。"[3] 法律作为统治阶级的工具，是统治阶级意志的体现，犯罪则是对这种统治阶级意志的背离与反抗，是孤立的个人对社会统治秩序的破坏，是一种极端的危害社会的行为，是对整个社会关系的侵害。

加罗法洛提出了"自然犯罪"的概念，自然犯罪是对道德的伤害，

---

[1] [意] 切萨雷·贝卡利亚：《论犯罪与刑法》，黄风译，北京大学出版社2008年版，第20页。

[2] 张明楷：《法益初论》，中国政法大学出版社2003年版，第99页。

[3] 《马克思恩格斯选集》第3卷，人民出版社1995年版，第97页。

这种道德水平是全体社会成员所维护的适当水平，是个体适应社会所必须达到的一个度。犯罪行为就表现为一种不道德，这种不道德是对全体社会成员道德情感的伤害，也是犯罪人基本道德情感缺乏的结果。[①] 因此，有学者认为对犯罪的控制亦即是很大范围内的对道德的履行。法律是在社会生活的各个方面对个人道德和公共道德的维持。这就是说道德控制与广泛的社会物质生活方面的控制是统一的。这样，社会物质生活借以存在的道德基础遭受迫害，社会秩序和经济秩序本身亦面临着土崩瓦解的危机。[②] 法律对整个社会与人类生活各方面的控制，反映了法律对主流价值观的首肯与维护，对现存社会秩序的维持与保卫，对犯罪行为的抵制。

亦有学说认为，犯罪是对规范的违反。德国的刑法学者宾丁（Karl-Bingding）认为犯罪的本质就是对和平的破坏、对法及规范的蔑视。他认为的法规不是指刑罚法规，而是指刑法制定之前便已存在并成为刑法前提的那种命令及禁止。[③] 这种规范是为了维持合理的生活秩序，由国家进行意思表示，并将国家的目的传递给国家机关及国民。迈耶尔认为犯罪就是违反规范，他的规范理论体现了文化因素，从而将犯罪的内涵扩大化。[④] 日本刑法学家小野清一郎最初亦认为法律是文化现象的一种，而正义理念是作为法律的终极原理，"作为'法律理念'的'正义'，正是将作为一般文化的统一的理念体系根据经验在现实的社会生活加以实现。正义是法独自的文化价值。"[⑤] 后期，他认为犯罪是"侵犯国民共同的道义的秩序的现实的行动"。[⑥] 他的法的本质由文化正义蜕变为道义，并认为日本的刑法思想具有自己的民族精神，这种民族精神深深地被印上了道义性观点。所以犯罪就是违反这种人伦事理的道义行为。日本学者团腾重光认为违法的本质是对社会伦理或文化规范的违背，这种社会伦理

---

① ［意］巴伦·拉斐尔·加罗法洛：《犯罪学》，耿伟等译，中国大百科全书出版社2004年版，第44页。
② ［美］理查德·昆尼：《新犯罪学》，中国国际广播出版社1988年版，第137页。
③ 马克昌、莫洪宪：《近代西方刑法学说史》，中国检察出版社1996年版，第207—208页。
④ 同上书，第308页。
⑤ 同上书，第411页。
⑥ 同上书，第415页。

或文化规范扎根于人性。①

社会本位的犯罪概念体现了犯罪作为社会的产物,这种现象的存在就意味着对秩序的破坏、对法治的蔑视、对道德、文化价值等社会控制因素的摧毁。从原始社会的违反禁忌的行为,到将犯罪以法律的形式加以确立下来,由这一犯罪的起源过程可发现,犯罪现象是先于犯罪概念的。那么,犯罪的本质应该在社会中去理解,到犯罪发展过程所依赖的社会关系中去把握内涵,到控制社会的法律活动中去体会。

3. 犯罪人所揭示的犯罪本质

从犯罪人的角度出发去阐释犯罪的本质主要有对犯罪人整体性特征的研究和对犯罪人人格特征的研究。这一视角的主要观点认为犯罪是"人"或个体人格缺陷所导致的不良结果。

刑事实证主义学派的代表龙勃罗梭在大量的实证研究基础上提出了生来犯罪人的观点。他认为隔代遗传是天生犯罪人进行犯罪的重要因素,犯罪是人的一种返祖现象,是犯罪人在文明社会中"退化"到野蛮的原始人阶段的病理现象。② 菲力认为犯罪人的人类学因素是一种异于正常人的病理性因素,研究可发现犯罪人特有的个性特征。他认为,"对犯罪人体质状况的研究,不仅包含生理的及解剖学的状况,也包括心理结构即犯罪人之生理及心理的个性特征。"③ 加罗法洛认为,犯罪是由于缺乏怜悯和正直的基本情感,而这种基本情感是所有道德的基础,因此,犯罪人是与社会无法相容的异常个体。④ 李斯特认为植根于犯罪人本性中的特有个性特征会促使个体在微小的外界诱发因素下进行犯罪,故个人因素是犯罪的关键原因。他还提出了"性格犯"或"倾向犯"的概念,阐释了犯罪人由于心理方面的变异而实施的犯罪。⑤

从人格角度论证犯罪发生的原因,认为人格缺陷是导致犯罪行为产

---

① 李海东:《日本刑事法学者》上卷,法律出版社1999年版,第230页。
② 吴宗宪:《西方犯罪学史》第3卷,中国人民公安大学出版社2010年版,第361页。
③ [意]菲力:《实证派犯罪学》,郭建安译,中国政法大学出版社1987年版,第28—29页。
④ [意]巴伦·拉斐尔·加罗法洛:《犯罪学》,耿伟译,中国大百科全书出版社2004年版,第677页。
⑤ [德]李斯特:《德国刑法教科书》,徐久生译,中国法律出版社2006年版,第99页。

生的根源。美国学者哈里·科泽尔（Haryy L. Kozol）的人格成熟理论认为，由于人格的不成熟，个体在情绪、社会性方面等都存在问题，他们内心处在严重的冲突和紧张之中，容易引发犯罪。[1] 精神分析理论进一步认为三种不适当的超我的形成是解释犯罪的核心，严厉的超我类似于神经症，他们通过犯罪追求法律的惩罚以缓解被压抑的童年期愿望的无意识罪恶感；薄弱超我的形成发展阶段中，由于对父母形成敌意性的认同，从而导致超我的缺陷或薄弱，形成一种病态的人格，如冲动性、自我中心、罪恶感和同情心的缺乏等反社会人格；越轨超我则是超我得到了正常发展，但其内容却是对越轨的认同，所以缺乏对犯罪行为的抑制力。[2] 艾森克认为人类的气质在神经质—情绪稳定性（缩写为 N）、精神质—超我（P）、外倾—内倾（E）这三个独立的维度上有差别，且这三个维度受遗传影响，所以人格具有生物学基础；但艾森克认为人通过社会化会获得"良心""超我"这样的遏制人追求享乐本能的能力。犯罪人更有可能是外倾性格者。[3] 研究表明，反社会行为与精神质维度之间的联系更密切。[4]

　　本书的研究主要关注法律意识植根于自我，虽然目前对自我与法律意识的研究都取得了丰硕的成果，但法律意识植根于自我的研究却处于空白状态。这一方面是由于自我和法律意识是两个独立的学科分别关注的内容，从而出现这种在各自领域内发展很好的情况，融合研究却几乎没有；另一方面，目前的跨学科研究一般来说是整体性思维方面的跨学科，还未出现将某具体的研究内容进行跨学科的分析。自我和法律意识都为某一具体内容的研究，要从不同学科的具体研究内容进行学科之间的融合，具有不易性，容易出现"两张皮"的尴尬局面。本书基于对犯罪原因的分析，将犯罪概念引入本书的研究中，促使解决这种从具体内容出发的学科融合的尴尬状态。

---

[1] 吴宗宪：《西方犯罪学史》第 3 卷，中国人民公安大学出版社 2010 年版，第 896—897 页。

[2] ［英］布莱克本：《犯罪行为心理学》，吴宗宪等译，中国轻工业出版社 2000 年版，第 100—101 页。

[3] 同上书，第 102—103 页。

[4] 同上书，第 111 页。

犯罪的本质最终也是犯罪人的本质，犯罪行为在犯罪活动终结后就已停止。不管是从法律本位去对犯罪下定义，还是从社会本位去探究犯罪的本质，最终都应落脚到实施犯罪活动的犯罪人身上。犯罪人本质的研究首先要对人的本质有所理解。人与动物的根本区别是其有意识的活动，人的本质只有在社会联系中，在人与人之间的互动中才能够加以实现。对犯罪人本质的揭示也需要在社会联系中进行。这样，对犯罪人本质的探究，需要探究他们在有意识的社会互动中的特征，即特有的人格在社会活动中、在犯罪活动中所表现出来的犯罪性。

由对青少年犯罪原因的分析提出本书的研究主题——法律意识植根于自我的教育研究，然后从对犯罪本质的分析去构建预防犯罪发生的法律意识植根于自我之体系。

第四节　基本概念界定、研究思路和研究方法

一　基本概念界定

1. 自我

本研究中的自我指的是与他人的交互作用下形成，具有发展阶段性和功能结构性的、以自我意识为主要参照点的人格核心。本研究的自我有以下几个特征：

第一，它作为人格的核心，即人格自我。人格所涵盖的内容要大于自我的内涵，但自我是人格这一实体中最为核心的内容。故对自我的量化可用人格的测量问卷核心自我评价量表或自我意识评定量表进行。

第二，自我是在关系中形成的。谈论到关系就涉及与自我的对立方，即他人。这里的他人包括重要他人，如父母或其养育者、同伴、老师等；也包括非重要他人，比如作为一起生活、学习、工作的同学、同事、同一社区的人等；还有泛化的他人，指除自己之外的所有人，比如商场的售货员、餐厅的服务员等等。

第三，自我的发展具有阶段性。自我的发展与其他事物的发展相同，都遵循着一定的发展规律，这个规律就是矛盾的量变质变的过程。自我在每个特有的阶段会表现出一种典型的、稳定的特征。由于自我是在关系中得以形成发展的，因此，本研究的阶段性划分遵从个体的社会关系

划分为五个阶段,分别是与父母相处的阶段、与同伴相处的阶段、与恋人朋友及其他重要他人相处的阶段、与配偶相处的阶段及与社会相处的阶段。从划分阶段来看,自我的发展是持续一生的过程,在这一生的发展过程中,始终处于与他人的关系中。

第四,自我是一个结构性的人格核心机制。早期阶段,父母能够对儿童进行适度的赞美、奉献无条件的积极健康的爱,儿童的自我就具备了基本的调节能力;父母若以科学合理的教养方式,且与儿童保持持续的情感联结状态,儿童就会顺利将父母的价值观内化为自身的价值观,这样自我理想成分就逐渐形成;在儿童离开父母步入学校的阶段,如父母适度放权,将控制型的亲子关系过渡成为民主型的亲子关系,在家庭事务中,给予孩子发表意见、表达观点的权利,这样,儿童的自我调节成分、自我理想成分就趋于稳定;在青春期阶段,在儿童自我意识膨胀关键期,父母在儿童自我的形成中亦扮演着重要角色,如若父母依旧能够与个体保持良好的亲子关系,能够充当儿童对未来憧憬的引导者,儿童就会形成理想、调节成分。在形成这两种成分的同时,自我还会衍生出另一种成分,即与生俱来的才能,这一成分对自我发展亦具有至关重要的作用,是自我追求卓越的一个有力成分,也是个体成为自我实现者的重要保障。而这一成分真正展示它自身功能的时候,便是前两个成分形成稳定之时。

第五,自我主要表现为一个有意识的过程,即要对自我这一人格核心实体进行研究,可对它的有意识领域——自我意识进行分析。自我的表现形式——自我意识分为自我认知、自我体验和自我控制。自我意识在自我形成的不同阶段其表现是不同的。本书对未成年犯自我及后期不同阶段个体自我的研究,部分测评就从自我意识着手,并分析它在不同发展阶段的成长状况,以此论证在未成年犯走向犯罪道路上自我所起的作用以及不同阶段个体自我与法律意识的相互关系。

2. 法律意识

本研究认为法律意识是关于法本质、功能、价值、发展规律及法律制度等各种法现象的认知、情感、意志、动机等综合心理的总称。根据主体范围的不同可分为宏观法律意识和微观法律意识,前者是与特定社会文化、制度相联系的一种有关法现象的社会法律意识,涉及法律文化、法律传统和法律价值；后者是指在个体发展过程中，逐渐将宏观的社会法律意识内化为个体意识结构的一部分，形成微观层面的个体法律意识。个体法律意识的心理结构，包括法律认知、法律情感、法律意志、法律需要和动机及法律信仰（见图1.3）。

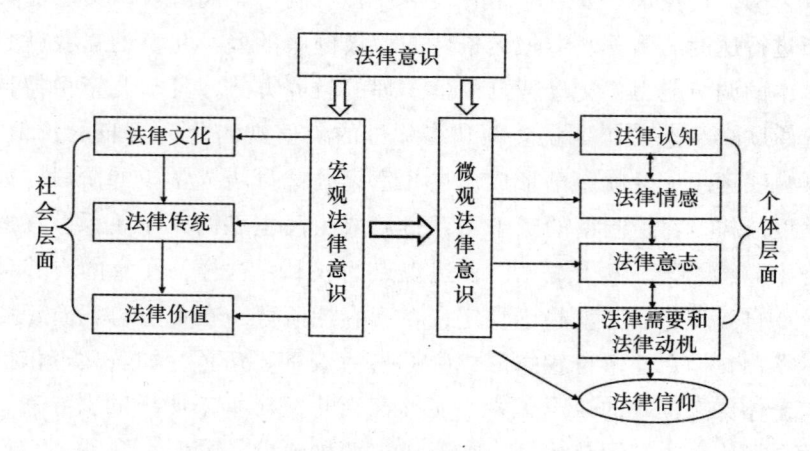

图1.3　法律意识结构

二　研究思路

本书通过文献查阅、比较分析青少年犯罪原因，提出自我不健全以及法律意识缺乏是青少年走向犯罪道路的根本原因的假设。据此，提出培养健康的自我以及将法律意识融入自我形成的过程中，是预防青少年犯罪的根本途径，这种途径体现在建立个体法律意识植根于自我的犯罪预防体系中。具体研究思路如下：

首先，对青少年犯罪理论进行梳理。确定自我不健全是青少年走向犯罪道路的内因，法律意识水平低下是构成其违法犯罪的外部因素。

其次，在筛选出自我和法律意识这两个因素之后，通过查阅文献，比较分析，找出自我和法律意识可结合的理论依据及法律意识植根于自我的理论价值，提出建构法律意识植根于自我的预防体系模型，并论述了这一体系形成的可能性和价值。

再次，以未成年犯为例，检验未成年犯存在自我发展不良、法律意识水平低下的现状，并进一步对理论模型进行了验证。基于个体法律意识植根于自我之体系形成于关系中，对未成年犯亲子关系、同伴关系、社会支持等进行实证研究。证实未成年犯法律意识植根于自我体系未能形成是由于他们的亲子关系、社会关系发展不良。为补充量化研究的不足，进一步对未成年犯进行个案深度剖析，证实未成年犯犯罪根源就是他们的亲子关系、社会关系的断裂从而导致法律意识植根于自我的犯罪预防体系的缺失。

最后，构建预防未成年人犯罪的法律意识植根于自我之体系的教育特征、主体、方式、内容和发展阶段；对未成年犯进行教育矫治的法律意识植根于自我之体系的可能性、必要性和策略进行探析。同时，通过实证研究，验证个体不同阶段的自我与法律意识之间的关系，为未来提出"法律自我"奠定基础。

研究线路如下：

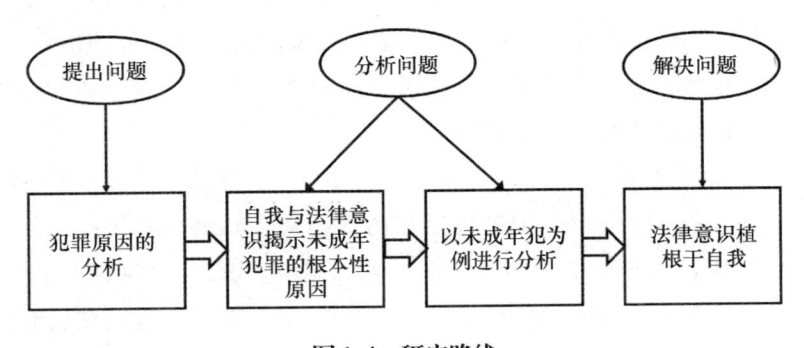

图1.4 研究路线

三 研究方法

1. 文献分析法

通过对青少年犯罪相关理论文献的查阅，提出自我不健全和法律意识的缺失是未成年犯罪根源的假设。进一步查阅文献，从社会学、心理学、教育学、哲学、法学等多学科视角出发，以法律意识和自我之间的关系为研究切入点，通过分析在个体的自我形成过程中如何与法律意识发生作用，如何将法律意识植根于自我之中并成为一种预防犯罪的体系。这种犯罪预防体系是一种从微观、中层观到宏观的控制体系；同时也是个体、家庭、学校和社会共同建构的一种预防模型。本研究通过查阅文献，运用多种学科的理论去解决问题，发挥各学科优势，同时将各种学科的学科思维加以融合，致力于构建法律意识植根于自我的犯罪预防体系。以理论为指导并结合实证分析，最终提出预防和矫治未成人犯罪的理论模型并通过实证加以验证。

2. 问卷调查法

通过对未管所的未成年犯发放标准化的问卷，量化分析影响未成年犯形成的因素。结合量化分析，为本书的观点提供数据支撑，为进一步的实践研究提供理论依据。对未成年犯法律意识的测量采取的是自编问卷。首先通过文献整理与分析，明确法律意识的内涵，并进一步对法律意识维度进行划分，编辑相关项目，并进行了项目评估及探索性因素分析，确立问卷的最初版本。为了检验问卷结构和项目的科学合理性，对所编制问卷进行了预测。预测的样本来自实测群体。通过对问卷进行信效度评估，证明可以用于未成年犯法律意识的测评。同样，对后期不同阶段个体法律意识测评的测量工具也是严格采取量表编制的程序和步骤，量表符合心理测评统计学要求，然后用于对小学生、中学生和大学生的施测（具体实施步骤见实证研究）。

3. 个案研究法

通过对未管所未成年犯进行半结构性访谈、心理绘画等技术，深入细致地了解个体走向犯罪的内外部因素、了解其幼年时期的亲子关系、家庭互动模式、了解其自我形成过程中所遇到的挫折及他们在面对挫折时的应对方式。解读他们的人格发展历程，分析自我成长在各个阶段的影响因素；深入了解未成年犯法律意识状况，了解他们法律意识形成的历程及其影响因素，比如文化的影响、父母价值观的影响以及其他各种因素的影响。对法律意识植根于自我之体系形成进行研究，得出这一体系是发生于亲子关系之中，发展于同伴和师生关系之中，成熟定型于社会关系之中。这样，就把法律意识植根于自我的研究置于一个关系网中，这种关系网同时也是社会控制的一种方式，这样使理论研究在实践中的应用具有了可行性。依据法律意识植根于自我的体系既可通过关系对个体进行犯罪预防，又可通过法律意识和自我为关系的切入点对个体实施教育活动。

第 一 章

法律意识植根于自我的依据

第一节 自我与犯罪的关系分析

一 自我健康发展使个体远离犯罪

自我健康发展需要有一个前提，这个前提通俗易懂地讲就是需要有一个好父母或者好的监护人。这个"好"的最低标准就是：父母或者监护人爱他的孩子，这种爱的力量是个体自我健康发展的土壤。作为人格的核心，自我在个体一出生便处于一种被孕育的状态，这种孕育中的自我先天带有一种发展的能量，且会随着个体身心的发展，逐渐萌生出自我意识并展现出自我的各种功能性作用。从孕育中的自我到自我意识的萌芽，个体自我是在与父母或监护人的相互作用中形成的，在与父母或其监护人的相处过程中，个体处于混沌状态的、孕育中的自我逐步清晰起来，并具备了一定的结构性。这种结构性的自我统一于自我意识之中，并发挥出强大的功能性作用。形象地讲，个体孕育中的自我就如母亲腹中胎儿一样，而自我意识的萌芽则好比刚出生的新生儿，那么在孕育中的自我—自我意识的萌芽这一阶段，父母或其监护人的作用非同小可。在自我孕育状态中，婴儿与外界的一切人和事物的界限是模糊的，母亲对他来说就是为自己服务的一个存在，而他确实可通过操作母亲的反应来确认这种感觉。这种状态对还处于孕育中的自我是有必要且正常的。作者把这种状态中的自我与母亲的关系称为"帝王—仆从"的自我—对象关系，简明形象地表明这个阶段个体与母亲或监护人的一种关系。

这种"帝王—仆从"的关系会由于母亲或监护人的疏忽大意或灾难性缺位而导致关系失衡，这会引发婴儿心理上的紧张与焦虑。为了缓解这种心理上的不适感，婴儿发展出一种新的心理组织，作者称之为"无敌自我"和"期待父母表象"来维持最初所拥有的那种"帝王般的幻觉"。婴儿将自我发展的原始能量内投于孕育中的自我，形成了"无敌自我"，外投于父母则形成了"期待父母表象"。通过这种方式，个体保持了"我是无敌的""你是我期待中的形象，但你是为我服务的"。当孕育中的自我结束后，先天发展能量沿着两条路进行：无敌自我的发展和期待父母表象的发展。

无敌自我的发展：在最初阶段，婴儿将除自身以外的一切人和事都当作是自我的组成部分，当然这时婴儿还未曾有明确的自我意识。在婴儿的世界中，所有的一切都随着他的意愿而发展变化着，他就是世界的主宰，是整个宇宙的中心与指挥者；在后一阶段，个体意识到自己与他人是彼此独立的，但认为他们之间具有相似性，这种相似性可确保个体自我发展的安全感；最后的发展阶段，个体自我意识完全形成，可以明确的区分自我与他人是彼此不同的存在。当然，个体依然需要他人的相伴，以促使人类的先天性发展能量向更为积极健康的自我提供更大潜力。在无敌自我发展的这一过程，如果父母人格健全，就能够理解并接受个体的"无敌自我"并给予必要的关注与赞美。但父母不可能时刻都能够满足个体的这种反馈性需要，所以会有忽略个体"无敌自我"的情况发生。这种忽略对个体自我发展有着积极的意义。个体会将先天发展能量从"无敌自我"撤回一部分到现实的活动中去，从而证明自己的能力并提高自尊，这样，自我控制力得到发展；当个体将先天的发展能量投注现实活动中去的时候，自我认知也得到进一步发展；当这种现实活动取得成效的时候，个体会体验到快乐，这正是自我体验。父母适度忽略个体的"无敌自我"，促使个体将先天发展能量用于自我本身上，并将依靠外界力量满足自我的反馈需求转化为依靠自我调节。这是个体自我创造力的源泉，是个体抵制外界诱惑的人格基础。如果父母整体上对个体"无敌自我"是接受和肯定的，那么个体就会初步形成一个具有整合能力的自我，这个自我具有控制调节能力和时空延续性，可保证个体将过去、现在、未来很好地统一起来。

期待父母表象的发展：当个体最初的"帝王般幻觉"破灭后，就将先天的发展能量投注于父母，把父母按照自己期待中的样子进行妖魔化，认为父母是十全十美的存在。期待父母表象的存在，对个体自我发展具有重要意义：首先，父母在孩子自我形成之前提供调节、控制能力，父母对儿童大小便的训练、饮食状况的控制都属于此列；其次，这种完美无缺的父母表象为个体提供理想观和价值观。孩子对父母认可使得父母的理想观和价值观轻易地内化到个体的自我形成中，成为自己理想观和价值观的一部分。但父母对孩子的心理需求总会有所疏漏，这种疏漏同样对个体发展是健康的。个体可认识到父母的真实情况，意识到父母并非是全知全能的，这样个体就将投注在期待父母表象上的先天能量撤回一部分用以发展自我，促使自我具备期待父母表象所代表的调节控制功能。将父母的赞美、指导、责令等内化为自我的组成部分，这样个体便可脱离期待父母表象而拥有了独立的价值观、道德观。这是个体社会化的重要组成部分，也奠定了个体接受主流价值观的人格基础。

当先天发展能量在"帝王自我"与"期待父母表象"上顺利发展后，个体就形成了健康的自我。这两方面的发展进一步促使个体的自我与先天发展能量的融合，形成了巨大的动力源，但这个动力源是可以被控制调节，也可以被引导的，此时的自我是有理想、受道德准则约束并具有潜在创造力的人格核心。

这便是自我认知、自我体验和自我控制形成的内部心理机制。通过理解犯罪的本质，可以看出，不管犯罪是对法律的违反，还是对主流价值观的违背，更甚是"人的异化"，这一切都将敌不过一个拥有健康自我的人，换言之，健康的自我与犯罪是一种水火不相容的关系。

二 自我发展受挫导致个体成为犯罪的易感性群体

自我是在关系中形成的，不管是父母或监护人抑或其他重要的人，如果他们人格不健全，那么个体的自我就要受到前所未有的迫害，从而导致人格结构的缺陷，为走向犯罪道路埋下伏笔。

父母由于自身人格不健全，对儿童"帝王自我"的反馈需求长期不能提供满足，那么，先天的发展能量就固着在最初的这种帝王自我上，或被压抑到潜意识之中，或处于意识状态而与现实自我相分离，这导致能量无法整合到人格自我之中，现实自我也无法汲取这些能量，从而导致人格自我的无力感。表现在个体身上就是自卑、对生活学习缺乏热情和活力，或出现偶尔的不受控制的自负状态。这就是犯罪人人格冲动性的根源。

作为个体自我形成过程中最重要的父母，如果他们的人格缺陷，那么就不能意识到儿童对完美父母的期待心理，也不愿意在与儿童相处过程中做儿童心目中那个全能的人。这样，儿童长期对期待中父母的角色处于一种匮乏状态，这对儿童的心理发展是一种致命的打击。这种期待需求落空后，儿童先天的发展能量固着于最初的期待父母表象上，从而阻碍了正常道德及价值观内化于自我之中。自我则无法利用先天的发展能量，只能依赖最初的期待父母表象发挥作用。儿童对父母的这种期待需求遭到拒绝或被利用后，就会压抑这种期待父母表象，或者同现实自我相分离，从而造成投注于期待父母表象上的能量无法对现实自我施加影响，从而导致自我软弱、人格的残缺。这是犯罪一般理论中低自我控制的源头，也是犯罪人道德感、同情心缺乏的根本性原因，亦是犯罪人追求及时享乐的根源。

帝王自我的反馈性需求和期待父母表象的完美需求长期匮乏，会导致自我发展不足，从而造成人格的残缺。这使得个体成为犯罪的易感群体。

帝王自我的反馈性需求和期待父母表象的完美需求是否可以得到满足，最初取决于亲子关系。在个体的整个生命历程中，这两种需求是一直存在的，所以，同伴、朋友、伴侣等重要他人都可以满足其这种需求，使其自我得到健康发展。但最初的亲子关系是否良好，成为决定个体人格是否健康的一个关键性因素，也会影响到个体的其他人际关系。所以说，要想在以后的人际关系中形成良好的自我，是一个概率性事件。一般情况下，亲子交往模式会复制到个体以后的人际关系中去，但不排除人的巨大潜力以及不可低估其他良性人际关系对自我发展不良个体提供改造的机会。

综上所述，犯罪与自我的关系表现为两种情况：第一种是自我健康发展会成为遏制犯罪的强有力人格因素；第二种则是自我发展不顺利极易置个体于犯罪的危险之中。

第二节　法律意识与犯罪的关系

一　宏观法律意识对犯罪的排斥

宏观法律意识的表现形式有法律文化、法律传统和法律价值三种类型。

1. 法律文化

弗里德曼认为，"法律文化是与整个文化具有有机联系的有血有肉的习惯，而不是某个社会可以选择或购买因为不具有任何特定社会遗传标志的中性人造品。"① 法律文化作为一种习惯，生成且受制于整个社会文化的发展，它作为社会文化的组成部分，对民众法治观念、情感及其制度的理解兼有影响，法律文化是在文化的传承中凝结而成，且植根于特定的文化背景中。通过法律文化的纽带作用，促使个体对法律制度产生认知并伴随着一系列的情感体验。温伯格认为法律文化既包括静态的法律规则、法律的物化形式、法得以运行的媒介——法律职业共同体，也包含人们对这些法律现象的心理活动综合体，所以法律文化关乎人们对法律功能和价值的判断、对法的情感情绪体验及是否愿意认同并卷入"法治生活"。② 温伯格认为法律文化以观念形态的方式存在着，且人们在生活中对法律的青睐程度取决于法律文化的发展程度。法律文化认同的规则是法律产生的前提条件，法律文化的变化引发法律的变化。所以，法律文化对法律的生成及其变迁起到关键作用。

从这几位法学家关于法律文化的阐释可以看出，他们认为法律文化属于一种意识形态，表现为人们对法律及相关法律现象的一种信念、情感、信仰及价值观；法律文化在法律的产生及运行中具有功能性，这种功能性是基于文化因子所固有的特性。

我国学者刘学灵认为，法律文化表现为一种群体生活模式，这种生

---

① ［美］弗里德曼：《法律制度》，李琼英等译，中国政法大学出版社1994年版，第228页。
② ［美］温伯格：《论美国的法律文化》，朱迪思、潘汉典译，《环球法律评论》1985年第1期。

活模式蕴含着文化中关于法律现象的知识积淀总和。① 法律文化有其特定的模式，这种模式赋予其特定的意义且外化为法律运行过程中所遵循的程序，"其中蕴含法律价值和法律技术两大系统"。② 法律文化作为人们一些普遍生活方式的载体，这些具有普世性的生活方式或可成为法律秩序的渊源，或者反映出人们对法律的某种想象。张文显认为："法律文化是法律现象的精神部分，由社会的经济基础和政治结构决定的，在历史过程中积累下来并不断创新的有关法和法律生活的群体性认知、评价、心态和行为模式的总和。"③ 也有学者认为："法律文化作为社会文化的子文化，来源于社会实践的一种与法律现象密切相关的、不断发展变化的关于人们对法律的一种观念和信仰，且在不同的社会其目标指向不同。"④

以上学者的阐释，主要体现了法律文化是以法律现象及其相关的事物为研究对象，是关于人们对法律活动的心理综合体及法律规范、制度、技术、机构等的整合。

法律文化是从文化的角度衍生出来的概念，所以作者认为在理解法律文化的时候，首先要有"法律是一种文化"或"法律是文化的组成部分"这样的认识。当意识到法律作为文化的一个要素时，就要既看到法律与文化的密切关系，法律的产生和运行是以其文化作为土壤和背景，文化的丰富程度可以决定法律的运行状况；也要看到法律文化不是作为法律与文化的简单结合，而是一种以法律现象为其内容的文化。

目前关于法律文化的概念解说，大都以其具体内容来定义，比如法律文化是有关法律的社会观念形态，是对法律秩序态度，等等。作者认为这种对法律文化的解释将其内涵限缩了，我们需要一种更为抽象、宏观的具有创造性的法律文化概念。法律文化本身应该是一种符号，一种在人类生活中像氧气般的存在物。所以在揭示法律文化内涵的时候，既要有与具体法律现象相联系互动的一面，比如应涉及社会成员对现存法律制度的意识，又要有更为包容开阔的一面，是一种蕴含人类价值符号

---

① 刘学灵：《法律文化的概念、结构和研究观念》，《河北法学》1987年第3期。
② 蒋迅：《法律文化刍议》，《比较法研究》1987年第4期。
③ 张文显：《法律文化的释义》，《法学研究》1992年第5期。
④ 杨显滨：《论当代中国法律文化价值的应然归属》，《河北法学》2013年第31卷第2期。

的存在。

法律文化与犯罪的关系可以从两方面进行解说：一方面，当法律文化作为文化的一种或其组成部分，那么犯罪问题自始至终都是在一个文化体系里，犯罪人对先于自身存在的文化系统是无从选择的。当个体实施犯罪行为的时候，他不是逃离了这个文化系统，只是对自己所处的社会文化的损害，这种损害必然造成社会对他的排斥。当我们理解法律文化的这种价值符号、这种存在的构建性意义时，犯罪本身就被置于一个社会中去。个体的犯罪行为也是由社会决定的，是受社会制约的。另一方面，从法律文化的实体性含义出发，则看到的是犯罪对秩序的破坏、对规范的违背，是社会控制的对立性因素，是彻彻底底地对法律信仰、法律制度、法律秩序的破坏。

2. 法律传统

法律文化与法律传统具有密切地联系，但法律文化的范畴大于法律传统，二者之间不可以画等号。对法律传统理解之前，要对传统的概念进行了解。大多数学者采用的是美国学者 E. 希尔斯对传统的定义，即"传统意味着许多事物。就其最明显、最基本的意义来看，它的含义只是世代相传的东西，即任何从过去延传至今或相传至今的东西。……传统的决定性标准是，它是人类行为、思想和想象的产物，并且被代代相传"。[1] 所以，传统的正确意义，应该是在时间性中保持稳定的连续性中的变革和创新文化的过程。"是人的精神性得以延伸的文化时间领域，因此，传统处于现实存在着的人们的精神之中"。[2]

对法律传统的理解，就是基于对传统概念理解的基础上作出的类似解释。

伯尔曼指出，"曾经有一种称作'西方的'文明；这种文明发展出了独特的'法律的'制度、价值和概念；这些西方的法律制度、价值和概念被有意识地世代相传数个世纪，由此而开始形成一种'传统'"。[3] 伯尔曼认为法律传统就是对世代创造出来的代表人类文明的法律制度、价

---

[1] [美] 希尔斯：《论传统》，傅铿等译，上海人民出版社1991年版，第15页。
[2] 李鹏程：《当代文化哲学沉思》，人民出版社1994年版，第380—381页。
[3] [美] 伯尔曼：《法律与革命》第1卷，贺卫方译，法律出版社2008年版，第1页。

值和概念的有意识传承。这种法律传统既包含关于法律制度在特定历史进程中运行状况的延传,也包括与这种法律制度相关联的文化传承。所以,法律传统既有对法律实体性内容的保留,但更多的是侧重于对法律精神性领域的继受。

国内学者徐彪认为,法律传统作为一种有机联系的整体包含着有关法律的思想、观念、制度和习俗等,这些法律现象是由人类创造并继承的、经过历史检验而遗传下来的产物。① 他的法律传统包括技术性和精神性两种法律传统,并认为前者的传承性较强,后者则体现的是人类在法律活动中的精神追求,且同民族精神有密切联系,故生命力更强,也是法律传统的主要内容。武树臣认为中国法律传统从法律文化的时序性和范畴两方面包含了古代、近代和新的法律传统。② 他的法律传统概念体现了法律内容的延续性、法律发展变化的历史性,更多地侧重于对法律的技术性传统继承。姚建宗则认为法律传统是过去的法律价值观念延续到现在,并对当前社会有着巨大影响力,且主要体现为一种无意识状态的精神因素。③ 法律传统虽是过去人们法律实践活动的产物,但长期宏观视角下,更是历史发展的必然,是超越"人力"的一种综合因素下的存在。

综上所述,法律传统有以下几个特征,首先,它具有历史传承性。法律传统是人类的法律实践活动在经过若干世纪积淀下来的有关法律现象的智慧结晶传递,这样的传统历久弥新,始于久远的历史而对现在的社会生活产生着巨大影响;其次,法律传统更多的是一种无意识的精神性的存在。由于经历数个世纪,超越了时空性,却继续延续存在着。这就有些像荣格所言的集体无意识,虽然不能清晰地表述却能确切地影响着人们的生活,成为人类共同的法律心理、法律意识、甚至是共同的一种文化特质存在于社会成员的"灵魂"里;最后,法律传统是一种抽象的精神要素。这种抽象性表现在法律传统对法律文化、法律制度和法律价值观等的一种凝聚,是关于社会法律实践活动的内隐

---

① 徐彪:《论法律传统的功能》,《法学家》2008年第4期。
② 树臣:《法律传统与法治智慧》,《河北法学》2014年第5期。
③ 姚建宗:《法律传统论纲》,《吉林大学社会科学学报》2008年第5期。

性的精神因素。

法律传统在它的历史长河中,对犯罪性的抵制烙在了人类的灵魂深处,以至于成为一种对犯罪排斥的人类文化基因。通过对这种文化基因的遗传,人类社会才得以天然地对犯罪行为具有排斥性,而这也是保证其经久不衰的缘由之一。

3. 法律价值

价值是法律科学在各个时期都不可回避的一个问题,法律制度的建立、法律秩序所发挥的功能,都要基于对价值问题的考量,所以说,在涉及法律现象的问题时,对其价值的研究是至关重要的。那么,何谓法律价值?

有学者认为,法的价值本质在于主体与法的关系中,是法对主体的"有用性",这种有用性表现在法对主体需要的满足,"因此,法的价值论实际上就是法应该是什么的问题"。法的基本价值是个体权利、社会秩序及这两者之间体现的正义。[1] 法律价值理论说明法这种客体对主体需要的满足,且表现出法律价值是一种"应然性"的存在,这种存在对主体具有积极的作用。亦有学者认为,"法律价值是指法律本身的属性及其存在、运行与实施对满足一定主体的需要有利、有益、有用,符合真、善、美、自由、平等、人权、公平、正义、道德、真理或客观规律的要求,产生良好的影响和效果,对一定事物的发展有重要意义,起积极作用,以及一定的主体对法律的对错、好坏、优劣、利弊、正反、质量高低、作用大小等方面的评价等。"[2] 这一观点指出了法律价值对人的有用性和它自身蕴含的价值使命,且涵盖了法律价值的基本内涵是涉及真善美、自由、平等、公平正义等内容,而这些基本价值内容明显具有超越性,不仅超越了具体现实的法律法规,而且是人类对法的终极意义的理解与追求,表现出了法与人之间的一种理想的关系——是人类的法律实践活动的永恒的路标。

法律价值表现为主体与法律之间的一种互通关系的主体需求客观化的法律本质属性。法律价值是一种应然性,它的表现形式具有隐蔽性,

---

[1] 张钢成:《论法的价值》,《社会科学家》1993 年第 2 期。
[2] 薛伦倬:《马克思主义法学新探》,重庆出版社 1992 年版,第 139 页。

故须加以不断外化为人所认知。"法律的价值内涵包括了秩序、平等、公平、自由、安全和效率。"①

综上所述,作者认为法律价值具有以下几点属性:第一,法律价值首先表现为法律对主体的积极意义。这种积极意义可从法律价值的分类体现出来,法律的工具性价值与法律的目的性价值。前者中,法律是服务性的,是作为一种手段的存在,如确认关系、分配权利、衡量价值及保护性价值;后者则指法律秩序所要达到的理想状态,从这个意义上理解,公平、秩序、自由、正义都是法律价值追求的目的,是它的目的性价值。第二,法律价值体现在关系之中,是在法的本质属性与主体需要之间实现的。法律价值是法对主体的价值,是主体在法律实践活动中体验到的法的有用性而形成的从属关系。第三,法律价值具有应然性。法律价值体现了人对法律的价值目标追求,这种目标促使人类在法律活动中获得一种精神指导,且在具体的法律活动中为达到这种法律价值而满足,因为丧失这种法律价值而痛苦。法律价值的应然性促使人类无限去接近法所追求的终极意义,无限可能的去实现这一真理。同时,法律价值使得人们对法律的评价成为可能,这种评价功能的根本原因就是法律价值具有价值判断的意义。

法律价值体现出对民众价值观的导向作用,这种法律价值观一经认可,便会成为个体抵制犯罪的强有力因素。

二 犯罪人微观法律意识的缺失

微观法律意识是指个体在社会化过程中对宏观法律意识内化,并使其成为自我意识的组成部分。微观法律意识各要素之间是一种整体的、同构的、自调的联结关系的总和。成熟的微观法律意识各要素之间是一种有序的相互联系、相互制约的有机模型,它的构成要素包括法律认知、法律情感、法律意志、法律需要和动机。

1. *法律认知*

贝卡利亚说:"了解和掌握神圣法典的人越多,犯罪就越少。因为对

---

① 胡启忠:《法律正义与法律价值之关系辨正》,《河北法学》2010 年第 28 卷第 3 期。

刑罚的无知和刑罚的捉摸不定，无疑会帮助欲望强词夺理。"① 这句话表明，法律认知对预防犯罪的重要作用。法律认知，即指认知主体对法律及其相关现象进行信息加工的心理过程。它是个体形成法律信仰的基础。从法律信仰角度探求法律认知的客体包括两部分：一部分是有关法的基本理念认知，如公平、正义、自由、秩序、诚信等法据以存在的价值基础以及对法的历史、起源等掌握，从而对法形成一种科学、合理的理性认知，为将法律内化为自身价值观打好基础。另一部分是对国家现行法律的了解与把握，对主要部门法的基础知识以及这些知识的应用的掌握。懂得法在个体实际生活中的应用范围，以及如何利用法律来保护自身的权益，形成权利意识，知道行为的法律界限。

2. 法律情感

耶林认为，"人们在权利受到侵害时感受到的痛苦，包含着权利于他意味着什么的粗声吼叫这一本能的自我告白……在这一内在的因素中产生出的对权利的真正的意义和真正本质的激情和直接感受，比起长期未受干扰地对权力的享受，表现得更加强烈。不是理解，唯有情感，才能为我们回答，为何语言把一切权利的心理学源泉正确地称为是非感，法律信念是民众不了解的学术概念——法律的力量，完全犹如爱的力量，存在于情感之中，理解不能替代尚欠缺的情感。"② 在耶林看来，法情感是人的一种精神支柱，是一个完整的人所必须具备的一种心理特征。对权利的感受是一种本能的表现，这种本能的情感表现如此强烈，以至于唯有这种本能的情感显现出来，才能够真正了解什么是法律。当法律所代表的权益被侵害时，对被侵权者而言，是一种切肤之痛。因为伤害的不仅仅是标的，更重要的是伤害到了他的法感情。心理学研究表明，良好的情绪情感为人的智力的开发奠定基础，并且积极的情绪情感能为人将来良好的人际关系、认知、人格产生全面的影响。③ 而法律情感作为个

---

① ［意］切萨雷·内卡利亚：《论犯罪与刑罚》，黄风译，北京大学出版社 2008 年版，第 15 页。

② ［德］鲁道夫·冯·耶林：《为权利而斗争》，郑永流译，法律出版社 2012 年版，第 22 页。

③ 赵茂矩、徐秀莲、李玉华等：《母婴安全依恋关系与婴儿情绪情感》，《中国妇幼保健》2007 年第 22 卷第 13 期。

体情感的一个维度，其健康发展对个体法律信仰的养成起到重要作用。

心理学认为，"情绪和情感是人对客观事物的态度体验及相应的行为反应"。① 法律情感就是个体对现行法律体系及其运行的态度体验和反应。作为法律关系主体之一的自然人，是理性和情感的结合体，其法律情感影响到法律关系能否良性发展，最终可影响到法律对社会关系调整的效力。如现代《合同法》中的情势变更原则，当归责于当事人之外的原因而使得继续履行合同会造成显失公平的后果。因此，可以终止履行合同或者变更合同内容。这一原则实质上是诚实信用原则的具体应用，追求的目的便是公平、公正。当法律关系的双方当事人履行合同之前，发生情势变更，使得合同基础丧失，便可援引情势变更原则，求得最终的公平与公正。那么，双方当事人对这一法律后果从情感上是可接受的，自然愿意遵从法律的裁决。反之，如果缺失情势变更原则，继续履行合同，产生的不仅是履行合同的损失，更是对其法律情感上的摧毁，继而引起对法律的负面情绪。所以，法律情感是一种对法所蕴含的情感内涵的赞同，是对其发自肺腑的认同感并自愿服从其约束的一种情感。

3. 法律意志

在论述法律意志之前，我们先解释一下法学理论中的法律"意志"②，即经典马克思主义对法的本质的探究。马克思认为，法律是统治阶级意志的体现，他强调："这些个人通过法律形式来实现自己的意志，同时使其不受他们之中任何一个单个人的任性所左右。"③ 论文中所说的微观法律意识中的法律意志，更接近于我们前面所表述的法律信仰的本质——它是一种对法终极意义的追求，是知情意为主要特征的理性与具有强烈情绪情感的非理性的统一。在法律信仰的结构中所探讨的法律意志，更侧重于从个体的角度来诠释。故这里的法律意志，是对自身知法、守法、护法的一种坚定信念，并以此为目的调节自身行为，克服困难，以

---

① 彭聃龄：《普通心理学》（修订版），北京师范大学出版社2004年版，第364页。
② 马克思主义中的法律意志，它是属于社会法律意识的范畴，且为社会的经济关系所决定。这种法律意志是对客观规律的一种反映，在这里"意志"充当了联系规律和法律之间的一个中介。从这个角度来看，马克思主义关系中所言的法律意志，更多的是对法的本质的表述，且具有物质前提和科学性的一种宏观法律意识。
③ 《马克思恩格斯全集》第3卷，人民出版社1972年版，第37页。

期达到维护法律的一种心理过程。个体有了坚定的法律意志,一方面会抑制触法行为,这是抵抗诱惑和欲望的坚强后盾;另一方面有意识地加深对法律的认可感,会参与提高自身法律修养的活动。具备法律意志的核心价值便是保证个体活动的适法、增加其对法律认知的自主性,清晰其对适法与违法的界限。

4. 法律需要和动机

人本主义心理学的创始人马斯洛认为,人的需要是由低级向高级逐层发展,依次为生存需要、安全需要、爱与归属的需要、尊重的需要、自我实现的需要。为确定法律需求处于需求理论中的缺失性需求还是发展性需求,我们先要厘清法的功能和作用。从法律的本源来看,恩格斯认为法律是和国家相伴而生的,当由于"经济利益而互相冲突的阶级,不导致在无谓的斗争中把自己和社会消灭,需要一个表面上凌驾于社会之上的力量",这就是国家的产生;而法律的产生是"一群远离社会的权力的代表们——官吏需要特权确定自己享有特殊的地位,并规范人们的行为"。[①] 从这个视角来看,法律具有一种平衡利益的社会控制功能。但这里我们并不想给法律蒙上一层功利色彩,而是借此从个体生存发展角度来展现法律的功能:法律的这种平衡利益之功能,为个体撑起了一片安详宁静的生存空间。有了法律,个体的生命、财产等利益的安全有所保证,而这种安全感作为人的基本需求之一,是人能够发展的前提条件之一。另外,历史法学派的主要代表人物萨维尼认为"一个民族的法律制度,像艺术和音乐一样,都是他们的文化的自然体现,不能从外部强加给他们。法律如同语言一样,没有绝对停息的时候,它同其他的民族意识一样,总是在运动和发展中……当这一民族丧失个性时,法律趋于消逝"。[②] 这样,法律成为民族个性的表现形式。意识决定于物质,而当意识存在时,它亦有了自身相对独立的生存能力。法律与民族精神、民族魂、中国梦相关,那么这种法律需要已从个体性上升为整个民族的生存性需要了。在此意义上,法律需要是缺失性需求和发展性需求的综合体。

---

① 周长龄:《法律的起源》,中国人民公安大学出版社1997年版,第95—96页。
② 张宏生:《西方法律思想史》,北京大学出版社1983年版,第369页。

法律动机由法律需求所驱动，并促使个体指向某一目标，以此来满足其欲求的心理状态。在法律需要和动机的驱使下，个体会从事有关法律活动。这种活动包括以下三个层面：理论层面上，通过对法律知识的涉猎，了解自身在社会生活中的基本权利义务、了解目前国家的基本法律体系及其运行状况；实践层面上，通过参与涉法行为，成为法律关系中的当事人；超理论实践层面上：通过学习法律，对法律形成了一种神圣的认知，当处于法律关系中时，其目标不仅仅是为了法律所约定的标的，而是追求对法的尊重，是对法所赋予的价值内涵的追求。

微观法律意识，即法律认知、法律情感、法律意志、法律需要和动机是个体在社会化过程中对宏观法律意识的认可内化，一经内化便成为个体的人格组成部分。一方面，个体对宏观法律意识内化的过程，也就是其对宏观法律意识的认同、对犯罪现象产生恶感的过程；另一方面，当个体将宏观法律意识内化为其人格的组成部分时，也就是对传统社会秩序的一种维护，这种维护势必引发对犯罪行为的抵制。反之，个体缺乏法律认知，故不能产生对法律的积极情感，法律需要和动机也不能产生，法律意志也无从谈起。微观法律意识的缺失，使个体极易成为犯罪的俘虏。

第三节　法律意识植根于自我的可能性与价值

基于自我的可吸纳性、宏观法律意识的相对先定性、法律的道德性以及个体道德发展的特点，使得法律意识植根于自我成为可能。法律意识植根于自我的可行性进一步预示着它的价值，即通过各种社会关系形成了一种社会控制网，在这种社会网中，青少年得以健康成长。同时，这种对青少年犯罪具有预防作用的法律意识植根于自我体系具备层次性、动态性、开放性以及复杂性的特征。

一　法律意识植根于自我的可能性

1. 自我的可吸纳性

自我的可吸纳性指自我作为一个系统所具有的开放性特征，这种特征表现为自我必须与外界能量进行交换、吸收，才能保证该系统的良好循环和发展。人这种高级物种，必然是一种开放的系统，需要与外界进行能量交换，需要吸纳社会文化，需要将自我这一个人格核心要素打造得更加完美。本书中，自我和法律意识是可以相互融合的，虽然他们有各自的系统，但是在一个更大的系统内，他们都是这个大系统的子系统，子系统彼此之间进行吸纳、融合，可以促进整个系统的良性发展。三者之间的关系见图1.5。

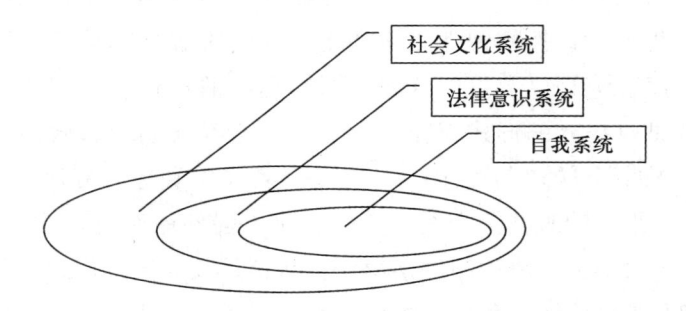

图1.5 自我系统、法律意识系统和社会文化系统的关系示意

2. 宏观法律意识作为法律意识植根于自我的前提条件

（1）法律文化作为自我形成之环境

法律文化是文化的特殊形式，即文化的子系统。由于文化本身的复杂与多义性，导致它至今没有一个确切的定义。刘作翔在总结前人研究的基础上，归纳了三种文化观：第一种是除自然界存在的所有打上人类印记的创造物的广义文化观；第二种是除了物质文化外的人类精神文化及其相关的组织、制度的中义文化观；第三种是与人的思想、意识相联系的狭义文化观。基于此将法律文化的研究对象界定为法律意识形态和法律制度、组织机构及其派生物，即与文化中义观相一致。[①] 作者认同这种法律文化的界定范围。那么作为法律文化的观念形态内容，不管是法律心理、习惯、思想抑或是传统，显而易见是先于个体而存在的一个较为隐蔽且稳定的文化系统，法律文化观念自始至终都对法律实践活动起

---

① 刘作翔：《从文化概念到法律文化概念——"法律文化"：一个新文化概念的取得及其"合法性"》，《法律科学（西北政法学院学报）》1998年第2期。

到引导、中介、评价和监督的作用。毋庸置疑，法律文化对个体的影响显然渗透在了法律实践活动的具体过程中。作为法律观念的具象化的法律制度是法律文化的另一个重要组成部分，如果说法律观念由于其精神性而具有超越和模糊性，那么作为法律文化具象化的法律制度则容易为人所理解和把握。

有学者认为："法律制度是制度性法律文化。它是处理个体与他人、个体与国家之间关系的文化产物，是法律活动内部规则、程序的对象化、定型化。它包括精神性法律文化之外的所有法律活动和过程中的规则、程序、范型以及贯彻这些规则、程序的机构、设施等。法律制度的内容是以扬弃的形式存在于自身的社会经济制度、政治制度、婚姻制度以及生态保护制度中的。法律制度反映和标志着社会文明的进化状况和水平。同时社会文明和文化状况也强烈地作用于法律制度。"① 这一观点不仅指出了法律制度是由法律规范、规则、程序以及构成这些实施规则和程序的组织和设施机构所组成，还进一步揭示了法律制度与社会和国家的关系，以及它对整个社会文明和社会控制所起到的作用，并进一步阐释了法律制度在国家调节个人行为和关系的过程中所起到的中间效应。

这里所说的法律规范则是指法律意识通过统治阶级的认同或确立，将之上升为一种以国家强力保障的行为准则。这种行为准则通过法律的形式规定人们的行为界限，告诉人们何时何地该为和不该为的范围和内容，以此作为管理社会的一种强有力的手段，成为社会政治、经济、法律等各方面活动的准则与法律制度相适应的法律组织和设施机构则是为了使法律规范真正地作用于社会生活中，成为一种活着的规范。法律的组织机构受到社会形态及法律本身发展的影响，如中国的人民代表大会组织制度，受制于社会主义的中国具体国情，体现了社会主义的文化传统。同时，法律组织机构也会随着社会和法律文化的变迁而发展变化。当然，法律制度不仅包括法律规范、法律组织与机构，同时还包括一个法律职业共同体。法律职业共同体指"与法律相关"之人的集合体，包括法律实践的法官、检察官、律师、书记员、公证员等，以及法学教育

---

① 刘进田：《法律文化片论》，《法律科学》（西北政法学院学报）1991 年第 1 期。

研究的法学学者、法律编辑等传播者。① 法律职业共同体的重要意义是基于共同的知识体系而实现法治理念和精神,乃至是对法律信仰的追求。法律制度由于法律职业共同体而将法律变成了富有生命力的存在,他们已超越个体性,成为一种法律的符号,代表着"活着的"正在运行的法律。

宏观法律意识既涵盖狭义法律文化观中的全部内涵,又体现出对法律制度中法律规范、组织机构、法律职业共同体的认知、评判、态度等心理因素的综合体。宏观法律意识通过法律制度的具象化,使之上升为国家意志的法律规范、各种组织机构及设施和法律职业共同体,将法律制度外圈的真实社会生活的各种要求转化为法律行为,达到了定纷止争、记录人类日常生活的作用,最终实现对社会的全面控制。换言之,个体从出生之日起,就被迫落在了这个制度之中,并需要依此制度才能够求得正常的生存。

(2) 法律传统为自我注入精神底蕴

法律传统的潜意识性和精神性的特质,揭示了宏观法律意识的先定性。法律传统是历经若干个世纪而流传积淀下来的产物,它是通过长期的延传而形成的一种"原型"或者行为范式。也就是说法律传统一经形成,务必为某个社会的全体成员所共有,即它具有一种天然的集体性。再者,与前文所述法律传统的潜意识性和侧重精神性的特质联系起来,也可以说,具有历史延传性的法律传统是集体潜意识的一种特殊形式或者它的心理基础是集体潜意识。荣格指出,集体潜意识是人类自原始以来的心理经验遗存,这些长期积累起来的经验"沉淀"在个体的潜意识之中,是"历史在种族记忆中的投影"。② 荣格认为,集体潜意识中的"种族记忆"中贮存了人类世代与自然相处的经验,这些经验成为现代人类在与自然发生联系时所依据的一种应对图式,这种图式为人类提供了深层次的价值取向与判断。荣格的集体潜意识首先是一种与个性心理相

---

① 刘作翔、刘振宇:《对法律职业共同体的认识和理解——兼论中国式法律职业共同体的角色隐喻及其现状》,《法学杂志》2013年第4期。

② [瑞士] 弗洛姆:《荣格心理学导论》,刘韵涵译,辽宁人民出版社1988年版,第2—3页。

反的普遍存在于所有人身上的超个性的潜意识，所有人具备了大体相似的行为模式。而且，集体潜意识不能为个人所意识，它是基于遗传，是作为经验理解的精神的一部分，且是个人与社会各种行为的心理基础。由于它是集体的，故人与人之间在精神深处具有统一性。集体潜意识的主要内容为原型，原型是以某种形式元素和某种根本意义为特征的一种"不可表征"的存在。[①] 原型是一种为人类寻找灵感、寻找生命本真的中介。

一方面，法律传统的精神性体现了其心理基础是人类集体潜意识，这样，将法律传统放置在了整个人类历史进程中，从而使得内涵有了历史底蕴，也使得它的精神特质具备了合理可信度，它不再是一个虚无的概念，而是有着民族经验的沉淀与积累。另一方面，法律传统的精神性也是对现代理性所可能引发人类面临各种困境的一种平衡手段，人类对大自然的敬畏、对图腾的崇拜，是最初法律意识的萌芽。同时，这些原本也是集体潜意识的一部分，但这种崇拜在现代理性面前被认为"不科学"而予以摒弃，因此，人类的集体潜意识会与现代文明相冲突，而法律传统所蕴含的潜意识精神性则表现了对现代人类的一种拯救。因为人类终究是受到集体潜意识的深刻影响，人类对理性愈加倡导，愈反射出其内心对集体潜意识经验的畏惧与排斥，我们无法摆脱人类祖先遗留给我们的烙印，既然如此，为避免现代人类走向一种极端，我们需要一种平衡。这种平衡表现在法律意识领域便是法律传统的精神性。法律传统背后的民族精神，是立法者创作法律的心理基础，它能够传承若干世纪而一直被人所接受，就是由于它是人类集体无意识精神的组成部分，它反射出了人类心灵深处的一些理想信念。

（3）法律价值引导自我的价值形成

我国学者梁治平指出，法律概念的形成，首先表现为一种价值判断，故法的价值不只是一种经验描述，更是一种"应然"状态。[②] 也就是说，法的产生和发展离不开对它寄予的价值期盼。法的价值渗透在法律的原

[①] 施春华：《神秘的原型》，黑龙江人民出版社2002年版，第63—64页。
[②] 梁治平：《法律的文化解释》，生活·读书·新知三联书店1994年版，第51页。

则和文本中，体现和反映着主体对法的需求。① 李德顺认为，法的精神是一种社会化的理性。② 任何法都是对一定价值判断的展现与表露，而这种价值追求则体现在社会化了的法精神之中。因此，法的价值不仅是一种"应然"的存在，还是一种渗透于法的具体内容与文本中的具有社会性和客观性的存在。法的价值的这种特性，相对于个体而言，亦是一种先于个体而存在的客观存在。

法的价值目标有很多，自由、秩序、效益、公平等，但是只有正义才是法的根本价值。换言之，正义是法产生的基础，也是法所追求的目的。正义是与人类的天性相一致的存在，它代表着法律的公正。在法的价值中，正义具有优先性，正是在正义的呼唤下，法才得以制定，所以正义是法产生的前提，同时也体现了法的其他价值诸如秩序、自由、平等等。那么正义究竟是什么？简而言之，正义就是公正、公平、平等，各得其所、得其所应得。在将正义作为法的价值之前，就有对正义的论述。

正义作为笼罩宇宙的一种规律，万物都遵循于它，如若不然，就会受到惩罚。自然法学派关于自然法的论述往往与正义联系在一起。格劳秀斯认为，自然法的公正是基于对理性行为的确认；反之，就是违背公正的罪恶行为。③ 自然法是一种理想的法律，它以实现公平正义为自己的终极目标，它与正义具有相一致的内涵，且这两者是作为人定法的前提。霍布斯进一步认为，人类的理性发现了自然法，而正义又是由自然法衍生出来的。自然法是正义的源泉，人定法就是基于自然法而制定的，所以人定法必定是正义的，故霍布斯有"法律没有正义或非正义之分，只有良与恶之分"。④ 自然法学派总体上认为正义是一种先验性的存在，这种存在在人类社会活动中发挥了一种准则性的作用。自由、和平、民主、容忍都为正义之内涵，正义作为法的根本价值，其他法的价值都是借由正义而存在的。

---

① 李道军：《法的应然与实然》，山东人民出版社 2001 年版，第 11 页。
② 李德顺：《话语的圈套》，北京出版社 1999 年版，第 63 页。
③ 法学教材编辑部：《西方法律思想史资料选编》，北京大学出版社 1987 年版，第 143 页。
④ ［英］霍布斯：《利维坦》，黎思复译，商务印书馆 1985 年版，第 270 页。

综上所述,作者认为正义具备如下含义:首先,正义作为一种价值追求,它具有先验性却需在关系中得以体现,也就是说只有在人与人之间或者人与社会的相互关系中,这种先验性的正义方得以显现;其次,正义作为法律价值的终极目标,对法律的产生起到呼唤作用同时渗透到具体的权利义务中;再次,作为法律价值的正义不仅表现在静态的法律规范中,还表现在法律的动态法制运转中,即"公正的法制化",最终实现公正的法治社会,社会成员各得其所;最后,正义还表现为对不公正的恶行予以惩罚、对受害者的赔偿。作为法律终极价值之正义,一定程度上也是自我中价值因素的依据。自我的价值判断形成于个体与他人和社会的法律活动中,在这种活动中,作为法律的终极价值目标对个体自我价值的形成产生影响。

3. 法律的道德性作为法律意识植根于自我的桥梁作用

"法律应该是什么",蕴含着法律的道德性,而法律的道德性是法律被遵守、被服从的根源性因素。关于法律的道德性问题,早在古希腊时期自然法观念对此就做出过论述。柏拉图指出,"法律是维护正义的手段,正义就是以善待友,以恶对敌。"[1]可谓是将法律作为一柄"斩妖除魔"的正义之利剑,在这柄利剑之下,非正义之徒都会匍匐在正义的脚下。在他看来,法律应然的是一种代表着正义、善德的良法,这些特质是法律之所以为法的内在本质。对于法治,他认为形式上是被大家共同遵从,实质上是一种制定的良法,这也是它被遵从的理由。斯多亚学派认为自然是有生命的理性存在物,故人不应该违背自然,应该遵从自然去生活,并认为正义是自然的衍生物。[2]西塞罗则指出,真正的法律由于是与自然相融合的理性,所以便具有了普适性与永恒性。这种特性使得法律具备了不可废除性,而试图去对其加以改变的做法就是一种不可饶恕的罪孽。[3]自然法观念对法律本质问题的观点,反映了道德与法律之间的必然联系。自然法观点认为公平正义乃是法律应当具备的特点,这种应然性的公正理念就是法的道德性和基础,也是制定法、评判法所依据

---

[1] 张乃根:《西方法哲学史纲》,中国政法大学出版社1993年版,第10页。
[2] 北京大学哲学系:《古希腊罗马哲学》,商务印书馆1982年版,第377页。
[3] [古罗马]西塞罗:《国家篇 法律篇》,沈叔平等译,商务印书馆2002年版,第4页。

的最高标准。

当代自然法学派直接将道德作为衡量法律价值的一种标准，并着重对道德本身、道德与法律之间的根本性联系展开论述和阐释，其主要代表人物有富勒、德沃金、罗尔斯等。以下通过我们简述富勒和德沃金的观点，进一步理解法律的道德性。

富勒提出愿望的道德和义务的道德。他认为，愿望的道德是促使人的潜能加以实现的善德。义务的道德是确立社会秩序得以维持的那些基本准则。愿望的道德是一种追求卓越的高端领域，义务的道德是对社会生活中最低限度的道德要求，所以违反了愿望的道德不会受到惩罚，最多是受到公众的怜悯，追求愿望的道德取得成功，则会受到嘉奖；反之，违反了义务的道德，人会受到惩罚，而这种惩罚本身也是义务的道德的一部分，但遵守义务的道德却不会得到奖励。所以说，从义务的道德表达方式"你应该"或"你得"反映出义务的道德是一种法律命令或者说可以转化为法律的道德；愿望的道德则是法律所追求的目标，从道德的角度表达出对法律的期望，故愿望的道德与法律是一种间接的关系。富勒还提出了外在道德和内在道德。他的内在道德基本与愿望道德相符，是构建法律规则的"程序"，是法律之所以为法所应有的品质。法律的外在道德指向实体性目标，是法律应该符合社会所期望的理想和秩序，是法律所应该具有的价值体系。[①] 富勒关于法律内在道德性的论述表明法律始于道德，也是法律能够以道德对之进行评判的基础；法律的外在道德表明法律的义务属性，并展现出希望社会成员守法的心愿，这种外在的道德隐含着社会成员若是遵守道德，务必会遵守法律。由此，法律在道德性的引导下走向完美。

罗纳德·德沃金认为法律包含了规则和原则，原则源于道德，是法律的道德层面的要求。原则被遵守的理由在于它的公正性，或符合其他道德层面。[②] 法理学要发展，就必须探索道德问题并对之加以研究。[③] 在

---

① [美] 富勒：《法律的道德性》，郑戈译，商务印书馆2005年版，第7页。
② [美] 罗纳德·德沃金：《认真对待权利》，信春鹰等译，中国大百科全书出版社1998年版，第42页。
③ 同上书，第21页。

德沃金看来，法律的道德性表现为法律中的原则，而这些原则基本可等同于道德原则，对道德原则的探究就可以回答法律的本质。道德原则又蕴涵于权利、平等、良善等理念之中。权利是法律受到人们尊崇的根源，因为权利让法律更为"正当"，权利保障人们的法律接受道德原则的引导，且可以防止法律被用于满足不正当的目的。① 因为权利的这种特性，从而赋予法律不同于其他强制性规则和命令的权威性，这种权威性即来自法律的道德权威，也是成全法律成为自己的东西。② "任何重要的道德权利都很可能在宪法文本中找到一种可靠的依据。"③ 德沃金看来，法律权利具有道德基础，这是法律有效性和合理性的可靠依据。平等"是一种神圣的法律，一种先于所有法律的法律，一种派生出各种法律的法律"。④ 德沃金也呼吁应该重视平等，并认为存在一种抽象的道德权利，即为覆盖每个个体的抽象平等权，这种平等权是分配正义的起点。德沃金也认为法律是具备良善的品质，这种良善品质可保障法的正义性、社会的公正，且对个人权利的实现亦很关键。德沃金强调法律的道德性，认为对法律问题的追问务必对道德问题进行探究，法律的权威性来源于其道德性。

综上所述，对法律本质的探究离不开对道德理念价值的研究，法律不仅仅是一种强制性的规则，更应该是蕴含着人类对理想生活和终极意义的价值判断。对法律的遵守源于其具备的道德性，如若法律丧失了其道德性，将会变为一种冷冰冰的法条和控制工具，法的生命力也终将消逝。法律的道德性保证了法的公正性，也成为法能够被遵守的前提条件。

4. 个体的道德发展是法律意识植根于自我的应有之义

皮亚杰将个体心理发展划分为四个阶段，感知运动阶段、前运算阶段、具体运算阶段和形式运算阶段。在感知运动阶段，儿童还没有产生表象和运算的智慧，儿童的智慧活动只能表现在外显动作上面，因此在这一阶段，儿童道德的获得只能依赖于外显的动作。前运算阶段比感知

---

① ［美］罗纳德·德沃金：《认真对待权利》，信春鹰等译，中国大百科全书出版社1998年版，第3页。
② 同上书，第21页。
③ 同上书，第68页。
④ ［法］皮埃尔·勒鲁：《论平等》，王允道译，商务印书馆1988年版，第1页。

运动阶段有了质的飞跃。这一阶段的儿童由于产生了简单的符号功能，可以开展象征性游戏活动，进行延迟模仿，因此，儿童在这一阶段可以通过零散的表象来替代感知运动阶段中必须与外部道德主体直接发生相互作用的某些实际动作以及外部道德主体的某些具体反应。不过这时儿童的表征能力还是相当简单的，儿童对外显动作还具有很大的依赖性。在具体运算阶段，儿童可以把前一阶段很多零散的表象加以协调，不过这种具体运算还不能太多地离开具体事物和具体动作的支持。而在形式运算阶段，个体的思维则能摆脱具体事物的约束，个体与外部道德主体便达成了统一，个体便实现了道德上的自律。这就是皮亚杰道德发展由他律到自律的过程。在这个过程中，道德的发生源于主客体之间的相互构建，这里的客体不是自然物体，而是人，是规则的制订者或倡导者，确切地讲是道德主体，这一道德主体相对于个体而言也就是外部道德主体。从表面来看，儿童似乎在与抽象的规则发生作用，实际上他在与规则的主体发生作用。①

实质上，儿童道德发展过程中，外部的道德主体对儿童道德发展水平起到了决定性的作用。在个体心理结构形成过程中，外部的道德主体通过三种方式影响儿童道德发展水平。第一种是爱的方式。个体从婴儿期到青少年期，爱的满足会让个体认同并内化外部道德主体携带的道德观。第二种是通过权威的方式。道德主体展现自身的权威从而让儿童产生一种畏惧感，这种畏惧感对儿童的服从行为、对儿童的道德发展都起到重要影响作用。第三种是"恩威"并施的方式，既有爱的给予，又不失权威感。在这种混合的方式中，促进个体道德的发展。影响自我发展中的道德成分的因素亦是影响自我形成的因素。自我的发展，同时也是个体道德的发展过程，而道德的健康发展关乎自我是否顺利成长。

科尔伯格认为个体的道德发展是一个具有顺序性的"三水平六阶段"发展模型。他指出，儿童具有一种建构诸如公平正义的能力，所以儿童是天然的道德哲学家。道德的发展是由前习俗水平、习俗水平向后习俗

---

① 皮亚杰认为儿童的道德认识是从他律道德向自律道德转化的过程，而道德的转化是基于儿童心理或思维的发展的四个阶段，即文中所提到的感知运动阶段、前运算思维阶段、具体运算思维阶段和形式运算阶段。参见林崇德《发展心理学》，人民教育出版社1995年版，第54页。

水平发展的一个过程。科尔伯格认为，儿童认知的发展是道德发展的前提，但不会必然导致道德的发生。道德的发生源于主体之间的相互作用，即"角色承担机会"，一种在与他人相互作用的过程中对他人思想、情感的认知与换位思考。道德发展的动力亦是个体在与社会的相互作用中，不断对道德经验、社会文化和外部世界的同化与顺应，故道德的发展是建构起来的。① 科尔伯格道德发展模型的前两个阶段中，对道德的判断取决于个人的得利状况，带给个人利益的结果就是道德的，反之，就是非道德的；中间两个阶段对道德的判断转向了社会，基于对社会规则秩序的维护来评判行为的好坏；最末的两个发展阶段已是一种超道德水准的发展，是对人权的思考、对社会契约及其他更为抽象普世观念的考虑，这种考虑已脱离了具体道德范畴。具体到本研究，实质就是对法的价值的追求。

科尔伯格的道德发展模型是一个理想状态下个体对道德的逐步构建，这种构建发生在个体与社会的相互作用过程中，个体的自我与法律意识亦如此。其实，自我、法律意识、个体道德的发展并不是彼此独立的，就如自我的形成与发生伴随着法律意识的发展；而个体道德的发展，是完善其自我的必要条件，也是个体法律意识发展的表现形式；成熟的道德发展势必促成对法律价值的认同与内化，这也是保证个体遵法、守法、护法、爱法的内在因素。

个体自我的顺利发展，当然的包括道德的发展；而个体道德的发展，又是个体法律意识植根于自我的保证；法律意识成功植根于自我，一方面是个体道德发展的必然；另一方面，也是个体自我顺利成长的结果。

二 法律意识植根于自我的价值与特征

荀子说，"法者，治之端也。君子者，法之原也。"② 法律意识植根于主体的人格自我，成为预防犯罪的最佳选择。

1. 法律意识植根于自我的社会控制作用

赫希的社会控制理论是一种系统地解释少年犯罪原因的理论，这一

---

① 郭本禹：《柯尔伯格道德发展的心理学思想述评》，《南京师大学报》（社会科学版）1998年第3期。

② 《荀子·君道篇第十二》。

理论的着眼点不是"人为何要犯罪",而是"人为何不犯罪"。赫希认为每个人都有犯罪的潜质,但个体与社会的联结程度的强弱是个体是否走向犯罪的重要因素。若个体与社会保持强的联结,则犯罪行为和越轨行为就可以被阻止;反之,个体由于缺乏与社会的连接、无社会关系的约束力,便可随意进行犯罪活动。他进一步阐释了社会联结由四个方面构成:第一个因素是依恋,即个体与他人或社会的情感依附程度,一般来说强烈的情感依附有助于抑制犯罪行为的发生。赫希将依恋分为对父母、同伴和学校依恋三种类型;第二个因素是奉献,即投入传统价值认同的工作或活动的时间和精力,如接受教育、在职业生涯方面取得成就等;第三个因素是投入,即参与到传统价值观认同的活动中去;第四个因素是信念,就是对社会价值体系抱着遵循与认可的态度。① 这几个方面体现出个体与社会的连接程度。

法律意识植根于自我即可形成这样的一种社会控制网。个体的人格自我是通过与他人的良性互动所形成:首先在与父母的交往中初具雏形,随着个体生活面的扩大,逐步在与同伴、老师等其他人的交往过程中成熟起来。个体的自我成长需要一个良好的依恋环境,这也是赫希控制论中的依恋因素。法律意识中的法律文化、法律传统和法律价值等为传统文化价值系统的子系统,与个体自我和法律意识的形成处于一种共生状态,当个体的法律意识成功地植根于自我便会形成一种预防青少年犯罪的社会控制网。

实现这种社会控制网的途径则需要家庭教育、学校教育、社会教育的共同努力。家庭作为个体面见社会的第一个场所,是核心影响因素,这种影响力乃至会持续终身。家庭教育相对于其他形式的教育而言具有个体性和私密性。然而,家庭存在于社会中,因此,家庭仍然与整个社会大背景发生着能量交换,这样看来,家庭的个体性与私密性是相对而言的。家庭教育源于婚姻、血缘关系,它的最大特征就是情感关系,即家庭成员之间固有的情感联系,所以亲子关系在家庭教育中具有重要意义。良好的亲子关系为良好的家庭教育提供了前提,儿童只有在良好健

---

① 吴宗宪:《西方犯罪学史》第 4 卷,中国人民公安大学出版社 2010 年版,第 1161—1170 页。

康的亲子关系中，人格自我才能够得以良性发展。家庭的亲子关系是个体自我形成的土壤与基础。唯有健康的自我才能够对父母理想价值观加以吸收和内化，健康的自我也是个体适应社会的心理前提。所以，家庭教育应以良好的亲子关系为逻辑起点，这也是衡量家庭教育成败的关键。

学校教育是由教育者在专门的教育机构以培养符合社会期待的人为目标所实施的教育活动。杜威指出，"教育是生活的需要""教育即生长"。[1] 赫尔巴特也认为，"教育的本质就是以各种观念来丰富儿童的心灵，把他们培养成具有完美道德品格的人"。[2] 因此，学校教育的本质属性是以促进人的成长为自己的专业活动。衡量个体学校生活的价值标准就是它对个体生命存在的意义探究。学校生活不仅有师生之间的关系，还有同伴关系。教师在对个体的价值观和人格塑造上的作用不言自明。随着个体由初等教育步入中等教育和高等教育后，基于同伴关系的平等性和历时性，它对个体的发展逐渐变得更为重要。因此，在研究青少年法律意识植根于自我的教育途径中，学校教育应尤为重视其同伴关系。

社会教育是在家庭教育和学校教育之外的、以公共社会生活为基础的、以促进个体社会化发展的教育经验的总和。社会教育是一个社会各团体和组织都卷入教育活动的过程，以促进人的全面发展为其目标。当今社会是一个学习化的社会，它的终极价值取向应"建立在四个支柱的基础上：学会认知、学会做事、学会共同生活、学会生存"。[3] 所以说社会教育的宗旨在于促进个体社会化，使个体成为一名合格的社会成员。个体就是在社会大背景下将法律意识植根于自我，社会教育促使这一过程进行得更加顺利。社会教育中包括对社会资源的利用、社会的支持等，所以，社会教育亦渗透于人的社会交往中，这也赋予了社会教育的直接经验性。

2. 法律意识植根于自我的体系特点

科学家钱学森认为，"在现代高度组织起来的社会，复杂的系统几乎

---

[1] ［美］约翰·杜威：《民主主义与教育》，王承绪译，人民教育出版社1984年版，第66—87页。

[2] ［德］赫尔巴特：《普通教育学》，李其龙译，人民教育出版社1989年版，第36—39页。

[3] 联合国教科文组织总部中文科：《教育——财富蕴藏其中》，教育科学出版社1996年版，第87页。

无所不在；任何一种社会活动都会形成一种系统。"① 系统论就是视研究目标为一个系统，通过分析研究目标的系统、构成因素、环境三者之间的相互关系以揭示研究目标的特征和规律。在系统论的视角下观察法律意识植根于自我的体系特征，可加深对这一体系的把握与理解。

第一，法律意识植根于自我之体系的层次性。层次性就是指系统的各个要素之间存在的差异性，这种差异性导致系统组织中形成了功能与地位不同的等级层次。法律意识植根于自我的层次性是指法律意识植根于自我体系首先是一个具有独立地位的系统，构成法律意识植根于自我体系的各个要素是一个子系统，子系统下又有更小的要素构成，法律意识植根于自我的体系是自我和法律意识体系的子系统，自我又是人格的子系统，法律意识是意识的子系统。故研究法律意识植根于自我的体系不仅要研究自我和法律意识，还要研究构成自我之上的人格体系，构成法律意识的法律文化、法律传统、法律价值等要素，也要将这些要素综合起来进行研究，置于文化中进行分析理解。同时，法律意识之下又分为各个更小的子系统，比如法律意识的结构有法律认知、法律情感、法律意志、法律动机和需要以及法律信仰。自我则包含自我认知、自我体验和自我控制。所有这些，体现了该体系的层次性。

第二，法律意识植根于自我之体系的动态性。动态性是指系统的各个要素及其功能处于不断发展变化之中。法律意识植根于自我体系的动态性主要基于法律意识植根于自我的主体性，即人的发展性而言的。个体从自我发生到发展的过程中伴随着其法律意识的发生发展，在家庭教育、学校教育和社会教育的进程中，无不处在发展变化的动态中。不仅仅个体本身是发展变化的，个体所处的环境和社会关系亦是发展变化的，故对法律意识植根于自我体系的理解需要把握它的动态性特点。

第三，法律意识植根于自我之体系的整体性。系统论的始祖贝塔朗菲指出，系统就是"整体"或"统一体"。②"系统就是关于整体性的一

---

① 钱学森：《论系统工程》，湖南人民出版社1982年版，第108页。
② 王雨田：《控制论、信息论、系统论科学与哲学》，中国人民大学出版社1988年版，第422—438页。

般科学。"① 整体性原则是指将构成系统的各个要素统一起来去理解，一旦系统成为一个统一体，其会发挥各个要素所不可企及的功效。也只有整体性才能够真正体现出系统的超时空的本质特性，整体性给了人类再一次认识世界、认识自我的机会。法律意识植根于自我之体系的整体性体现在它是由若干层次和要素所构成的具有内在联系的有机统一体，各个层次和要素只有统一于法律意识植根于自我之体系中方可发挥超越自身的功能。因此，在研究法律意识植根于自我之体系的过程中，既要认识各个构成要素的作用和特点，亦要将其置于整个体系中去把握彼此之间的关联性与不可分割性。

第四，法律意识植根于自我之体系的开放性。开放性即系统与外界环境之间的能量互动，这既可以保持其动态发展性，亦是系统的一个客观属性。法律意识植根于自我之体系作为一个系统，固然具有开放性。这种开放性可保证这个系统的活力与生命力，只有不断与外界环境发生作用，才可促使其各个要素和层面更加协调和完善，最终可保障个体生存能力和社会适应能力的发展。

3. 法律意识植根于自我之体系的复杂性

复杂科学是系统科学发展的更高阶段，是基于学科的融合和交叉以解决复杂问题和复杂现象的一门对自然系统和社会系统产生影响的学科。从复杂科学的理论来看，法律意识植根于自我之预防青少年犯罪体系亦为一个复杂系统。从总体上来看，法律意识植根于自我的预防青少年犯罪体系的复杂性表现在该体系的形成发展过程中，以及内部各个组成部分和要素彼此之间的非线性关系，它涵盖了人与人、人与自然、人与社会等方方面面的内容，故符合复杂科学所蕴含的原理和规律。它的复杂性特征具体表现为以下几点：

首先，复杂系统的非线性。非线性指变量之间的不成比例的非对称、均衡和非均衡的多元性。法律意识植根于自我的预防犯罪体系的构成要素——个体法律意识中的法律认知、法律情感、法律意志、法律需要和动机、法律信仰是通过教育逐步内化为自我的组成部分，但这一过程的

---

① ［美］冯·贝塔朗菲:《一般系统论、基础、发展和应用》，林康义等译，清华大学出版社1987年版，第34页。

完成会受到诸多因素的影响，体现了多元的非线性关系。该体系在形成过程中所包含的对象之间的关系有均衡平等的同伴关系，当然在家庭教育和学校教育场所的亲子关系和师生关系也有其平等的一面，如人格平等，但教师更多的是将学生作为自己要塑造的对象，学生将教师视为学习榜样和学习活动的主导者，所以体现出关系的不均衡性。

其次，复杂系统的自组织性。法律意识植根于自我的预防青少年犯罪系统，是一个具有多层次、多因素、表现为开放性、整体性的自组织系统。该体系形成后，个体能够协调各个要素对外界环境的变化做出合理的回应。它超越了法律意识和自我本身，而通过其中自我认知、自我体验和自我控制，合理地对社会变化发展做出反应，是一个高度灵活且有序和无序相互交织、不断同化、顺应并以螺旋式的方式发展变化着的系统。

最后，复杂系统的自适应性。这种预防犯罪的系统一经成熟，就成为具备了动态性的自我生长、自我调适的复杂系统。该预防系统内的法律意识各因子和自我的各因子不再是被动地对外界刺激做出反应，而是积极地将各种因素转化为对自身有利的情形。面对外界环境的变幻莫测，个体不再畏惧而是通过自我学习、自我适应不断与环境发生良性互动，促进个体在社会中更好地发展。

基于以上几点，笔者认为法律意识植根于自我预防青少年犯罪系统具有复杂系统的基本特征。

第 二 章

未成年犯法律意识植根于自我的定量研究

在法律意识植根于自我的系统中，亲子关系是核心，社会关系是关键，社会关系断裂导致未成年犯罪的概率增大。以下就从这三方面对未成年犯进行实证分析。

第一节 未成年犯亲子关系对法律意识植根于自我体系形成的影响

一 引言

弗里茨·雷德尔（Fritz Redl）和戴维·瓦因曼（David Wineman）提出了一种"少年犯罪自我"（delinquent ego）的概念，这种少年犯罪自我是指，由于儿童没有得到父母科学合适的教育，从而很早就表现出问题行为，面对这种问题行为，父母或其他养育者往往对他们做出抛弃的行为或者表现出极端厌恶的态度。因此，这些儿童在成长过程中严重缺乏爱与关怀。由于缺乏与成年人建立感情联系的机会，也缺乏对成年人的认同感，进而对成年人产生一种非常负面的情绪状态，比如敌意和攻击性，在步入社会的时候，也就难以适应成年人的社会。根本上来讲，这种儿童并未形成阻止本能欲望随意表现的成熟自我，更缺乏适当的超我。雷德尔和瓦因曼认为，这种少年犯罪自我经常表现出如下症状：较低的挫折耐受力、情绪极易失去平衡、缺乏调控情绪的能力、意志力薄弱、对诱惑缺乏免疫力、缺乏处理过去创伤经验的能力、缺乏罪恶感以及对社会现实的规则缺乏评判力等。雷德尔和瓦因曼进一步将这种由于有缺陷、畸形的,以忽视、冷漠、排斥等为主要特征的亲子关系而导致他们没有发展起适当的自我称为"薄弱自我"(weak ego)或"不能工作的自我"(the ego cannot perform)。① 这种理论已得到证实,通过对未成年犯进行犯罪个性测验,结果显示:31.4%的未成年犯表现出情绪异变、性情暴躁、情绪波动大、容易受到环境的影响、心神不定;26.3%的未成年犯鲁莽、冲动、自我控制力低、意气用事;23.3%的未成年犯严重缺乏同情心。②

自我意识作为个体人格自我的表现形式,其健康发展关系到个体人格是否健全及个体能否很好地适应社会、处理好与他人和社会的各种关系。③ 未成年犯触犯法律,究其根源是自我发展受阻,进而无法与他人和社会和谐相处,显而易见的表现便是践踏法律、伤害他人和报复社会。埃里克森提出了自我发展的心理社会性八阶段动力模型,认为个体的自我是在每个阶段解决冲突中逐渐形成的,且在青春期面临着同一性和角色混乱的冲突。个体在青春期如若寻找到正确的途径,将过去、现在、未来自我衔接起来,建立起自我同一感,则会为人格的健全奠定基础;反之,则有可能会陷入角色混乱之中,为走向犯罪埋下伏笔。④ Reckless则认为,自我控制和社会控制的失败会导致犯罪行为的发生。犯罪的根源不在于恶劣的外在环境,而是个体对这种外在"恶"的抵制乏力,这种抵制就需要个体健全而完善的自我意识。⑤ 美国学者哈里·柯泽尔(Harry L. Kozol)等在实证研究中提出了人格成熟理论。这种理论的基本观点认为人格的不成熟会导致犯罪的产生。危险的犯罪人人格

---

① 吴宗宪:《西方犯罪学史》第 3 卷,中国人民公安大学出版社 2010 年版,第 850—854 页。

② 徐淑慧、苏春景、刘若谷:《中国现阶段即将出监未成年犯心理健康状况的新趋势——以对山东省未成年犯的问卷调查为基础》,《心理学探新》2015 年第 35 卷第 6 期。

③ 聂衍刚、张卫、彭以松等:《青少年自我意识的功能结构及测评的研究》,《心理科学》2007 年第 30 卷第 2 期。

④ [美]埃里克·H. 埃里克森:《同一性:青少年与危机》,孙名之译,浙江教育出版社 1998 年版,第 2 页。

⑤ Reekless, T. E., "Adoleseence limitedand Life course persistent an tisoeial behavior: A developmental taxonomy," *Psychologieal Review*, Vol. 100, No. 4, 1993, p. 674.

是极为不成熟的,其主要表现就是低自我控制力。[1] 自我意识是由自我认知、自我体验和自我控制构成的一个多层次多维度的动态心理系统,自我控制作为自我意识的能动性维度,构成自我意识的执行部分。[2] 犯罪的实证研究表明,低自我控制与犯罪行为密切相关,例如,Wood 认为低自我控制对盗窃和多种暴力犯罪行为有显著预测作用。[3] 我国学者的实证研究亦表明,低自我控制在诸多的犯罪原因中起到了一个关键性的作用。[4]

科赫特认为,亲子互动影响个体自我的发展。残缺或薄弱的自我产生的根源是父母不健全的人格。[5] 实证研究表明,未成年犯的父母教养方式更为消极,且与正常青少年相比存在显著差异。[6] 积极的教养方式,如情感温暖、理解,预示着个体有着积极的行为,如更加适宜的社交能力,更少的问题行为;消极教养方式,如拒绝、否认、严厉惩罚等预示着消极的发展结果。[7] 家庭教养方式通过影响个体的人格,进而影响他们的同伴关系,最终导致暴力犯罪。[8] 男性青少年父母教养方式各因子与自我控制的自我情绪性和冲动冒险性显著相关。[9] Belsky 的父母教养决定因素一般理

---

[1] 吴宗宪:《西方犯罪学史》第3卷,中国人民公安大学出版社2010年版,第850—854页。

[2] 聂衍刚、张卫、彭以松等:《青少年自我意识的功能结构及测评的研究》,《心理科学》2007年第30卷第2期。

[3] Wood, Peter B., and B. Pfefferbaum, "Risk-taking and self-control: social psychological correlates of delinquency," *Journal of Crime and Justice*, Vol. 16, No. 1, 1993.

[4] 郑红丽、罗大华:《低自我控制与家庭社会经济地位在青少年犯罪中的作用——我国青少年犯罪成因实证研究初探》,《青年研究》2009年第3期。

[5] Kohut, H., *The Analysis of the Self*, New York: International University Press, 1971, p. 121.

[6] 徐淑慧、苏春景:《男性未成年犯家庭教养方式与孤独感的关系研究》,《中国特殊教育》2015年第6期。

[7] Luthar, S. S. & A. S. Goldstein., "Substance use and related behaviors among suburban late adolescents: The importance of perceived parent containment," *Development and Psychopathology*, Vol. 20, No. 2, 2008, pp. 591–614.

[8] 龚玲:《未成年人犯罪与人格特质、家庭教养方式以及同伴关系的相关研究》,硕士学位论文,湖南师范大学,2010年。

[9] 韩小慧:《男性犯罪青少年的教养方式和自我控制——特点、关系及犯罪预测》,硕士学位论文,河南大学,2011年。

论模型认为孩子的个性、压力和父母的人格综合影响父母教养方式。[1] Julie Desjardins 等人的研究则认为在诸多因素中,父母人格是影响教养方式的更为重要因素,母亲的行为抑制系统和行为活动系统的高低可以预测她的教养方式是否为权威型或者忽视型。[2] 据此可知,父母的教养方式是较为稳定的,不会随着情境和环境的改变而变化,本书通过研究未成年犯自我意识状况、父母教养方式的特点与自我意识之间的关系,揭示未成年犯自我意识形成历程,并为未成年犯的教育矫治提供突破口和依据。

二 方法

1. 研究对象

从某省的未成年人管教所选取 400 名男性未成年犯;从该省的某中学选取 270 名男性高中生作为对照组。两组青少年的年龄分布均在 17—21 岁之间。男性未成年犯的平均年龄为 19.71±2.54[3];男性高中生的平均年龄为 18.42±0.54。

2. 研究工具

（1）青少年自我意识量表

采用由聂衍刚等人编制的《青少年自我意识量表》。[4] 该量表共 67 个项目,包含九个因素,分别为体貌自我、社交自我、品德自我、学习自我、焦虑感、满足感、自觉性、自制力和监控性。其中体貌自我、社交自我和品德自我三个因素属于自我认识方面;学习自我、焦虑感、满足感三个因素属于自我体验;自觉性、自制力和监控性三个因素属于自我控制方面。各个因素的得分为所包含的项目得分直接相加,得分高的表

---

[1] Belsky, J., "The determinants of parenting: a process model," *Child Development*, Vol. 55, No. 1, 1984, pp. 83 – 96.

[2] Desjardins, J., J. M. Zelenski, & R. J. Coplan., "An investigation of maternal personality, parenting styles, and subjective well-being," *Personality & Individual Differences*, Vol. 44, No. 3, 2008, pp. 587 – 597.

[3] 本研究对未成年犯年龄界定为犯罪之时,即在犯罪时年龄介于 14—18 周岁之间。由于现实情况,本次调研中发现一些未成年犯已满 18 周岁并未转移至成年人监狱。我们依然将之作为"未成年犯"进行研究。

[4] 聂衍刚、张卫、彭以松等:《青少年自我意识的功能结构及测评的研究》,《心理科学》2007 年第 30 卷第 2 期。

明该因素评价好,总分得分高表明个体自我意识水平高。总量表的 Crobach α 系数为 0.923,各分量表的 Crobach α 系数在 0.640 至 0.839 之间;总量表的分半信度为 0.901,各分量表的分半信度在 0.635 至 0.813 之间。总量表的稳定性系数为 0.787,各分量表的重测信度在 0.580 至 0.787 之间,这表明该量表具有良好的信度。验证性因素分析结果表明,二阶九因子模型的 CFA 拟合指数为 $\chi^2 = 3784.5$,$df = 2108$,$\chi^2/df = 1.79$,$NFI = 0.92$,$CFI = 0.92$,$RMSEA = 0.053$,这表明数据与模型的拟合程度良好,该量表具有良好的结构效度。

(2)父母教养方式评价量表(EMBU)

父母教养方式评价量表(EMBU)[①] 由 Carlo Perris 等人编制,岳冬梅等人进行了修订。该量表是一个自评量表,通过被试对父母教养方式的回忆进行作答。量表共 115 个条目,其中父亲教养方式分量表有六个维度:情感温暖、理解,惩罚、严厉,过分干涉,偏爱被试,拒绝、否认,过度保护;母亲教养方式分量表有五个维度:情感温暖、理解,惩罚、严厉,过分干涉、过度保护,偏爱被试,拒绝、否认。量表采用四点评分方法,具有良好的信效度指标。

3. 研究程序

在施测前,由具有心理学专业知识的博士研究生对未成年犯管教所的相关狱警进行统一培训,对施测的指导语及施测过程中可能发生的情况进行预测并提出科学合理的解决方案。然后由该博士生和未成年犯管教所的狱警在未管所的大教室内集体施测。作答完毕后,统一收回问卷。高中生则由心理学专业的博士研究生在教室内集体施测。

将收回的问卷进行筛选,剔除无效问卷,运用 SPSS19.0 软件包进行分析统计。

三 结果

1. 未成年犯自我意识的特点

(1)未成年犯与普通高中生自我意识各因子的比较

将未成年犯自我意识各个因子及其总分与普通高中生人群进行比较,

[①] 戴晓阳:《常用心理评估量表手册》,人民军医出版社 2010 年版,第 167 页。

发现除了体貌自我、自觉性和自制力三个因子外,其他因子均有显著性差异。且未成年犯群体的自我意识各个因子得分及总分均显著低于普通高中生群体。具体结果见表2.1。

表2.1　　　未成年犯与普通高中生自我意识各因子的比较

自我意识因子	未成年犯 $N=348$	普通高中生 $N=256$	t
体貌自我	19.22 ± 3.12	19.44 ± 3.43	-0.56
社交自我	24.59 ± 4.77	28.41 ± 4.90	-6.56***
品德自我	16.91 ± 4.47	18.31 ± 4.14	-2.63**
学习自我	28.99 ± 5.88	33.05 ± 6.72	-5.54***
焦虑感	13.59 ± 3.23	14.98 ± 4.33	-2.83**
满意感	19.53 ± 3.53	21.35 ± 4.69	-3.39***
自觉性	28.38 ± 5.51	29.03 ± 6.49	-0.95
自制力	32.50 ± 6.23	32.66 ± 6.61	-0.28
监控性	29.63 ± 4.82	34.00 ± 6.44	-5.85***
自我认识	60.82 ± 9.23	66.29 ± 9.54	-4.84***
自我体验	62.09 ± 8.77	69.48 ± 12.42	-5.15***
自我控制	90.54 ± 11.75	95.96 ± 14.43	-3.16**
自我意识总分	213.60 ± 25.16	232.08 ± 31.93	-5.55***

注：** $p<0.01$, *** $p<0.001$。

(2) 城镇和农村家庭来源未成年犯自我意识各因子的差异

将家庭来源为城镇和农村的未成年犯进行比较,结果表明只有在社交自我和自我认识两个因子上呈现出显著差异,且家庭来源为城镇的未成年犯在这两个因子上得分显著高于农村的未成年犯,其他因子均无显著差异,结果见表2.2。

表2.2　　　城镇和农村家庭来源未成年犯自我意识各因子的差异

自我意识因子	城镇 $N=101$	农村 $N=282$	t
体貌自我	19.70 ± 2.95	19.01 ± 3.16	1.84
社交自我	25.83 ± 4.51	24.28 ± 4.71	2.66**

续表

自我意识因子	城镇 $N=101$	农村 $N=282$	t
品德自我	17.18±2.96	16.77±4.09	0.73
学习自我	29.80±5.89	28.91±5.83	1.21
焦虑感	13.60±3.22	13.52±3.26	0.21
满意感	19.77±3.37	19.47±3.57	0.67
自觉性	29.25±5.05	28.10±5.54	1.70
自制力	31.91±5.94	32.73±6.26	-1.08
监控性	30.35±4.67	29.50±4.75	1.46
自我认识	62.72±7.76	60.21±9.43	2.22*
自我体验	63.18±8.51	61.90±8.08	1.17
自我控制	91.52±10.99	90.36±11.87	0.80
自我意识总分	217.43±21.64	212.67±25.74	1.54

注：* $p<0.05$，** $p<0.01$。

（3）不同文化程度、父母婚姻状况、父母职业、父母文化程度和家庭经济状况未成年犯自我意识各因子的差异

按照未成年犯入监时的文化程度将他们分为小学、初中、高中及中专三组，进行单因素方差分析。结果表明，社交自我、学习自我、满意感、监控性、自我体验及自我意识总分均存在显著差异，社交自我、满意感、自我体验及自我意识总分随着未成年犯文化程度的提高而升高；学习自我和监控性则为初中文化程度组得分最高，其次为高中或中专，最低得分组为小学文化程度组，详见表2.3。

表2.3　不同文化程度未成年犯的自我意识各因子及总分的差异

自我意识因子	小学文化程度 ($N=114$)	初中文化程度 ($N=200$)	高中或中专文化程度 ($N=34$)	F
体貌自我	18.70±3.10	19.48±3.07	19.41±3.35	2.37
社交自我	23.59±5.10	24.97±4.61	25.73±4.09	4.14*
品德自我	17.03±6.27	16.87±3.29	16.73±3.38	0.76
学习自我	27.66±5.80	29.71±5.74	29.14±6.38	4.45*
焦虑感	13.19±3.21	13.65±3.23	14.55±3.16	2.46

续表

自我意识因子	小学文化程度（N=114）	初中文化程度（N=200）	高中或中专文化程度（N=34）	F
满意感	18.90±3.61	19.72±3.36	20.50±4.00	3.39*
自觉性	27.65±5.21	28.52±5.64	30.00±5.47	2.53
自制力	32.49±6.12	32.31±6.20	33.70±6.76	0.72
监控性	28.67±4,51	30.20±4.82	29.52±5.40	3.68*
自我认识	59.51±10.41	61.37±8.57	61.88±8.66	1.71
自我体验	59.77±8.58	63.04±8.15	64.20±11.32	6.22**
自我控制	88.84±11.99	91.04±11.07	93.23±14.16	2.27
自我意识总分	208.43±25.94	215.53±23.19	219.60±25.16	3.86*

注：*p<0.05，**p<0.01。

进一步做多重比较检验显示，小学文化程度的未成年犯在社交自我、学习自我、满意感、监控性、自我体验及自我意识总分均显著低于初中文化程度和高中文化程度的未成年犯，初中文化程度和高中文化程度未成年犯之间无显著差异，结果见表2.4。

表2.4　　不同文化程度未成年犯自我意识各因子及总分的多重比较（均值差异）

维度	社交自我	学习自我	满意感	自我体验	自我意识总分
小学—初中	-1.38*	-2.05**	-0.82*	-3.26**	-7.10*
小学—高中及以上	-2.14*	-1.48	-1.60*	-4.43**	-10.89*
初中—高中及以上	-0.76	0.56	-0.78	-1.16	-3.79

注：*p<0.05，**p<0.01。

按照未成年犯父母婚姻状况，分为单亲（父或母亡）、单亲（离异）、非单亲三组，进行单因素方差分析。结果表明，自我体验、学习自我、满意度因子及自我意识总分上差异显著，且单亲（父或母亡）家庭的未成年犯得分最低，其次为单亲（离异）家庭的未成年犯，得分最高的为非单亲家庭的未成年犯。其他因子无显著差异，详见表2.5。

表2.5　　不同父母婚姻状况的未成年犯自我意识各因子的差异

自我意识因子	单亲（亡）(N=39)	单亲（离异）(N=74)	非单亲 N=208	F
体貌自我	18.69±2.51	19.00±2.88	19.58±2.88	2.33
社交自我	23.64±5.65	24.56±4.77	25.04±4.55	1.51
品德自我	17.74±9.48	16.90±3.06	16.90±3.42	0.58
学习自我	26.53±5.87	29.37±5.77	29.54±5.64	4.67**
焦虑感	13.67±3.51	13.54±2.93	13.65±3.30	0.03
满意感	17.87±3.45	18.54±2.81	20.37±3.54	14.16***
自觉性	27.00±5.88	28.01±5.48	28.80±5.42	2.02
自制力	33.30±5.72	32.70±5.92	32.59±6.29	0.22
监控性	28.23±4.51	30.06±4.65	29.94±4.69	2.41
自我认识	60.07±13.10	60.47±8.48	61.58±8.50	0.69
自我体验	58.02±8.89	61.45±7.86	63.56±8.53	7.70***
自我控制	88.53±11.65	90.78±11.95	91.35±11.37	0.98
自我意识总分	206.64±26.90	212.71±23.86	216.57±24.24	2.94*

注：*$p<0.05$，**$p<0.01$，***$p<0.001$。

进一步做多重比较分析，结果显示单亲（父或母亡）家庭的未成年犯在学习自我和自我体验维度得分显著低于单亲（离异）家庭，在满意感和自我意识总分维度上差异不显著；单亲（父或母亡）家庭未成年犯在学习自我、满意感、自我体验和自我意识总分维度显著低于非单亲家庭的未成年犯；单亲（离异）家庭的未成年犯在满意感维度得分显著低于非单亲家庭的未成年犯，在学习自我、自我体验和自我意识总分维度上差异不显著，详见表2.6。

表2.6　　不同父母婚姻状况未成年犯自我意识各因子的多重比较（均值差异）

维度	学习自我	满意感	自我体验	自我意识总分
单亲（亡）—离异	-2.84*	-0.66	-3.43*	-6.07
单亲（亡）—非单亲	-3.00**	-2.50***	-5.54***	-9.93*
离异—非单亲	-0.16	-1.83***	-2.10	-3.86

注：*$p<0.05$，**$p<0.01$，***$p<0.001$。

根据未成年犯的家庭经济状况,将其分为非常困难、比较困难、一般、比较好四组,进行单因素方差分析。结果表明,满意感、自我体验、社交自我因子上差异显著,且因子得分随着未成年犯家庭经济状况的提升而增高;学习自我的得分从家庭经济非常困难组到一般组是逐步提升的,但在家庭经济比较好的组又有所降低;其他因子及总分无显著差异,详见表2.7。

表2.7　不同家庭经济状况未成年犯自我意识各因子及总分的差异

自我意识因子	非常困难 N=36	比较困难 N=67	一般 N=209	比较好 N=25	F
体貌自我	19.67±4.18	18.94±3.39	19.18±2.56	20.36±3.69	1.61
社交自我	22.51±5.78	23.91±5.41	25.14±4.11	25.96±5.30	4.54**
品德自我	17.97±9.59	16.95±3.85	16.91±3.23	15.68±3.59	1.29
学习自我	26.75±6.06	28.20±6.86	29.75±5.22	29.12±6.53	3.54*
焦虑感	13.54±3.47	13.20±3.41	13.57±2.97	14.84±4.44	1.57
满意感	17.59±3.66	19.58±4.09	19.82±3.13	20.28±4.27	4.67**
自觉性	26.97±6.06	28.37±6.40	28.50±4.79	29.92±6.95	1.50
自制力	32.59±7.00	33.86±6.68	32.45±5.74	30.24±7.07	2.18
监控性	28.56±5.27	29.44±5.41	29.91±4.36	31.00±4.87	1.53
自我认识	60.36±14.62	59.98±9.60	61.29±7.65	62.00±9.94	0.49
自我体验	57.89±9.53	61.00±9.77	63.16±7.46	64.24±11.70	4.92**
自我控制	88.13±12.99	91.68±13.92	90.89±10.30	91.16±14.24	0.77
自我意识总分	207.00±31.44	212.67±29.45	215.41±20.95	217.40±30.16	1.39

注:*$p<0.05$,**$p<0.01$。

进一步做多重比较分析,结果显示家庭经济非常困难的未成年犯在满意感得分上显著低于家庭经济比较困难的未成年犯,社交自我、学习自我及自我体验维度上差异不显著;家庭经济非常困难的未成年犯在社交自我、学习自我、满意感及自我体验维度得分显著低于家庭经济一般的未成年犯;家庭经济非常困难的未成年犯在社交自我、满意感及自我体验维度得分显著低于家庭经济比较好的未成年犯,在学习自我维度无显著差异;家庭经济比较困难、一般、比较好两两之间均无显著差异,详见表2.8。

表 2.8　　不同家庭经济状况未成年犯自我意识各因子及总分的多重比较（均值差异）

维度	社交自我	学习自我	满意感	自我体验
非常困难—比较困难	-1.39	-1.45	-1.99**	-3.11
非常困难——一般	-2.63**	-3.00**	-2.23***	-5.28***
非常困难—比较好	-3.45**	-2.36	-2.68**	-6.35**
比较困难——一般	-1.23	-1.54	-0.25	-2.16
比较困难—比较好	-2.04	-0.91	-0.70	-3.24
一般—比较好	-0.81	0.63	-0.45	-1.07

注：** $p<0.01$，*** $p<0.001$。

依据未成年犯家庭结构状况，分为与父母同住型、与祖父母或外祖父母同住型和其他三种类型进行单因素方差分析，结果表明，在自我体验、体貌自我和满意感三个因子上差异显著，且与父母同住的未成年犯得分最高，得分最低的是与祖父母或外祖父同住的未成年犯；与祖父母或外祖父母同住的未成年犯的品德自我高于与父母同住的未成年犯，其他形式的居住方式的未成年犯得分最低，详细结果见表 2.9。

表 2.9　　不同家庭结构未成年犯自我意识各因子及总分的差异

自我意识因子	与父母同住 $N=232$	与祖父母或外祖父母同住 $N=35$	其他 $N=58$	F
体貌自我	19.52±2.98	18.00±3.29	18.93±3.06	4.26*
社交自我	24.78±4.60	24.82±5.00	24.86±4.52	0.01
品德自我	16.93±3.32	18.54±9.93	16.01±3.48	3.40*
学习自我	29.46±5.58	27.68±7.74	28.60±5.31	1.71
焦虑感	13.71±3.28	13.69±3.15	12.79±3.10	1.91
满意感	19.97±3.49	18.08±3.69	19.17±3.40	5.00**
自觉性	28.52±5.05	28.42±6.30	28.25±6.39	0.05
自制力	32.63±6.30	32.65±7.83	32.65±6.26	0.00
监控性	29.67±4.79	29.25±5.71	30.29±4.27	0.58
自我认识	61.34±8.39	61.37±14.19	59.81±8.68	0.66

续表

自我意识因子	与父母同住 $N=232$	与祖父母或外祖父母同住 $N=35$	其他 $N=58$	F
自我体验	63.16±8.24	59.40±11.26	60.56±8.54	4.26*
自我控制	90.86±10.74	90.34±16.33	91.20±12.29	0.05
自我意识总分	215.42±23.39	211.11±34.05	211.58±24.76	0.86

注：*$p<0.05$，**$p<0.01$。

进一步做多重比较分析，结果显示与父母同住的未成年犯在体貌自我、满意感和自我体验维度得分显著高于与祖父母或外祖父母同住的未成年犯；与父母同住的未成年犯自我体验得分显著高于其他形式居住的未成年犯，体貌自我、品德自我及满意感维度差异不显著；与祖父母或外祖父母同住的未成年犯在品德自我得分上显著高于其他形式居住的未成年犯，体貌自我、满意感和自我体验无显著差异，详见表2.10。

表2.10 不同家庭结构未成年犯自我意识各因子及总分的多重比较（均值差异）

维度	体貌自我	品德自我	满意感	自我体验
与父母同住—与祖父母或外祖父母同住	1.53**	-1.60	1.88**	3.76*
与父母同住—其他	0.59	0.92	0.80	2.59*
与祖父母或外祖父母同住—其他	-0.93	2.52**	-1.09	-1.16

注：*$p<0.05$，**$p<0.01$。

依据未成年犯父母文化程度，分为初中以下、初中、高中或中专及以上三种类型进行单因素方差分析，结果表明，不同父亲文化程度的未成年犯仅在学习自我因子上得分差异显著，且父亲文化程度为初中的未成年犯得分最高，得分最低的是父亲文化程度是高中或中专的未成年犯；不同母亲文化程度的未成年犯在社交自我、学习自我、自我认识、自我体验、自我意识总分方面均差异显著，且母亲文化程度为初中的未成年犯得分最高，得分最低的是母亲文化程度是高中或中专的未成年犯，详细结果见表2.11、表2.13。

进一步做多重比较分析,结果显示父亲文化为高中及以上的未成年犯学习自我得分显著低于父亲文化为初中的未成年犯,其他维度无显著差异,详见表2.12。

母亲文化为小学的未成年犯其学习自我和自我体验维度得分低于母亲文化为初中的未成年犯,社交自我和自我认识维度无显著差异;母亲文化为高中及以上的未成年犯在社交自我、学习自我、自我体验和自我意识总分得分显著低于母亲文化程度为小学的未成年犯;母亲文化程度为初中的未成年犯其在社交自我、学习自我、自我认识、自我体验和自我意识总分得分显著高于母亲文化程度为高中及以上的未成年犯得分,详见表2.14。

表2.11 不同父亲文化程度未成年犯自我意识各因子及总分的差异

维度	小学 $N=144$	初中 $N=128$	高中及以上 $N=68$	F
体貌自我	19.23±3.03	19.65±2.60	19.11±3.17	1.01
社交自我	24.56±4.46	25.27±4.59	23.73±5.43	2.41
品德自我	16.93±5.72	17.15±3.26	16.57±3.30	0.37
学习自我	29.22±5.49	29.82±5.90	27.61±5.92	3.29*
焦虑感	13.41±3.17	13.60±3.07	13.89±3.46	0.51
满意感	19.46±3.45	19.98±3.58	19.13±3.54	1.46
自觉性	28.04±5.42	29.40±5.21	27.73±6.04	2.90
自制力	32.58±6.17	32.69±6.10	32.14±6.65	0.17
监控性	29.62±5.11	30.28±4.22	28.95±4.79	1.83
自我认识	60.81±9.70	62.07±8.15	59.42±9.52	1.92
自我体验	62.09±8.00	63.38±8.99	60.54±9.21	2.41
自我控制	90.26±10.91	92.41±11.63	88.83±12.86	2.36
自我意识总分	213.21±23.61	217.81±24.71	209.09±26.60	2.89

注:* $p<0.05$。

表2.12　不同父亲文化程度未成年犯自我意识各因子及总分的多重比较（均值差异）

维度	学习自我
小学—初中	-0.59
小学—高中及以上	1.61
初中—高中及以上	2.21*

注：*p<0.05。

表2.13　不同母亲文化程度未成年犯自我意识各因子及总分的差异

自我意识因子	母文化程度 小学 N=165	母文化程度 初中 N=116	母文化程度 高中及以 N=46	F
体貌自我	19.30±2.76	19.64±3.06	18.56±2.94	2.27
社交自我	24.52±4.14	25.37±5.30	22.91±5.54	4.40*
品德自我	16.92±5.33	17.14±3.51	16.54±3.53	0.29
学习自我	29.11±5.25	30.12±6.02	26.04±6.49	8.26***
焦虑感	13.45±3.15	14.05±3.21	13.20±3.52	1.67
满意感	19.51±3.61	20.09±3.39	18.71±3.62	2.60
自觉性	28.07±5.34	29.26±5.18	27.58±6.92	2.19
自制力	32.55±6.14	32.85±6.53	31.41±5.10	0.91
监控性	29.82±4.54	29.70±5.16	28.84±4.96	0.75
自我认识	60.81±8.75	62.15±9.78	68.02±9.39	3.32*
自我体验	62.07±8.12	64.25±8.66	57.75±9.79	9.28***
自我控制	90.45±11.43	91.85±11.75	87.84±11.96	1.96
自我意识总分	213.38±23.44	218.20±26.10	203.93±25.66	5.35**

注：*p<0.05，**p<0.01，***p<0.001。

表2.14　不同母亲文化程度未成年犯自我意识各因子及总分的多重比较（均值差异）

维度	社交自我	学习自我	自我认识	自我体验	自我意识总分
小学—初中	0.86	-1.01*	-1.34	-2.18*	-4.81
小学—高中及以上	1.61*	3.07**	2.80	4.32**	9.46*
初中—高中及以上	2.47**	4.07***	4.13*	6.50***	14.27***

注：*p<0.05，**p<0.01，***p<0.001。

2. 未成年犯家庭教养方式的特点

(1) 未成年犯与高中生家庭教养方式的比较

对未成年犯和高中生父亲教养方式的六个因子（情感温暖理解、惩罚严厉、过分干涉、偏爱被试、拒绝否认和过度保护）得分进行独立样本 t 检验，结果显示在情感温暖理解因子上，高中生得分高于未成年犯，且差异显著；在惩罚严厉、过分干涉和拒绝否认因子上，未成年犯得分高于高中生，且差异显著；在偏爱被试和过度保护因子上差异不显著，详见表 2.15。

表 2.15 　　未成年犯与高中生家庭教养方式（父）各因子差异（M ± SD，N = 112）

	情感温暖理解	惩罚严厉	过分干涉	偏爱被试	拒绝否认	过度保护
未成年犯	46.83 ± 11.31	25.12 ± 9.14	23.76 ± 5.04	10.68 ± 3.53	12.40 ± 4.79	13.52 ± 3.42
未成年学生	53.68 ± 11.46	19.18 ± 6.98	21.41 ± 5.66	19.18 ± 6.98	10.14 ± 4.03	13.94 ± 3.67
t	−3.67***	4.39***	2.76**	1.76	3.31***	−0.77

注：** $p < 0.01$，*** $p < 0.001$。

对未成年犯和高中生母亲教养方式的五个因子（情感温暖理解、过度保护干涉、拒绝否认、惩罚严厉和偏爱被试）得分进行独立样本 t 检验，结果显示在情感温暖理解因子上，高中生得分高于未成年犯，且差异显著；在惩罚严厉因子上，未成年犯得分高于高中生，且差异显著。过度保护干涉、拒绝否认和偏爱被试因子上无显著差异，详见表 2.16。

表 2.16 　　未成年犯与高中生家庭教养方式（母）各因子差异（M ± SD，N = 112）

	情感温暖理解	过度保护干涉	拒绝否认	惩罚严厉	偏爱被试
未成年犯	49.12 ± 12.04	39.11 ± 8.30	15.82 ± 5.42	16.13 ± 6.42	10.72 ± 3.49
未成年学生	55.52 ± 11.58	37.73 ± 8.83	14.52 ± 5.46	12.95 ± 4.66	9.19 ± 5.77
t	−2.98**	0.96	1.54	3.53**	1.88

注：** $p < 0.01$。

(2) 是否为独生子女的未成年犯父母教养方式各因子的差异

对是否为独生子女的未成年犯在父母教养方式各个因子的得分进行独立样本 t 检验,结果表明:在父母偏爱被试因子上差异显著,且独生子女未成年犯在该因子上的均分小于非独生子女未成年犯;其他维度均无显著差异,结果见表 2.17。

表 2.17　是否为独生子女的未成年犯父母教养方式各因子的差异

因子	独生子女 $N=105$	非独生子女 $N=131$	t
情感温暖理解(父)	44.88 ± 11.69	43.83 ± 13.55	0.63
惩罚严厉	20.02 ± 6.95	20.91 ± 8.98	-0.82
偏爱被试	7.96 ± 5.45	9.80 ± 3.50	-3.14***
拒绝否认	10.30 ± 3.68	10.72 ± 3.99	-0.83
过度保护	12.82 ± 3.68	13.17 ± 4.25	-0.66
过度干涉	20.83 ± 5.29	21.18 ± 6.22	-0.45
情感温暖理解(母)	41.00 ± 18.11	41.40 ± 18.72	-0.16
惩罚严厉	13.18 ± 6.86	13.28 ± 7.28	-0.10
偏爱被试	7.32 ± 5.80	9.18 ± 4.50	-2.79***
拒绝否认	12.83 ± 5.64	13.40 ± 6.36	-0.71
过度保护过度干涉	32.02 ± 12.69	32.75 ± 13.40	-0.42

注:***$p<0.001$。

(3) 不同文化程度、家庭结构及家庭经济状况的未成年犯父母教养方式的差异

对不同文化程度未成年犯的父母教养方式各个因子得分进行方差分析,结果显示:在父亲的情感温暖理解、过度保护和过度干涉因子上差异显著,其他各因子无显著差异,结果见表 2.18。

表 2.18　不同文化程度未成年犯父母教养方式的差异

因子	小学 $N=74$	初中 $N=145$	高中及以上 $N=24$	F
情感温暖理解(父)	39.85 ± 15.46	45.98 ± 10.82	45.41 ± 12.23	6.01**
惩罚严厉	20.16 ± 8.51	20.80 ± 8.09	19.66 ± 6.55	0.29

续表

因子	小学 N=74	初中 N=145	高中及以上 N=24	F
偏爱被试	8.62±4.30	8.91±4.57	10.04±4.90	0.92
拒绝否认	10.04±4.32	10.78±3.67	9.87±3.93	1.19
过度保护	11.78±4.45	13.58±3.66	12.52±4.41	5.11**
过度干涉	19.70±7.28	21.96±4.93	19.20±5.07	5.06**
情感温暖理解（母）	39.71±17.70	41.75±18.40	41.96±19.74	0.32
惩罚严厉	13.67±6.95	13.04±7.19	13.64±7.37	0.21
偏爱被试	8.68±4.81	7.91±5.20	9.96±5.56	1.96
拒绝否认	13.37±5.86	13.14±6.31	13.38±5.80	0.04
过度保护过度干涉	31.01±12.45	33.45±13.44	31.20±12.17	1.01

注：** $p<0.01$。

进一步做事后多重比较检验，文化为小学的未成年犯，在父亲情感温暖理解、过度保护、过度干涉得分显著低于文化程度为初中的未成年犯；文化为小学和高中及以上无显著差异；文化为初中的未成年犯在父亲过度干涉因子上得分显著高于文化程度为高中及以上的未成年犯，其他因子无显著差异，详见表2.19。

表2.19　不同文化程度未成年犯父母教养方式的事后多重比较（均值差异）

维度	情感温暖理解（父）	过度保护（父）	过度干涉（父）
小学—初中	-6.13***	-1.80**	-2.26**
小学—高中及以上	-5.56***	-0.73	0.49
初中—高中及以上	0.57	1.07	2.76*

注：* $p<0.05$，** $p<0.01$，*** $p<0.001$。

对不同家庭结构的未成年犯的父母教养方式各因子得分进行方差分析，结果显示父亲教养方式中的情感温暖理解、过度保护和母亲教养方式中的情感温暖理解、惩罚严厉和过度保护、过度干涉因子上得分差异显著，其他因子无显著差异，详见表2.20。

表 2.20　　　不同家庭结构未成年犯父母教养方式的差异

维度	与父母同住 $N=161$	与祖父母外祖父母同住 $N=24$	其他 $N=40$	F
情感温暖理解（父）	46.56 ± 11.43	40.25 ± 15.18	38.70 ± 14.75	7.88 ***
惩罚严厉	20.35 ± 7.31	20.83 ± 11.11	20.15 ± 9.11	0.54
偏爱被试	9.33 ± 4.53	7.16 ± 4.08	8.42 ± 4.95	2.68
拒绝否认	10.50 ± 3.74	10.04 ± 4.31	9.87 ± 4.15	0.51
过度保护	13.44 ± 3.57	10.91 ± 4.70	12.17 ± 5.01	5.01 ***
过度干涉	21.62 ± 5.47	19.37 ± 6.10	20.12 ± 6.84	2.28
情感温暖理解（母）	44.27 ± 16.29	27.37 ± 23.22	39.02 ± 19.89	9.91 ***
惩罚严厉	13.79 ± 6.98	9.43 ± 7.35	12.95 ± 7.06	3.90 *
偏爱被试	8.68 ± 5.14	6.28 ± 5.12	8.40 ± 5.31	2.34
拒绝否认	13.41 ± 5.80	10.76 ± 6.80	12.42 ± 6.25	2.31
过度保护过度干涉	34.77 ± 11.74	21.87 ± 15.70	31.22 ± 13.15	11.36 ***

注：$* p<0.05$，$*** p<0.001$。

进一步做事后多重比较检验，结果显示与父母同住和与祖父母或外祖父母同住的未成年犯在父亲教养方式的情感温暖理解、过度保护，母亲的情感温暖理解、惩罚严厉和过度保护维度上差异显著，且与父母同住的未成年犯在这些维度得分显著高于与祖父母或外祖父母同住的未成年犯；与父母同住的未成年犯父亲的情感温暖理解因子得分显著高于其他居住形式的未成年犯，其他维度无显著差异；与祖父母或外祖父母居住的未成年犯母亲的情感温暖理解和过度保护因子得分显著低于其他形式居住的未成年犯，其他维度无显著差异，详见表 2.21。

表 2.21　　　不同家庭结构未成年犯父母教养方式的事后多重比较（均值差异）

维度	情感温暖理解（父）	过度保护（父）	情感温暖理解（母）	惩罚严厉（母）	过度保护（母）
a – b	6.32 *	2.53 **	16.89 ***	4.36 **	12.90 ***
a – c	7.87 ***	1.26	5.25	0.84	3.55
b – c	1.55	-1.26	-11.65 *	-3.52	-9.35 **

注：a – 与父母同住，b – 与祖父母或外祖父母同住，c – 其他；$* p<0.05$，$** p<0.01$，$*** p<0.001$。

3. 未成年犯自我意识、家庭教养方式的关系

(1) 未成年犯自我意识和家庭教养方式的相关分析

相关分析表明,未成年犯的体貌自我、社交自我、学习自我、满意感、自觉性、监控性、自我认识、自我体验、自我控制及自我意识总分与父亲的情感温暖理解呈显著正相关;满意感、自制力、自我体验和自我意识总分与父亲的惩罚严厉呈显著负相关;社交自我和自制力与父亲的拒绝否认呈显著负相关;体貌自我和父亲的过度保护呈显著正相关;自觉性与父亲的过度干涉呈显著正相关,详见表2.22。

表2.22 未成年犯自我意识和父亲教养方式的相关分析

因 子	情感温暖理解	惩罚严厉	偏爱被试	拒绝否认	过度保护	过度干涉
体貌自我	0.21***	-0.01	0.10	0.11	0.12*	0.07
社交自我	0.26***	-0.11	-0.09	-0.15*	0.06	0.01
品德自我	0.08	-0.01	-0.10	-0.02	0.02	0.01
学习自我	0.25***	-0.11	-0.02	-0.06	0.08	0.04
焦虑感	0.13	-0.01	0.08	0.07	0.03	0.05
满意感	0.33***	-0.19**	0.04	-0.05	0.11	0.05
自觉性	0.22***	0.03	0.03	0.02	0.10	0.14*
自制力	0.12	-0.17**	-0.11	-0.18**	-0.01	0.01
监控性	0.25***	-0.11	-0.09	-0.09	0.08	0.08
自我认识	0.24***	-0.07	-0.07	-0.05	0.08	0.02
自我体验	0.34***	-0.14*	0.03	-0.03	0.11	0.06
自我控制	0.26***	-0.12	-0.07	-0.11	0.07	0.10
总分	0.32***	-0.14*	-0.05	-0.09	0.09	0.07

注:* $p<0.05$,** $p<0.01$,*** $p<0.001$。

未成年犯的体貌自我、社交自我、学习自我、满意感、自我认识、自我体验、自我意识总分和母亲的情感温暖理解呈显著正相关;自制力、自我控制、自我意识总分和母亲的惩罚严厉呈显著负相关;社交自我、自制力、监控性、自我控制、自我意识总分和母亲的拒绝否认呈显著负相关;满意感和母亲的过度保护过度干涉呈显著正相关,详见表2.23。

表 2.23　　　　未成年犯自我意识和母亲教养方式的相关分析

因　子	情感温暖理解	惩罚严厉	偏爱被试	拒绝否认	过度保护过度干涉
体貌自我	0.16*	0.03	0.11	0.07	0.12
社交自我	0.19**	-0.07	-0.03	-0.13*	0.08
品德自我	0.01	-0.04	-0.04	-0.05	-0.03
学习自我	0.17**	-0.04	-0.02	-0.06	0.03
焦虑感	0.03	-0.04	0.05	-0.03	-0.05
满意感	0.30***	-0.05	0.09	-0.04	0.15*
自觉性	0.06	-0.08	-0.04	-0.11	-0.02
自制力	0.03	-0.18**	-0.12	-0.26***	-0.08
监控性	0.14*	-0.12	-0.06	-0.17**	0.06
自我认识	0.15*	-0.05	-0.01	-0.07	0.06
自我体验	0.24***	-0.06	0.04	-0.07	0.07
自我控制	0.10	-0.17**	-0.10	-0.25***	0.07
总分	0.19**	-0.13*	-0.04	-0.17**	-0.02

注：* $p<0.05$，** $p<0.01$，*** $p<0.001$。

（2）未成年犯家庭教养方式对自我意识的预测

以未成年犯的自我意识各因子作为因变量，父母教养方式的 11 个维度作为自变量，进行多元回归分析，最后一步进入回归模型的父母教养方式因子有 FA1（父亲情感温暖理解）、FA2（父亲拒绝否认）、FA3（父亲偏爱被试）、FA4（父亲惩罚严厉）、MA1（母亲拒绝否认）、MA2（母亲过度保护）、MA3（母亲情感温暖），可以解释自我意识的 5%—23% 的变异量，体貌自我、品德自我、自制力和自觉性解释率较低，最高的是满意感。进入回归模型最多的两个因子是：FA1（父亲情感温暖理解），FA4（父亲惩罚严厉），详见表 2.24。

表 2.24　　父母教养方式对未成年犯自我意识及各个维度的回归预测

因变量	自变量	未标准化回归系数 B	标准误差	标准化回归系数	t	R	R^2	F
体貌自我	常数项	17.30	0.68		25.60***	0.21	0.05	10.99***
	FA1	0.05	0.02	0.21	3.32***			

续表

因变量	自变量	未标准化回归系数 B	标准误差	标准化回归系数	t	R	R^2	F
社交自我	常数项	22.95	1.13		20.37***	0.40	0.16	14.25***
	FA1	0.15	0.02	0.39	5.97***			
	FA2	-0.27	0.08	-0.22	-3.31***			
	FA3	-0.15	0.07	-0.14	-2.05*			
品德自我	常数项	16.21	0.76		21.36***	0.22	0.05	5.86**
	FA1	0.05	0.02	0.21	4.52***			
	FA3	-0.12	0.05	-0.17	-2.63*			
学习自我	常数项	26.78	1.39		19.24***	0.32	0.10	13.41***
	FA1	0.14	0.03	0.31	4.80***			
	FA4	-0.14	0.05	-0.20	-3.06**			
自我认识	常数项	56.44	2.04		27.67***	0.33	0.11	14.28***
	FA1	0.22	0.04	0.34	5.20***			
	FA2	-0.39	0.14	-0.18	-2.79*			
自我体验	常数项	57.00	2.11		27.07***	0.43	0.19	26.22***
	FA1	0.29	0.04	0.41	6.71***			
	FA4	-0.29	0.07	-0.26	-4.29***			
自我控制	常数项	88.58	3.22		27.54***	0.42	0.18	16.16***
	FA1	0.20	0.06	0.20	3.19***			
	MA1	-0.99	0.19	-0.47	-5.28***			
	MA2	0.30	0.09	0.30	3.29***			
自我意识总分	常数项	201.10	6.06		33.17***	0.42	0.18	24.68***
	FA1	0.80	0.12	0.40	6.50***			
	FA4	-0.80	0.19	-0.26	-4.16***			
自制力	常数项	25.20	1.22		20.67***	0.23	0.05	12.35**
	FA1	0.09	0.03	0.23	3.51***			
满意感	常数项	17.50	0.84		20.88***	0.48	0.23	23.41***
	FA1	0.10	0.02	0.35	5.26***			
	FA4	-0.13	0.03	-0.30	-4.92***			
	MA3	0.03	0.01	0.17	2.59*			

续表

因变量	自变量	未标准化回归系数 B	标准误差	标准化回归系数	t	R	R^2	F
自觉性	常数项	25.20	1.22		20.67***	0.23	0.05	12.35**
	FA1	0.09	0.03	0.23	3.51***			
监控性	常数项	29.10	1.35		21.59***	0.42	0.18	12.29***
	FA1	0.10	0.03	0.25	3.60***			
	FA3	-0.17	0.08	-0.15	-2.21*			
	MA1	-0.35	0.08	-0.40	-4.34***			
	MA2	0.13	0.04	0.32	3.50***			

注：* FA1（父亲情感温暖理解），FA2（父亲拒绝否认），FA3（父亲偏爱被试），FA4（父亲惩罚严厉），FA5（父亲过分干涉），MA1（母亲拒绝否认），MA2（母亲过度保护），MA3（母亲情感温暖理解）；* $p<0.05$，** $p<0.01$，*** $p<0.001$。

四 讨论分析

1. 未成年犯自我意识的特点

(1) 未成年犯自我意识水平显著低于普通高中生自我意识水平

从总体上来看，未成年犯自我意识水平显著低于普通高中生，各维度的差异程度由高到低分别是自我体验、自我认识、自我控制，即在自我意识的三个维度上，自我体验或自我情绪方面的差异最大。这样的结果，一方面表明，未成年犯较低的自我发展水平可能就是其进行犯罪的人格因素，正如人本主义心理学家罗杰斯所言，人格对行为具有支配性的作用，是自我与经验相冲突所致。[1] 已有的研究结果亦表明，重复犯罪的罪犯在人格上表现出异常状态。[2] 这也是理论中对犯罪本质的一种解释，认为犯罪的根源在于犯罪人本身。另一方面，在自我意识的三个维度中，情绪方面的差异最大。个体的情绪情感最初是在家庭生活中得以养成，家庭作为个体情绪发生发展的逻辑起点，其功能是否有着良好运

---

[1] 况志华：《自由意志与决定论的关系：基于心理学视角》，《心理学探新》2008年第28卷第3期。

[2] 陈卓生、张喆、韩布新：《重复犯罪罪犯人格特征分析》，《中国心理卫生杂志》2005年第19卷第3期。

转状态决定了个体情绪情感是否健康，最终也会决定其人格自我的健康状况。实证研究表明，家庭功能的发挥过程可以预测青少年的情绪状态，家庭缺乏情感表达、卷入程度过高、沟通不良等可直接预测青少年的情绪问题。[①] 这表明，家庭对个体自我意识中情绪维度的发展状况起到了重要的影响作用。情绪问题的产生从表面上看是父母的价值观与青少年价值观的不一致、父母与青少年之间缺乏沟通所导致，实质上是青少年自我发展偏差的结果，个体既没有将父母的价值观内化为自身的价值观，又缺乏理想的榜样帮助自己的自我顺利成长，故产生了极其矛盾而痛苦的心理状况，这就表现为其情绪情感方面出现问题。自我的其他方面，即自我认知、自我控制亦存在着发展不足，因为自我是个体人格的核心，其各个组成部分之间的关系是一种动态的协作关系，一个组成环节出问题必定会引发其他环节出现相应的状况，最终则表现为整个自我存在问题。未成年犯自我发展存在问题，为法律意识植根于自我的系统价值提供了实证支持。

（2）人口学变量对未成年犯自我意识的影响

来自农村的未成年犯其自我认知中的社交自我发展水平显著低于来自城镇的未成年犯；不同文化水平的未成年犯其自我意识发展状况也不同，比如小学文化程度的未成年犯其社交自我、自尊感、满意感和监控性等因子得分显著低于初中和高中文化水平的未成年犯；父母的婚姻状况、家庭经济、家庭结构、父母的文化程度均对未成年犯的自我意识发展有影响，如非单亲家庭的未成年犯在满意感水平上显著高于单亲（父或母亡）和单亲（离异）家庭的未成年犯；家庭经济非常困难的未成年犯满意感显著低于家庭经济一般的未成年犯；家庭结构方面，与父母同住的未成年犯在自我体验维度上的得分显著高于其他居住形式的未成年犯；未成年犯父母文化程度是初中时，其自尊水平显著高于父母文化程度为小学的未成年犯，但父母文化水平为高中时，其自尊水平又低于文化水平为初中的，且母亲的文化水平比父亲的文化水平对未成年犯影响大。这些人口学的因素表明，未成年犯自我意识是多种因素共同作用下

---

① 徐洁、方晓义、张锦涛、林丹华、孙莉：《家庭功能对青少年情绪问题的作用机制》，《心理发展与教育》2008年第2期。

的结果，这些因素有教育因素，其中既包括自身受教育水平，又受到父母所受教育水平的影响；还有经济状况，如家庭本身的经济收入、地域差别所导致的经济差异；还有家庭内部的一些因素，如父母婚姻状况、家庭结构等。根据以上的研究结果可将这些因素分为宏观因素，如国民的整体受教育水平、经济发展等因素；中层因素，如学校教育、家庭教育等；最后是微观因素，如与中层、宏观因素发生作用的人格自我要素等。亦可分为显性影响因素和隐性影响因素，显性的如可见的家庭收入，隐性的如父母的价值观、教育观等。因此，未成年犯自我意识的成长是多方面因素共同作用下的产物，其本身是一个系统，而这个系统是更大系统下的子系统，如此层层包围，造就了目前未成年犯特有的自我意识发展水平，即其自我状况。

2. 未成年犯家庭教养方式的状况

（1）未成年犯与高中生相比，家庭教养方式存在显著不良状况

个体的成长就是一个从生物人到社会人转化的过程，自从人类有了自我意识和理性思维，就不能够逃脱自己的社会性属性。家庭作为个体的第一个社会化场所，承担着个体习得最初的社会规则与社会生存能力的功能。家庭因素对青少年犯罪行为的影响研究已有100多年的历史，[①]由此可见其对青少年犯罪的影响是巨大的。本研究结果表明，未成年犯在家庭教养方式上存在着显著的问题，比如缺乏情感温暖理解，伴随着更严厉和更多的惩罚，过分的干涉以及更多的拒绝和否认。那么家庭在青少年犯罪行为中具体是怎样发生作用的？笔者认为，父母的教养方式不当导致青少年社会化不足，进而导致青少年的越轨行为，乃至犯罪行为。本研究结果也证实了这种假设，父母与未成年犯之间缺乏情感联结，父母的拒绝否认或者过度干涉，都会造成青少年人格形成过程中的创伤性经验，同时由于这种不良的家庭教养方式，父母不能将社会传统的文化规则、秩序传递给个体；或者即便有这种传递行为，但由于父母太过严厉或不适当的方式而使得传递结果无效。这就导致个体社会化不足，为其走向犯罪道路埋下伏笔。

---

① 蒋索、何姗姗、邹泓：《家庭因素与青少年犯罪的关系研究述评》，《心理科学进展》2006年第3期。

(2) 人口学变量对未成年犯父母教养方式的影响

研究表明，非独生子女的未成年犯与独生子女的未成年犯相比，会得到更多父母的偏爱；不同文化水平的未成年犯家庭教养方式存在差异，如小学文化水平的未成年犯与初中文化水平的未成年犯比较，则体验到更少的情感温暖与理解、更少的保护与干涉；在不同的家庭居住形式方面亦存在显著差异，如与父母同住的未成年犯在情感温暖理解、保护与干涉上的得分显著高于其他居住形式。也就是说，家庭因素通过父母的教养方式影响个体的行为方式，而父母教养方式又受到其他因素的制约，如家庭中孩子的数量、孩子所接受的教育程度等，这些因素之间都是互相影响，但最终都导致未成年犯家庭教养方式的不良状况。子女受教育程度一方面反映了父母的价值观和社会期望，另一方面是教养方式在孩子受教育方面的外化表现。家庭居住形式研究结果直接表明了孩子与父母相处的时间对孩子有着关键影响，即便是有着良好的教养孩子的方式方法，但如果没有与孩子相互接触的互动过程，这种教养方式也只是一种理论上的虚无存在，父母对孩子的教育只有在生活中才能得以体现，也只有在具体的生活中孩子才能够体验到父母的爱。

3. 未成年犯自我意识与家庭教养方式的关系分析

研究结果表明，未成年犯自我意识及其多数因子与父母教养方式呈显著相关，且积极的教养方式与自我意识发展水平呈正相关，如自我意识的大多数因子与父母的情感温暖理解呈正相关；消极的教养方式，如父母的惩罚严厉、拒绝否认等，与自我意识呈负相关；这一结果总体上和目前已有研究结果一致。[1] 进一步的回归预测显示，父母教养方式的各因子可解释自我意识的5%—23%的变异量。父亲的情感温暖理解因子对未成年犯自我认识、自我体验、自我控制有着正向预测作用，父亲的拒绝否认、惩罚严厉、偏爱被试对自我认知有着负向预测作用，父亲偏爱被试对社交自我有着负向预测作用，父亲的惩罚严厉对自我体验有负向

---

[1] 郭金花：《民工子女初中生自我意识状况及其与家庭教养方式的相关研究》，硕士学位论文，南京师范大学，2008年；洪珊：《小学农民工子女自我意识和教养方式的关系研究——以成都地区为例》，硕士学位论文，四川师范大学，2011年；Davaadorj, Purevsuren（苏伦）：《中蒙两国初中生的自我意识与父母教养方式的对比研究》，硕士学位论文，华东师范大学，2014年。

预测作用；母亲的拒绝否认对自我控制具有负向预测作用，母亲的过度保护对自我控制有正向预测作用，母亲的情感温暖对满意感因子具有正向预测作用。也就是说，父母给予孩子更多的情感温暖，有助于其自我意识水平的提高；反之父母的拒绝否认则会降低其自我意识水平。未成年犯父母给予他们关注，这种关注哪怕是母亲的过度保护，也是有利于其自我意识的成长。导致这种现象的缘由可能是只要父母能够付出爱，且这些爱能够被孩子认同，那么就能满足孩子对父母的期待，从而有助于孩子对父母所代表的传统社会规则的认可并内化为自身的一部分；反之，父母的严厉惩罚、拒绝否认会造成儿童内心的焦虑及对父母的失望，结果就是对父母的不认可，包括对父母所应该传递的社会主流价值观的漠视，最终导致其自我意识发展水平低。

综上所述，未成年犯父母教养方式对其自我意识有着关键影响。犯罪学从犯罪人的角度解析犯罪的本质，认为人格的缺陷是导致犯罪的根源，自我意识是自我发展到现阶段的表现形式。未成年犯早期的家庭教养方式对其低自我意识水平难辞其咎，不良的家庭教养方式造成了未成年犯不良的自我意识水平，进一步从实证角度论证了家庭中亲子关系对人格自我形成的关键作用。缺少父母的关爱，或者被父母粗暴地对待，会最终导致其人格出现偏差。

五　小结

心理学理论认为个体自我发生发展的起点在家庭，自我意识是个体自我发展到现阶段的外在表现形式。反映亲子关系的家庭教养方式具有历时性和相对的稳定性，因此，要对自我意识形成之初的家庭因素进行探究，横向的研究方法就是通过研究个体的自我意识与家庭教养方式之间的关系，以此推论造成其自我目前发展状况的最初因素。犯罪学及刑法学认为个体犯罪的根源在于犯罪人，且犯罪心理学进一步认为犯罪人的特殊人格是导致个体犯罪的关键因素。自我是人格的核心，故本章通过研究未成年犯的自我意识发展水平来确定其自我发展的状况，研究自我意识及其家庭教养方式来证实未成年犯自我形成之初所受到亲子关系影响的状况。研究结果显示：

（1）未成年犯自我意识水平显著低于同龄正常群体的自我意识发展

水平。

（2）未成年犯家庭教养方式与同龄正常群体存在显著差异，且其家庭教养方式更为不合理。

（3）未成年犯家庭教养方式缺乏情感温暖理解，表现出更多的严厉惩罚、拒绝否认等负面教养方式。

（4）未成年犯教养方式中的情感温暖理解可一定程度上正向预测自我意识发展水平；拒绝否认、严厉惩罚、过分干涉、过度保护一定程度上负向预测其自我意识发展水平。

第二节 未成年犯社会关系对法律意识植根于自我体系形成的影响

一 引言

社会关系包括除亲子关系外的其他形式的社交关系，有同伴关系、师生关系及不特定他人的社会支持等。由于未成年犯特殊的境遇，故对其社会关系的研究限于同伴关系和社会支持，通过对未成年犯社会关系的研究，揭示其法律意识植根于自我的发展状况。

核心自我评价（core self-evaluations，CSE）是Judge等人提出的一种根源性的、广泛性的人格评价特质，它由自尊、一般自我效能感、神经质和控制点四个特质所构成。[1] 自尊是个体对自我的一种积极而宽泛的评价；一般自我效能感是班杜拉提出的一种个体对自己能否胜任某种任务所需能力的一种信念；神经质主要指个体情绪的稳定与否及对情绪的掌控力；控制点指个体对生活事件发生的一种归因倾向及由此归因所引发的一种对事件的态度和认知。通过查阅文献资料，核心自我评价目前的研究领域主要在工业组织领域，如工作满意度、工作绩效等方面，以及近年来对学生学业成绩的预测方面。既然核心自我评价是四种人格特质背后更为潜在的一种高级的自我结构，那么将其运用于普通人群之外的犯罪青少年的自我评价研究上，既可拓宽核心自我评价的研究领域，又

---

[1] J. Judge, Timothy A., et al., "Dispositional effects on job and life satisfaction: The role of core evaluations." *Journal of Applied Psychology*, Vol. 83, No. 1, 1998, pp. 17–34.

可揭示犯罪青少年特有的人格机制。研究表明，拥有高核心自我评价的个体在面对积极或是消极的反馈时所采取的回应方式都更加富有建设性。[1] 也就是说，高核心自我评价个体拥有更为积极的自我评价，这种积极的自我评价导致其调动更为适度的动机水平投入到学习和生活中去。

学者认为核心自我评价可通过认知图式的功能促使个体对人和事物的认知产生偏好和指向作用。[2] 这种图式功能实则是人格所具有的特质，那么犯罪青少年的核心自我评价图式功能如何，这对他们产生犯罪行为有何影响呢？作为一种对自我能力综合评价的核心自我评价，在犯罪青少年群体中又是如何表现的？已有研究表明，高核心自我评价的个体在面对事件时更倾向于采取积极的应对措施，而非回避所发生事件。[3] 高核心自我评价的个体认为自己所从事的工作是富有意义的，并且能够产生预期的理想结果。[4] 作者认为，犯罪行为实则是对正常的社会规则以及对大众所认可的社会价值观和目标的回避，因为他们不信任自己能够通过社会认可的方式获得自己所需的利益，即便他们拥有这种能力，但是缺乏将这种心理资源转化为应对困难的心理机制，所以最后选择了犯罪行为。已有研究进一步表明，持有积极自我认知的个体在生活中把自己置于一个更为积极的情景中对生活事件和外在环境进行加工思考；反之，消极自我认知的人则将自己圈囿于消极情境中，并对事件进行消极加工。[5] 这种研究引发作者的思考：对于犯罪青少年，他们是否持有更为消极的自我认知，而这种消极认知伴随着对生活事件的消极加工，这是否就是犯罪的自我内部运作机制呢？

依恋是个体在毕生发展过程中，与父母或者其他重要他人之间形成

---

[1] Bono, J. E. & A. E. Colbert., "Understanding Responses to Multi-Source Feedback: The Role of Core Self-Evaluations." *Personnel Psychology*, Vol. 58, No. 1, 2005, pp. 171 – 203.

[2] Judge, T. A., A. Erez, & J. E. Bono., "The Power of Being Positive: The Relation Between Positive Self-Concept and Job Performance." *Human Performance*, Vol. 11, No. 2, 1998, pp. 167 – 187.

[3] Kammeyer-Mueller, J. D., T. A. Judge, & B. A. Scott., "The role of core self-evaluations in the coping process." *Journal of Applied Psychology*, Vol. 94, No. 1, 2009, pp. 177 – 195.

[4] Judge, T. A. & C. Hurst., "Capitalizing on one's advantages: role of core self-evaluations." *Journal of Applied Psychology*, Vol. 92, No. 5, 2007, pp. 1212 – 1227.

[5] Judge, T. A., E. Amir, & J. E. Bono., "The Power of Being Positive: The Relation Between Positive Self-Concept and Job Performance." *Human Performance*, Vol. 11, No. 2, 1998, pp. 167 – 187.

的一种特殊的情感联结,这种情感联结具有以下特征:深层性,而非一种浅显的情感接触;坚固性,而非一种脆弱的感情关系;持续性,这种情感联系是持久的,不会随着情境和时间的变迁而消逝。[1] 亲子依恋是个体与父母之间的一种持续而稳定的情感依恋,这种依恋关系是由父母与儿童在相互作用的过程中共同构建起来的一种情感联结,这种情感纽带既会受到父母自身特征的影响,也会受制于个体的特征。

鲍尔比[2]认为,儿童早期形成的亲子依恋关系的图式会成为后期依恋关系发展的原型,这表明亲子依恋关系的持续性。那么这种依恋原型的表征会不会延续到同伴依恋关系中去呢?研究表明,如果个体与父母形成了良好的安全型依恋关系,那么个体对依恋对象和自我有着更为健康积极的表征,这样个体就有了与他人建立良好依恋关系的前提,所以个体与父母的依恋关系质量会对之后的人际关系产生影响。[3] 个体在与父母的互动中,逐渐构建起自我。青少年时期,个体对父母的依恋开始转向为对同伴的依恋。[4] 那么,个体的同伴依恋关系是直接对父母依恋的延伸,还是个体的核心自我会成为父母依恋和同伴依恋的一个中介变量?核心自我作为个体相对稳定的人格特质,势必成为影响其人际关系的一个变量,本研究试图探求它在父母依恋和同伴依恋之间的作用。

研究表明,父母依恋是同伴依恋的基础,且父母依恋通过同伴依恋间接影响个体的行为适应。[5] 有研究认为,同伴关系对个体的社会交往能力、道德观、价值观的获得有重要影响。那么,同伴关系相对于亲子关系而言,范围已经扩大化。如果亲子关系作为微观环境系统内的变量,同伴关系由于涉及的范围和人际关系的复杂性可将之归纳到中层观系统

---

[1] Levy, K. N., "Introduction: attachment theory and psychotherapy." *Journal Of Clinical Psychology*, Vol. 69, No. 11, 2013, pp. 1133 – 1135.

[2] Bowlby, J., *Attachment and loss*, New York: Basic, Vol. 2. Separation, 1973.

[3] Damon, W. R. & M. Lerner., *Handbook of child psychology: Theoretical models of human development*, New York: Wiley, Vol. 1, 2006.

[4] Birtchnell, John., "Attachment processes in adulthood. Advances in personal relationships." Volume 5: Kim Bartholomew and Daniel Perlman (Eds): London: Jessica Kingsley (1994). 342 pp." *Personality & Individual Differences*, Vol. 17, No. 5, 1994, pp. 723 – 724.

[5] 田菲菲、田录梅:《亲子关系、朋友关系影响问题行为的3种模型》,《心理科学进展》2014年第6期。

内。社会支持是一种泛化的或特定的支持性资源,对个体心理健康具有促进性,帮助个体更好地处理生活中遇到的挫折。这种社会支持资源来源于他人或社会关系网中。[①] 社会支持是比同伴关系更为宽泛的一种人际交往形式。前面论述中假设,核心自我评价作为人格变量,会对同伴关系与亲子关系起到中介作用,那么核心自我评价与社会支持之间关系中,同伴关系会不会成为一种中介变量?

黄希庭认为,社会适应过程就是个体的自我系统与社会情境系统交互作用的过程,自我系统由各种自身所具备的心理资源组成,社会情境系统则是各种外界刺激因素。[②] 社会适应的外在最低表现就是不违法,最高表现形式则是对一个社会文化、价值观的认同,对这个社会风俗习惯乃至法律精神的深刻理解与认同。赫希的社会控制理论认为,家庭具有社会控制的作用。[③] 法律作为社会控制的最严厉形式实则和家庭的社会控制功能相似。那么,核心自我评价这一起源于与父母交互作用中的人格特质,与法律意识之间的关系是如何发生作用的? 核心自我评价与法律意识之间的关系,也是自我控制和社会控制之间的关系。社会支持在他们之间起到何种作用? 这是本章需要探索的问题。

假设未成年犯的亲子依恋关系不良,那么导致其核心自我评价水平较低,从而间接导致未成年犯同伴依恋质量亦很低,最终使其获得社会支持资源也较少。这样恶性循环,导致其法律意识较低,最终引发了犯罪行为。

二 方法

1. 研究对象

从某省的未成年人管教所选取 300 名男性未成年犯;从该省的大学选取 200 名男性大学生作为对照组。两组青少年的年龄分布均在 17—21 岁之间。男性未成年犯的平均年龄为 19.47±2.48;男性大学生的平均年龄

---

① 王雁飞:《社会支持与身心健康关系研究述评》,《心理科学》2004 年第 27 卷第 5 期。
② 陈建文、黄希庭:《中学生社会适应性的理论构建及量表编制》,《心理科学》2004 年第 27 卷第 1 期。
③ Hirschi, T., *Causes of Delinquency*, Berkeley: University of California Press, 1969.

为 18.63±0.77。

2. 研究工具

(1) 核心自我评价量表（CSES）

Judge 等编制的一个单维度自评量表[1]，用于测量个体对自身能力和价值所持有的最基本的评价，量表共有 10 个项目，采用 5 级计分法，从 1 到 5 分别表示"完全不同意"到"完全同意"。核心自我评价量表的 α 系数为 0.83，分半信度为 0.84，重测信度为 0.82。核心自我评价与大五人格问卷的神经质、外向性、责任心和开放维度得分显著相关。本次研究的信度系数 α 为 0.737。

(2) 父母与同伴依恋问卷（IPPAA）

父母与同伴依恋量表（Inventory of Parent and PeerAttachment，IPPA）由 Armsden 和 Greenberg 编制。本研究使用的是由宋海荣修订的中文版[2]，由父亲依恋、母亲依恋和同伴依恋三个分量表组成，每个分量表包括 25 个题目，三个维度：信任、沟通和疏离。本研究中，父亲依恋、母亲依恋及同伴依恋量表的 α 系数分别为 0.735，0.781，0.835。

(3) 青少年社会支持量表

青少年社会支持量表由戴晓阳等人编制[3]，为一个自评量表，包括三个维度：主观支持、客观支持和支持利用度，共 17 个项目，采用五点计分法。17 个项目得分之和为该量表总分，反映被试社会支持的总体状况。量表的信度在大学生中 α 系数为 0.906，中学生中为 0.920。本次研究的信度 α 系数为 0.868。

(4) 法律意识问卷

从山东省未成年人管教所选取 300 名未成年犯，共发放 300 份问卷。本问卷主要是依据法律意识的相关理论编制。初测问卷由三部分内容构成，第一部分为指导语，介绍了测验的主要内容、目的、作答要求及其他相关注意事项。作答方式采用 4 点计分法，要求受测者在每个题目后

---

[1] 戴晓阳：《常用心理评估量表手册》，人民军医出版社 2010 年版，第 250 页。
[2] 宋海荣：《青少年依恋、自尊及其二者关系的发展性研究》，硕士学位论文，华东师范大学，2004 年。
[3] 戴晓阳：《常用心理评估量表手册》，人民军医出版社 2010 年版，第 94 页。

面根据自己的情况选择"完全同意""同意""有点同意"和"完全不同意",分别计为 1—4 分;第二部分是个人基本情况信息;第三部分为问卷的具体内容。共 46 道题目,包括法律意识的五个维度,每个维度包括 6—12 个题目。

数据处理:首先将无效问卷剔除,然后采用 SPSS19.0 对题目进行探索性因素分析,使用 Amos22.0 进行验证性因子分析,对量表的信效度检验。

项目分析:采取临界比率值,将每个维度的总分加以排序,取高分和低分的 27% 分为两组,并将其均分进行差异检验。结果表明各维度上得分的高分组和低分组差异显著,表明每个题目具备好的鉴别力。

探索性因素分析:采用方差极大旋转法对法律意识问卷进行主成分因子分析。在确定因子数量时,首先提取特征根的值大于 1 的因子数量,其次结合"碎石图"检验法进行;最后考虑已有的法律意识理论构建,从而确定公共因子的数量。对题目的删除依据三项基本原则:删除在两个或两个以上的公共因子上具有接近因子载荷的题目;某个公因子下只有一个题目的;公共因子上的最大载荷小于 0.30,共同度小于 0.4 的题目。这样删除一个题目,重新探索一次,最终探索出量表的因子结构。

KMO 值为 0.685,Bartlett 球型检验的结果达到了显著水平($p < 0.001$),表明数据适合做因子分析。根据特征根 >1 的原则,提取 5 个因子,总解释率为 57.76%。结合法律意识的相关理论,将其做以下命名:因子一对应"法律理想",因子二对应"法律评价",因子三对应"法律认知",因子四对应"法律价值",因子五对应"法律情感",具体见表 2.25。

表 2.25　　　　法律意识的因子结构和各项目的因子载荷

题项	法律理想	法律评价	法律认知	法律价值	法律情感
w46	0.775				
W21	0.720				

续表

题项	法律理想	法律评价	法律认知	法律价值	法律情感
W24	0.642				
W3	0.514				
W18	0.507				
W1	0.480				
W35		0.764			
W19		0.704			
W16		0.665			
W28		0.645			
W12			0.735		
W4			0.648		
W30			0.512		
W39			0.440		
W4				0.754	
W32				0.705	
W8					0.737
W20					0.735

验证性因子分析：经过探索性因素分析，最终保留了 18 个项目的法律意识问卷。为了检验模型的拟合度，需进行验证性因子分析。设定各个潜变量之间为两两相关，观察变量的残差之间为相互独立。结果表明，量表的 CMIN/DF 的值为 1.46，RMSEA 的值为 0.04，GFI 的值为 0.92，CFI 的值为 0.90，AGFI 的值为 0.89，IFI 的值为 0.90。具体见表 2.26：由表可知，量表的验证性因子拟合指数均在可接受范围内，说明量表整体上拟合度较好。[①]

表 2.26　　　法律意识量表验证性因子分析的拟合指数

CMIN	DF	CMIN/DF	GFI	CFI	AGFI	IFI	RMSEA
182.689	125	1.46	0.92	0.90	0.89	0.90	0.04

---

① 郑日昌、张杉杉：《择业效能感结构的验证性因素分析》，《心理科学》2002 年第 25 卷第 1 期。

量表的信度分析：总量表的 Cronbach α 一致性系数为 0.702；6 个月后重测信度 Cronbach α 值为 0.716，表明量表信度较好。

从相关的角度看各个维度和总量表的效度：各维度与量表总分之间的相关在 0.54—0.75，其相关水平较高。说明不同维度所测量的内容虽有共同之处，但也保留了其独特的测量目的，量表的效度较好。

法律意识问卷由五个维度构成，共 18 个项目，具有较好的信效度指标，可以作为调查未成年犯法律意识状况的初步测量工具。

3. 研究程序

对男性未成年犯的施测，由具有心理学专业知识的研究生对相关民警进行培训，然后由其担任主试，在统一指导语下进行施测；对于男性大一学生，由心理学专业研究生担任主试，统一施测。采用 SPSS19.0 对数据进行分析统计。

三　结果

1. 未成年犯核心自我评价与依恋的特点

（1）未成年犯与大学生核心自我评价的比较

将未成年犯核心自我评价总分与大一学生进行比较，结果显示大一学生的核心自我评价总分显著高于未成年犯，详见表 2.27。

表 2.27　未成年犯与大学生核心自我评价、父母、同伴依恋各维度的差异

维度	未成年犯 $N=257$	大学生 $N=194$	t
核心自我评价总分	33.00 ± 6.01	36.30 ± 6.39	−5.57***
母亲信任	34.00 ± .99	38.51 ± 6.77	−6.61***
母亲沟通	28.06 ± 6.20	30.57 ± 6.24	−4.08***
母亲疏离	15.89 ± 4.46	13.68 ± 4.11	5.19***
父亲信任	33.00 ± 6.91	37.40 ± 7.07	−6.38***
父亲沟通	28.16 ± 7.23	29.54 ± 6.66	−2.01*
父亲疏离	17.09 ± 4.76	14.27 ± 4.66	6.07***
同伴信任	31.94 ± 7.09	36.64 ± 6.89	−6.69***
同伴沟通	25.50 ± 5.94	28.51 ± 6.03	−5.00***
同伴疏离	20.25 ± 4.13	18.28 ± 4.08	4.77***

续表

维度	未成年犯 $N=257$	大学生 $N=194$	t
母亲依恋	46.17±13.65	55.34±13.91	-6.71***
父亲依恋	44.06±14.56	52.67±15.86	-5.74***
同伴依恋	37.19±12.50	46.87±13.57	-7.39***

注：* $p<0.05$，*** $p<0.001$。

（2）未成年犯与大学生依恋的差异

将未成年犯与大一学生的父母、同伴依恋各个维度得分进行比较，结果发现在父母和同伴依恋各个维度及依恋总分上，均存在显著差异，且未成年犯父母、同伴的信任、沟通维度得分及依恋总分显著低于大一学生，在父母和同伴疏离维度得分显著高于大一学生，详见表2.27。

2. 未成年犯核心自我评价、父母依恋与同伴依恋的相关关系

相关分析表明，未成年犯核心自我评价、父母依恋与同伴依恋两两显著相关，详见表2.28、表2.29。

表2.28　未成年犯母亲依恋、同伴依恋与核心自我评价总分的相关关系

	同伴依恋	同伴信任	同伴沟通	同伴疏离	母亲依恋	母亲疏离	母亲沟通	母亲信任	核心自我总分
同伴依恋	1								
同伴信任	0.91***	1							
同伴沟通	0.85***	0.75***	1						
同伴疏离	-0.27***	0.005	0.11	1					
母亲依恋	0.22**	0.21**	0.17*	-0.05	1				
母亲疏离	-0.07	0.04	0.04	0.33***	-0.55***	1			
母亲沟通	0.12	0.18*	0.13	0.13	0.82***	-0.18**	1		
母亲信任	0.29***	0.30***	0.26***	-0.007	0.88***	-0.28***	0.60***	1	
核心自我总分	0.26***	0.23***	0.14*	-0.19**	0.25***	-0.25***	0.06	0.29***	1

注：* $p<0.05$，** $p<0.01$，*** $p<0.001$。

表2.29　未成年犯父亲依恋、同伴依恋与核心自我评价总分的相关关系

	核心自我总分	同伴信任	同伴沟通	同伴疏离	同伴依恋	父亲疏离	父亲沟通	父亲依恋	父亲信任
核心自我总分	1								
同伴信任	0.23***	1							
同伴沟通	0.14*	0.75***	1						
同伴疏离	-0.19**	0.005	0.11	1					
同伴依恋	0.26***	0.91***	0.85***	-0.27***	1				
父亲疏离	-0.32***	0.002	0.06	0.45***	-0.12	1			
父亲沟通	0.09	0.20*	0.24***	0.13	0.18**	-0.21**	1		
父亲依恋	0.26***	0.27***	0.27***	-0.11	0.31***	-0.55***	0.85***	1	
父亲信任	0.24***	0.38***	0.35***	-0.05	0.39***	-0.24***	0.59***	0.85***	1

注：*p<0.05，**p<0.01，***p<0.001。

3. 未成年犯父母依恋和同伴依恋关系：核心自我的中介效应分析

（1）中介变量及中介效应检验分析

如果自变量 x 通过某一变量 M 对因变量 y 产生影响，那么变量 M 就为中介变量。[①] 结构方程模型和方程式如图2.1所示。

$$Y = cX + e_1 \quad (1)$$

$$M = aX + e_2 \quad (2)$$

$$Y = c'X + bM + e_3 \quad (3)$$

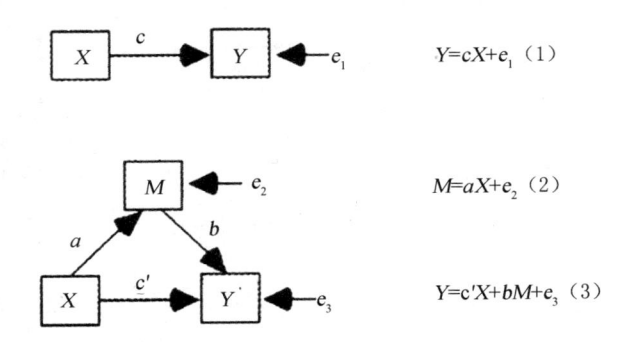

图2.1　中介效应结构方程模型及方程式

[①] James, L. R. & J. M. Brett., "Mediators, moderators and tests for mediation." *Journal of Applied Psychology*, Vol. 69, No. 2, 1984, pp. 307-321.

温忠麟等人总结出一套检验中介变量的程序,首先确定自变量(x)、因变量(y)、中介变量(M)。按照温忠麟等人的中介效应检验程序,第一步检验自变量对因变量的作用,回归方程是 Y = cx + e1;首先要检验系数 c,假如 c 不显著,说明中介效应不存在,停止检验;假如 c 显著,需要继续以下步骤;第二步检验自变量对中介变量的作用,方程是 M = ax + e2;假如系数 a 显著,需要继续做第三步,即检验中介变量对因变量的作用,如果 a、b 都显著,就可以证明中介效应存在,那就继续检验 c′,如果系数 c′显著,则中介效应显著;如果不显著,则完全中介效应显著,方程式是 y = c′x + bM + e3;假如 a、b 中至少有一个不显著,需要做 Sobel 检验,如果此检验显著,则中介效应显著;反之,则中介效应不显著,如图 2.2 所示。

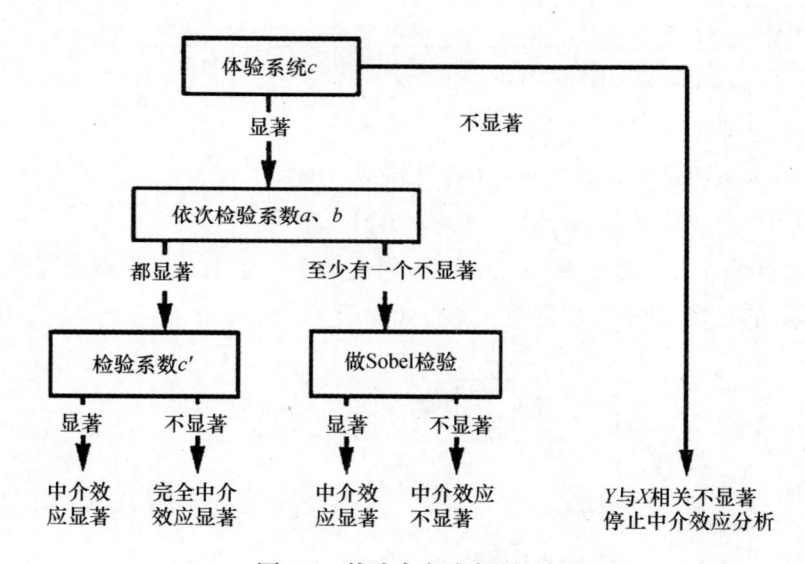

图 2.2 检验中介效应的程序

(2) 未成年犯父母依恋和同伴依恋关系:核心自我评价的中介效应分析

根据本研究数据分析结果可知:未成年犯父母依恋与同伴依恋显著相关,且父母依恋和核心自我评价、核心自我评价和同伴依恋显著相关。根据理论可知,父母依恋对个体的核心自我评价的成长产生关键作用,而父母依恋对同伴依恋亦有重要影响。据此,我们提出假设:父母依恋和同伴依恋关系是以核心自我评价为中介作用。假设模型见图 2.3。

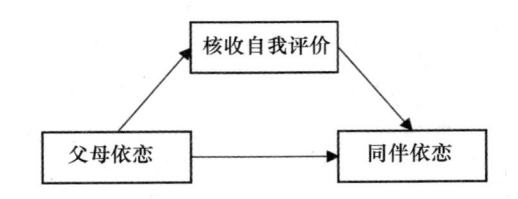

图 2.3　父母依恋和同伴依恋关系：核心自我的中介效应假设模型

本研究以父母依恋 x 为自变量，以核心自我评价 M 为中介变量，同伴依恋 y 为因变量进行中介效应检验，结果显示回归系数 c 显著，回归系数 a、b 显著，回归系数 c′ 显著。表明核心自我评价在父母依恋和同伴依恋的关系中起不完全中介效应，说明自变量父母依恋对因变量同伴依恋部分通过中介变量核心自我评价起作用，计算母亲依恋中，中介效应占总效应的百分比为 25.45%，父亲依恋中中介效应占总效应的百分比为 15.16%，详见表 2.30、表 2.31。

表 2.30　未成年犯核心自我评价在母亲依恋和同伴依恋关系中的中介效应

	标准化回归方程	回归系数检验
第一步	y = 0.218x	$SE = 0.064$　$t = 3.157$**
第二步	M = 0.251x	$SE = 0.028$　$t = 3.796$***
第三步	y = 0.221M	$SE = 0.156$　$t = 3.104$**
	0.152x	$SE = 0.066$　$t = 2.133$*

注：*$p < 0.05$，**$p < 0.01$，***$p < 0.001$。

表 2.31　未成年犯核心自我评价在父亲依恋和同伴依恋关系中的中介效应

	标准化回归方程	回归系数检验
第一步	y = 0.312x	$SE = 0.058$　$t = 4.697$***
第二步	M = 0.257x	$SE = 0.027$　$t = 3.903$***
第三步	y = 0.184M	$SE = 0.149$　$t = 2.690$**
	0.265x	$SE = 0.060$　$t = 3.865$***

注：**$p < 0.01$，***$p < 0.001$。

4. 未成年犯社会支持及法律意识的特点

（1）未成年犯与大学生社会支持的差异

将未成年犯社会支持三个维度及社会支持总量表与大一学生的社会支持的三个维度及社会支持总量表进行比较，结果发现：在三个维度及总量表上，均存在显著差异，且未成年犯三个维度及总量表得分显著低于大一学生，详见表2.32。

表2.32　未成年犯与大学生社会支持的差异

维度	未成年犯 $N=257$	大学生 $N=194$	t
主观支持	17.20±4.20	20.30±3.99	-7.43***
客观支持	20.17±4.91	24.34±4.82	-8.39***
支持利用度	19.46±4.83	22.03±5.63	-4.78***
量表总分	56.83±11.69	66.63±12.76	-7.84***

注：*** $p<0.001$。

（2）未成年犯与大学生法律意识的差异

将未成年犯法律意识各个因子及量表总分与大一学生进行比较，结果显示各个因子及总量表均存在显著差异，且法律理想、法律评价和法律意识总分上未成年犯得分显著低于大一学生，在法律认知、法律情感上未成年犯得分显著高于大一学生，详见表2.33。

表2.33　未成年犯与大学生法律意识的差异

量表	未成年犯 $N=213$	大学生 $N=191$	t
法律理想	17.77±3.93	20.68±3.21	8.18***
法律评价	10.71±3.07	11.88±2.81	3.97***
法律认知	10.26±2.66	8.62±3.14	-5.65***
法律情感	4.49±1.76	3.54±1.79	-5.37***
法律价值	5.60±1.62	4.48±1.88	-6.31***
法律意识总分	47.47±7.05	49.24±6.65	2.57***

注：*** $p<0.001$。

5. 未成年犯同伴依恋、核心自我评价与社会支持的关系

（1）未成年犯同伴依恋、核心自我评价与社会支持相关关系

相关分析表明，同伴依恋与核心自我评价总分显著相关，核心自我评价总分和社会支持总分显著相关，同伴依恋和社会支持显著相关，详见表 2.34。

表 2.34　未成年犯同伴依恋、核心自我评价与社会支持的相关关系

	核心自我总分	同伴信任	同伴沟通	同伴疏离	同伴依恋	主观支持	客观支持	支持利用度	社会支持总分
核心自我总分	1								
同伴信任	0.23***	1							
同伴沟通	0.14*	0.75***	1						
同伴疏离	-0.19**	0.005	0.11	1					
同伴依恋	0.26***	0.91***	0.85***	-0.27***	1				
主观支持	0.20**	0.22***	0.30***	-0.20**	0.34***	1			
客观支持	0.31***	0.30***	0.32***	-0.09	0.36***	0.54***	1		
支持利用度	0.07	0.03	0.10	-0.16*	0.12	0.52***	0.59***	1	
社会支持总分	0.23**	0.22**	0.28***	-0.18*	0.32***	0.80***	0.86***	0.85***	1

注：*p<0.05，**p<0.01，***p<0.001。

（2）未成年犯核心自我评价与社会支持的关系——同伴依恋的中介作用

由表 2.34 可知，未成年犯核心自我评价、社会支持及同伴依恋两两显著相关，根据相关理论可推测：核心自我评价既会对同伴依恋产生影响，也会影响到个体所获得的社会支持资源。本研究提出假设：核心自我评价与社会支持的关系是以同伴依恋为中介。假设模型见图 2.4。

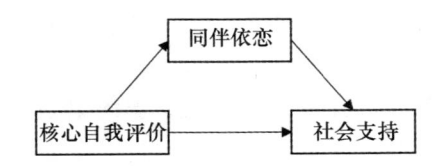

图 2.4　核心自我评价、同伴依恋和社会支持关系的假设模型

本研究以核心自我评价 x 为自变量，以同伴依恋 M 为中介变量，社会支持 y 为因变量进行中介效应检验，结果显示回归系数 c 显著，回归系数 a，b 显著，回归系数 c′ 不显著。表明同伴依恋在核心自我评价和社会支持的关系中起完全中介效应，说明自变量核心自我评价对因变量社会支持完全通过中介变量同伴依恋起作用，详见表 2.35。

表 2.35　未成年犯同伴依恋在核心自我评价和社会支持关系中的中介效应

	标准化回归方程	回归系数检验
第一步	y = 0.226x	$SE = 0.143$　$t = 3.220^{**}$
第二步	M = 0.258x	$SE = 0.148$　$t = 3.785^{***}$
第三步	y = 0.302M	$SE = 0.069$　$t = 4.231^{***}$
	0.132x	$SE = 0.150$　$t = 1.841$

注：*** $p < 0.001$。

6. 未成年犯核心自我评价、社会支持与法律意识的关系

（1）未成年犯核心自我评价、社会支持与法律意识的相关关系

相关分析表明，未成年犯核心自我评价、社会支持和法律意识两两之间相关关系显著，详见表 2.36。

表 2.36　未成年犯核心自我、社会支持与法律意识的相关关系

	核心自我总分	主观支持	客观支持	支持利用度	社会支持总分	法律意识总分
核心自我总分	1					
主观支持	0.20**	1				
客观支持	0.31***	0.54***	1			
支持利用度	0.07	0.52***	0.59***	1		
社会支持总分	0.23**	0.80***	0.86***	0.85***	1	
法律意识总分	0.18**	0.25***	0.24***	0.24***	0.29***	1

注：** $p < 0.01$，*** $p < 0.001$。

（2）未成年犯核心自我评价与法律意识的关系——社会支持的中介作用

由数据知，核心自我评价和法律意识及社会支持两两显著相关，由

理论分析可知,核心自我评价水平的高低可影响个体对社会资源的利用度,法律意识作为一种个体在社会人际交往过程中获得的主流文化价值观的表现形式,其必然受到个体核心自我评价的影响。据此,本研究提出假设:核心自我评价与法律意识的关系是以社会支持为中介变量。假设模型见图 2.5。

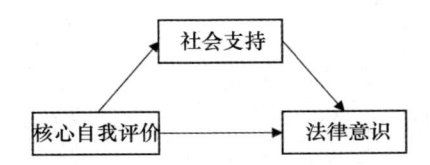

图 2.5　核心自我评价与法律意识的关系:社会支持的中介作用假设模型

研究以核心自我评价 x 为自变量,以社会支持 M 为中介变量,法律意识 y 为因变量进行中介效应检验,结果显示回归系数 c 显著,回归系数 a、b 显著,回归系数 c′不显著。表明社会支持在核心自我评价和法律意识的关系中起完全中介效应,说明自变量核心自我评价对因变量法律意识完全通过中介变量社会支持起作用,详见表 2.37。

表 2.37　未成年犯社会支持在核心自我评价和法律意识关系中的中介效应

	标准化回归方程	回归系数检验
第一步	y = 0.179x	$SE = 0.081$　$t = 2.626^{**}$
第二步	M = 0.226x	$SE = 0.143$　$t = 3.220^{**}$
第三步	y = 0.252M	$SE = 0.042$　$t = 3.533^{***}$
	0.127x	$SE = 0.087$　$t = 1.776$

注:** $p < 0.01$,*** $p < 0.001$。

四　讨论分析

1. 未成年犯核心自我评价、依恋关系、社会支持与法律意识的状况分析

研究结果表明,未成年犯核心自我评价总分显著低于大学生;核心自我评价作为一种人格特质,是对自我能力和价值的评估,本章以此来评估未成年犯自我的发展状况。选取与其年龄相当的大学生作为对比，结果如上。那么造成这种现象的原因可能有大学生群体受到了良好的家庭教育、学校教育和社会教育，在接受教育的过程中顺利实现了社会化，并很好地发展了其人格自我。大多数的未成年犯文化程度只达到初中，而且辍学的较多，是大众眼中标准的"坏学生"，故其学校教育是不完善的。前面研究表明，未成年犯家庭教育也是多有缺失。自我形成于家庭，发展在学校，完善于社会，当个体自我未发展好就步入社会，难以确保其被社会接纳，最终导致其较低水平的核心自我评价。

研究结果亦表明，未成年犯与父母沟通、信任维度，同伴沟通、信任维度及总分显著低于大学生，在父母和同伴疏离维度得分显著高于大学生；未成年犯在社会支持各个维度及量表总分显著低于大学生；未成年犯法律理想、法律评价及法律意识总分显著低于大学生；在法律认知、法律情感和法律价值维度得分显著高于大学生，这三个维度由于采取反向计分，故得分高表明其法律意识水平低。核心自我评价只是对人格进行了宽泛的评价，那么依恋关系、社会支持、法律意识则是其人格成长环境的具体化，分别从家庭的微观层面、同伴的中观层面及社会的宏观层面进行了实证研究。前面的研究结果表明，未成年犯家庭教养方式不良，直接可能会导致其亲子依恋状况不佳，那么个体不良的亲子关系导致个体自我发展不良，同伴交往复制了这种最初的社会交往模式，故进一步导致其同伴依恋也比较差。社会支持一方面体现在人与人的交往过程当中，另一方面是个体社会化程度高低的体现。但社会化能力一般是在家庭中得以培养，在学校生活中通过与同伴交往得以进一步的发展，这也是自我发生发展的一个历程。未成年犯自我发展在家庭、学校屡屡受挫，导致自我偏差，从而不能够很好地利用社会资源。法律意识作为对法及法律现象的一种态度、观念等的心理总称，需要在家庭、学校和社会关系中进行传播，只有先被知晓，才可逐步内化为个体自我的组成部分。未成年犯首先自我遭遇了挫折，失去了法律意识生长的基本前提条件，故表现为法律意识水平低下。

2. 未成年犯核心自我评价是父母依恋和同伴依恋的中介因素

从未成年犯核心自我评价、父母依恋和同伴依恋的相关分析结果知，父母的沟通、信任与核心自我评价呈正相关，父母的疏离与核心自我评价呈负相关。这说明，未成年犯父母沟通和信任水平越高，其核心自我评价水平也越高；未成年犯父母疏离感越高，其核心自我评价越低。同时，父母依恋与同伴依恋呈正相关，这说明，未成年犯父母依恋水平越高，其同伴依恋水平也越高。核心自我评价与同伴依恋呈正相关，这说明，未成年犯核心自我评价水平越高，同伴依恋水平也越高。

从中介模型的研究结果可知，父母依恋是通过核心自我评价这个中介变量对同伴依恋产生间接影响。父母依恋水平高，会导致其核心自我评价更高，而核心自我评价水平的发展状况，又进一步正向预测了其同伴依恋水平的高低。未成年犯亲子关系中的实证研究中，作者已证实不同的家庭教养方式可预测其自我意识水平的高低，而父母给予较多的情感温暖与理解，预示着个体较高的自我意识发展水平。那么，情感温暖与理解也会影响父母与子女之间的依恋关系，故家庭亲子关系中，不管是教养方式还是亲子依恋关系，对未成年犯自我发展水平兼有重要的影响。

因此，本研究的结果是，父母的依恋水平越高，就会伴随着高水平的核心自我评价，而高水平的核心自我评价，对自己人际交往能力、自己的价值往往有着积极的估算，从而引发良好的同伴依恋水平；反之，父母依恋水平较低，伴随着低水平的核心自我评价，其同伴依恋水平也低。

3. 未成年犯同伴依恋是核心自我评价和社会支持的中介因素

从中介效应的检验结果来看，核心自我评价对社会支持的预测完全通过同伴依恋起作用。也就是说，未成年犯的核心自我评价可以直接预测社会支持，同时也可以通过同伴依恋间接地影响社会支持。核心自我评价作为对人格自我的一种基本评估方式，其对社会支持的预测完全通过同伴依恋进行，即未成年犯的核心自我评价高，其同伴依恋水平高，进而得到的社会支持也越多；反之，未成年犯核心自我评价水平低，那么同伴依恋水平就低，得到相应的社会支持也越少。人格自我发展状况可通过影响同伴关系，进一步间接地影响到了其社会支持度。这是一种由微观向宏观逐步展开的过程，也是人际关系交往面逐步扩大的过程，但其逻辑起点是其人格自我。

4. 未成年犯社会支持是核心自我评价和法律意识的中介因素

从中介效应的检验结果看，核心自我评价对法律意识的预测完全通过社会支持这个中介变量产生影响。换言之，核心自我评价可直接预测法律意识，同时也可以通过社会支持间接预测法律意识。换言之，未成年犯的核心自我评价水平越高，获得的社会支持度越高，其法律意识水平也越高。

宏观法律意识作为一种相对于个体而言的先验存在，它需要在人际交往中进行传递，这里的人际交往形式既可指与特定他人的交往，也可以指与不特定他人的交往，只要是生活在健康的人际交往圈里，传统的文化价值观就会有意无意地在人际关系中进行渗透、传递，当然也包括法律意识的内容。所以说获得社会支持，至少在一方面，意味着个体的社会关系是良好运转的，个体与社会是处于一种信息、能量互相交换的状态，这种开放性的循环体系为个体将法律意识植根于自我提供了背景性的土壤。不管是父母、同伴抑或是社会中的他人，对个体而言都是规则和秩序的携带者和传播者。宏观法律意识亦在与这些人的交往过程中逐步被个体所认知、认同，直至最后"去社会性"，变为个体的法律意识，构成个体人格自我的组成部分。

五 小结

自我一经形成后具有很大的稳定性，在个体社会化过程中，最初形成于家庭的自我将继续在扩大的人际交往中发生作用，对个体生活的各方面均产生影响。当然，自我的稳定性是相对的，因为自我形成于与对象的交互作用中，所以个体在家庭之后的人际交往亦有可能促使其自我发生改变。法律意识也是在社会交往的过程中逐渐被个体所内化，即自我的形成与发展也是其法律意识的形成与发展。最终的发展状态就是个体成功地将法律意识植根于其自我之中，成为自我的组成部分。社会控制论表明，个体之所以去犯罪是由于其社会控制网的断裂，换言之，也就是个体正常的社会关系发生了问题，这种社会关系可具体化为亲子关系、同伴关系、师生关系等。亲子关系的研究已证实：未成年犯自我形成之初就出现了问题，所以他们将带着不健全的自我参与到这些社会关系中去。那么，通过研究未成年犯具体的社会关系，来确定其自我与法律意识之间的关系是植根于自我，还是彼此隔离。本章的研究结果表明：

（1）未成年犯核心自我评价水平显著低于正常同龄群体的核心自我评价水平。

（2）未成年犯法律意识发展水平显著低于正常同龄群体的法律意识发展水平。

（3）未成年犯依恋状况更加消极，表现出对父母、同伴的不信任、缺乏沟通及高疏离感；未成年犯社会支持水平显著低于正常同龄群体的社会支持水平。

（4）未成年犯核心自我评价在父母依恋与同伴依恋之间起中介作用。

（5）未成年犯核心自我评价完全通过同伴关系对社会支持起作用；未成年犯核心自我评价完全通过社会支持对法律意识起作用。

第三节 未成年犯社会关系断裂对法律意识植根于自我体系形成的影响

本节中以疏离感对社会关系断裂进行测量，以法律价值的终极追求——公正世界信念对法律意识发展状况进行测量，以自我的表现形式——自我意识对自我的发展水平进行测量。通过对未成年犯自我意识、公正世界信念与其断裂的社会关系——疏离感的关系进行研究，以期揭示法律意识植根于自我的形成过程及影响因素。

一 引言

在对犯罪原因的理论解释中，最初，比如古典学派认为犯罪是行为人理性选择的结果。后来的实证派则将人格理论引入到了刑法学领域，比如龙勃罗梭的"天生犯罪人"理论，菲利则明确提出犯罪是人类学因素、自然因素和社会因素相互作用的一种社会现象，其中人类学因素包括生理因素和心理因素，在这里涉及人格或个体特性。[1] 李斯特在提出

---

[1] ［意］恩里·菲利：《犯罪社会学》，郭建安译，中国人民公安大学出版社2004年版，第143—144页。

"人身危险性"概念时认为,刑罚的适用应延伸到对犯罪活动中体现出的危害社会的罪犯个性作出负面评价。[1] 个体的自我意识是由自我认识、自我体验和自我控制三方面心理活动机能构成,是个体对自己及与周围环境关系的诸方面的认识、体验和调节的多层次心理功能系统。[2] 个体人格的健康发展,是其自我意识各个组成部分良好运转的结果。实证研究表明,与正常人群比较,未成年犯人格出现偏离倾向。[3] 自我作为人格的核心,未成年犯人格的异常也就预示着其自我的缺陷及自我意识功能的丧失。那么,残缺的自我意识是如何与犯罪行为发生作用的?

公正,即公平正义,是法律的最高抽象价值,也是法律追求的终极意义。法律的公正就是基于对公正的理解,即个体相信在法治社会中,每个个体在让渡出特定的自由后进而形成一个可以享受到平等权利、履行与之相对等义务的正义社会制度。美国心理学家 Lerner 及其同事提出公正世界信念,他们认为人们确信自己所生活的世界是充满着公平正义,在这个世界人们会"各得其所",个体的生活环境是有秩序和可预见的。如果个体缺乏这种公正信念,就会丧失追求人生意义的动机,容易产生失范行为。[4]

个体的公正世界信念具有适应社会的心理功能,研究表明,公正世界信念不仅和个体的幸福感和心理健康显著相关,而且公正世界信念可以促进个体的利他行为。[5] 当公正世界信念的持有者在观察暴力行为时,如果没有机会对受害者进行指责且受害者与暴力行为者关系是平行的,那么,观察者为了维持其公正世界信念而认为暴力行为是愚蠢的。[6] 对死

---

[1] [德]李斯特:《德国刑法教科书》,徐久生译,中国法律出版社2006年版,第170页。

[2] 聂衍刚、张卫、彭以松等:《青少年自我意识的功能结构及测评的研究》,《心理科学》2007年第30卷第2期。

[3] 李俊丽、梅清海、于承良等:《未成年犯的人格特点研究》,《中国学校卫生》2006年第2期。

[4] Lerner, M. J. & D. T. Miller., "Just world research and the attribution process: looking back and ahead." *Psychological Bulletin*, Vol. 85, No. 5, 1978, pp. 1030 – 1051.

[5] 苏志强、张大均、王鑫强:《高中生负性生活事件和主观幸福感:公正世界信念的中介作用分析》,《中国特殊教育》2013年第3期。

[6] Lodewijkx, H. F. M., T. Wildschut, B. A. Nijstad, et al., "In a Violent World a Just World Makes Sense: The Case of 'Senseless Violence' in The Netherlands." *Social Justice Research*, Vol. 14, No. 1, 2001, pp. 79 – 94.

刑资格审查的陪审员的研究表明,死刑资格审查的参加者有着较高的公正世界信念,支持法律的权力信念,且展示出内控性及更多的加重惩罚因素;反之,当陪审员公正世界信念较低,那么更倾向于外控型,展现出更多的法定减刑因素。① 国外对强奸与公正世界信念的研究表明,当个体持有较高水平的公正世界信念,对强奸事件的归责会有所不同,男性倾向于将更多的责任推给被告,而女性则有所不同。② 那么,未成年犯的公正世界信念又是怎么样的呢?这种公正世界信念对他们的犯罪行为有着什么样的影响呢?会不会影响到其对受害者的态度呢?

目前国内关于公正世界信念的研究主要还是集中在助人行为和心理健康等领域。如研究表明,如果对受困者进行外归因,那么公正世界信念高的个体做出助人行为倾向越高。③ 受害人的无辜与否对人们公正世界信念影响也不同,如果受害者为无辜受害者,则会明显激发出人们的公正相关前意识;反之,当被试面对的是非无辜受害者,则不能够明显激发出人们与公正有关的前意识。④ 与犯罪青少年有关的实证研究表明,犯罪青少年认为自己与他人相比,受到严重的不公正待遇。⑤ 未犯罪青少年的公正世界信念显著高于犯罪青少年。⑥ 女性犯罪青少年公正世界信念可以显著预测其心理健康水平。⑦ 这些研究成为本研究的重要理论依据和起点。

---

① Butler, B. & G. Moran., "The impact of death qualification, belief in a just world, legal authoritarianism, and locus of control on venirepersons' evaluations of aggravating and mitigating circumstances in capital trials." *Behavioral Sciences & the Law*, Vol. 25, No. 1, 2007, pp. 57–68.

② Hammond, E. M., M. A. Berry, & D. N. Rodriguez., "The influence of rape myth acceptance, sexual attitudes, and belief in a just world on attributions of responsibility in a date rape scenario." *Legal & Criminological Psychology*, Vol. 16, No. 2, 2011, pp. 242–252.

③ 姬旺华、张兰鸽、寇彧:《公正世界信念对大学生助人意愿的影响:责任归因和帮助代价的作用》,《心理发展与教育》2014年第5期。

④ 景卫丽:《受害者无辜、群体类型对公正世界信念构成威胁的影响》,硕士学位论文,河南大学,2011年。

⑤ 张文新、李静雅、赵景欣:《犯罪青少年公正世界信念与情绪适应的关系》,《中国特殊教育》2012年第12期。

⑥ 殷晓菲、潘秀玮、涂有明:《青少年犯罪与公正世界信念的关系研究》,《皖西学院学报》2009年第2期。

⑦ 李静雅、徐夫真:《女青少年犯的公正世界信念与心理健康》,《山东省团校学报:青少年研究》2012年第4期。

目前国内外虽然有将公正世界信念作为个体价值判断方面的准则，却缺少将这种公正世界信念作为个体法律价值的最高表现来研究。本研究试图以此为出发点，对未成年犯的公正世界信念进行研究，揭示犯罪、法律意识及自我意识之间的关系。

疏离感是指个体在处于与他人、社会、自然和自我等各种关系中时，由于与他人、社会和自我正常健康的关系断裂所引发的各种消极情感。[1] 国外很多研究证明，疏离感和青少年的犯罪行为、问题行为有很大的相关性。[2] 社会控制论认为青少年犯罪是因为他们与社会的联结削弱了。那么探讨青少年疏离感状况，一方面，实则是对其社会联结状况的测评；另一方面，也可以间接测评未成年犯的法律意识发展状况。卢梭在《社会契约论》中对法律的分类论述到第四种法律是法律中最重要的，它是刻在人民心里的，是形成国家真正的体制。这种法律就是道德、习俗以及信仰。这些是其他法律赖以成功的基础。[3] 这段论述不仅阐明了法律的一些渊源，也从另一方面回答了个体为何会遵守与他利益相悖的法律？因为法律是人们生活在社会中根深蒂固的习俗、道德、信仰的体现。法律所代表的是主流文化的呼声，是对主流文化下所倡导的社会秩序的维护。那么青少年犯法就是对法律所代表的主流文化的反抗与逾越。

本研究对男性未成年犯公正世界信念的研究，即是关于其法律抽象价值的研究；对其疏离感的研究，即是未成年犯对社会控制的法律制度及其文化的情感依恋状态研究。那么，探究未成年犯公正世界信念、疏离感和自我意识之间的关系可揭示未成年犯罪形成的心理机制。

二 方法

1. 研究对象

从某省的未成年人管教所选取 300 名男性未成年犯；从该省的某所大

---

[1] 杨东、吴晓蓉：《疏离感研究的进展及理论构建》，《心理科学进展》2002 年第 10 卷第 1 期。

[2] Bronfenbrenner, U., "Alienation and the four worlds of childhood." *The Phi Delta Kappan*, Vol. 67, No. 6, 1986, pp. 430–436.

[3] ［法］让·雅克·卢梭：《社会契约论》，徐强译，中国社会科学出版社 2009 年版，第 86 页。

学选取 120 名男性大一学生作为对照组。两组青少年的年龄分布均在 17—21 岁之间。男性未成年犯的平均年龄为 19.71±2.19[①]；男性大一学生的平均年龄为 18.42±4.54。

2. 研究工具

(1) 青少年自我意识量表（同未成年犯亲子关系研究工具）

(2) 公正世界信念量表

采用由杜建政、祝振兵和李兴琨于 2008 年编制的大学生公正世界信念量表[②]，该量表共 19 个项目，包含三个因子：终极公正因子、内在不公正因子和内在公正因子。问卷内部一致性信度系数，总量的 α 系数为 0.808，三个因子的内部一致性系数分别为，终极公正系数为 0.783、内在不公正系数为 0.666、内在公正系数为 0.640。本次研究的总量表 Cronbach'α 系数为 0.69，终极公正因子 Cronbach'α 系数为 0.82、内在不公正因子 Cronbach'α 系数为 0.66、内在公正因子 Cronbach'α 系数为 0.61。

(3) 青少年学生疏离感量表

采用由杨东等人编制的青少年学生疏离感量表[③]，量表分为一阶因素和二阶因素。二阶因素包括三个因素，分别是社会疏离感、人际疏离感和环境疏离感，量表采用 7 点计分法，每个维度的均分大于 4，表明具有较高程度的疏离感。这九个维度又构成了量表的一阶因素。本次研究该量表的内部一致性系数 Cronbach'α 为 0.87。

3. 研究程序

对男性未成年犯的施测，由具有心理学专业知识的研究生对相关民警进行培训，然后由其担任主试，在统一指导语下进行施测；对于男性大一学生，由心理学专业研究生担任主试，统一施测。采用 SPSS19.0 对数据进行分析统计。

[①] 本研究对未成年犯年龄界定为犯罪之时，即在犯罪时年龄介于 14—18 周岁。由于现实情况，本次调研中发现一些未成年犯已满 18 周岁并未转移至成年人监狱。我们依然将之作为"未成年犯"进行研究。

[②] 戴晓阳：《常用心理评估量表手册》，人民军医出版社 2010 年版，第 318—320 页。

[③] 同上书，第 193 页。

三 结果

1. 未成年犯疏离感特点

(1) 男性未成年犯和大一男生疏离感的差异

对男性未成年犯和男性大一学生疏离感各维度进行差异比较,结果表明,在一阶因素除了自我疏离感维度差异不显著外,在其他 8 个维度上均显著高于男性大一学生;在二阶因素社会疏离感和环境疏离感维度得分均显著高于男性大一学生。再看男性未成年犯在一阶因素上除了自我疏离感、孤独感、亲人疏离感和不可控制感维度的均分小于 4 分,其他维度均大于 4 分。这表明男性未成年犯在这些维度有明显疏离感。并且在总的疏离感均分上,男性未成年犯的均分也大于 4。由此得出男性未成年犯具有明显的疏离感。相比较而言,男性大一学生各维度和总疏离感均分均小于 4 分,可见男性大一学生疏离感程度很低,详见表 2.38。

表 2.38　男性未成年犯与大一男生疏离感各维度差异($M \pm SD$, $N = 208$)

	男未成年犯	大一男生	t
无意义感	4.57 ± 1.28	3.59 ± 0.98	5.40***
自我疏离感	3.57 ± 1.49	3.57 ± 0.88	−0.06
孤独感	3.97 ± 1.20	3.61 ± 0.94	2.08*
自然疏离感	4.39 ± 1.49	3.58 ± 1.12	3.99***
亲人疏离感	3.70 ± 1.31	3.29 ± 1.12	2.15*
生活环境疏离感	4.32 ± 1.42	3.88 ± 1.07	2.30*
社会孤立感	4.53 ± 1.53	3.58 ± 0.94	5.11***
压迫拘束感	4.29 ± 1.23	3.67 ± 1.05	3.47***
不可控制感	3.84 ± 1.24	3.31 ± 1.29	2.27***
社会疏离感	102.90 ± 25.71	86.57 ± 18.88	4.41***
人际疏离感	54.09 ± 14.55	51.82 ± 14.64	0.99
环境疏离感	30.45 ± 9.34	26.01 ± 6.79	3.57***
疏离感均分	4.17 ± 0.96	3.61 ± 0.78	3.62***

注:* $p < 0.05$,*** $p < 0.001$。

(2) 不同文化程度未成年犯疏离感的差异

以未成年犯的文化程度为自变量，疏离感各个维度为因变量，进行方差分析，结果显示压迫拘束感和不可控制感维度在未成年犯的文化程度上存在显著性差异，其他维度无显著差异，详见表 2.39。

表 2.39　　　　不同文化程度未成年犯的疏离感的差异

维度	小学文化程度 $N=66$	初中文化程度 $N=176$	高中或中专文化程度 $N=36$	F
疏离感总分	205.92 ± 39.52	205.98 ± 41.02	221.66 ± 52.51	2.15
疏离感均分	3.96 ± 0.76	3.96 ± 0.78	4.26 ± 1.01	2.15
无意义感均分	4.09 ± 1.11	4.24 ± 1.18	4.59 ± 1.27	2.11
自我疏离感均分	3.48 ± 0.90	3.20 ± 0.94	3.23 ± 0.82	2.35
孤独感均分	3.70 ± 0.87	3.59 ± 1.02	3.93 ± 1.26	1.71
社会孤立感均分	4.33 ± 1.21	4.44 ± 1.16	4.76 ± 1.32	1.54
压迫拘束感均分	3.86 ± 1.22	4.10 ± 1.21	4.73 ± 1.90	5.18**
不可控制感均分	3.85 ± 1.04	3.68 ± 1.17	4.24 ± 1.47	3.37*
自然疏离感均分	4.32 ± 1.18	4.45 ± 1.32	4.88 ± 1.49	2.17
亲人疏离感均分	3.65 ± 1.32	3.42 ± 1.45	3.29 ± 1.50	0.93
生活环境疏离感均分	4.24 ± 1.34	4.45 ± 1.28	4.80 ± 1.41	2.08
社会疏离感	94.64 ± 20.06	95.99 ± 20.67	103.97 ± 24.52	2.56
人际疏离感	56.04 ± 12.78	53.58 ± 13.93	57.66 ± 18.51	1.59
环境疏离感	30.04 ± 7.24	31.20 ± 7.84	33.94 ± 9.60	2.83

注：* $p<0.05$，** $p<0.01$。

进一步做多重比较分析显示，小学文化程度的未成年犯在压迫拘束感维度得分显著低于文化程度为高中及以上的未成年犯；初中文化程度的未成年犯在压迫拘束感和不可控制感维度得分显著低于文化程度为高中及以上的未成年犯，详见表 2.40。

表 2.40　不同文化程度未成年犯的疏离感的多重比较（均值差异）

维度	压迫拘束感维度均分	不可控制感维度均分
小学—初中	-0.24	0.17
小学—高中及以上	-0.88**	-0.39
初中—高中及以上	-0.63**	-0.56*

注：*p<0.05。

（3）不同家庭结构、家庭经济状况及父母文化程度的未成年犯疏离感的差异

按照未成年犯父母婚姻状况，分为单亲（父或母亡）、单亲（离异）、非单亲三组，进行单因素方差分析。结果表明，亲人疏离感维度存在显著差异，其他维度均无显著差异，详见表2.41。

表 2.41　不同父母婚姻状况未成年犯的疏离感各维度及总分的差异

维度	单亲（亡） N=32	单亲（离异） N=38	非单亲 N=198	F
疏离感总分	201.87±48.76	218.42±43.47	207.87±41.71	1.42
疏离感均分	3.88±0.93	4.20±0.83	3.99±0.80	1.42
无意义感均分	3.96±1.44	4.42±1.22	4.26±1.14	1.32
自我疏离感均分	3.25±0.87	3.51±0.81	3.22±0.95	1.62
孤独感均分	3.75±1.12	3.87±1.01	3.62±1.02	1.05
社会孤立感均分	4.17±1.40	4.58±1.24	4.18±1.15	1.28
压迫拘束感均分	4.00±1.19	4.11±1.15	4.18±1.41	0.26
不可控制感均分	3.72±1.28	3.75±1.30	3.83±1.18	0.16
自然疏离感均分	4.17±1.40	4.65±1.48	4.55±1.27	1.38
亲人疏离感均分	3.66±1.44	4.01±1.33	3.31±1.43	4.26*
生活环境疏离感均分	4.28±1.20	4.86±1.12	4.41±1.39	2.17
社会疏离感	92.34±24.20	99.84±20.19	97.07±21.17	1.08
人际疏离感	55.87±15.99	58.31±15.33	54.00±14.05	1.51
环境疏离感	29.53±8.32	33.23±8.30	31.46±7.87	1.87

注：*p<0.05。

进一步做多重比较分析，结果显示单亲（离异）家庭的未成年犯在亲人疏离感维度得分显著高于非单亲家庭的未成年犯，详见表2.42。

表 2.42　不同父母婚姻状况未成年犯的疏离感各维度及
总分的多重比较（均值差异）

维度	亲人疏离感维度均分
单亲（亡）—单亲（离异）	-0.36
单亲（亡）—非单亲	0.34
单亲（离异）—非单亲	0.70**

注：**$p<0.01$。

将未成年犯的家庭经济状况分为非常困难、比较困难、一般、比较好四组，以家庭经济状况为自变量，疏离感各维度为因变量进行方差分析。结果表明，疏离感总分和人际疏离感维度存在显著差异，详见表 2.43。

表 2.43　不同家庭经济状况未成年犯的疏离感各维度及总分的差异

维度	非常困难 $N=16$	比较困难 $N=47$	一般 $N=192$	比较好 $N=23$	F
疏离感总分	226.87±47.05	218.38±41.94	205.78±41.01	193.30±46.73	3.14*
无意义感均分	4.49±1.19	4.43±1.21	4.23±1.13	3.93±1.48	1.16
自我疏离感均分	3.51±0.92	3.45±0.94	3.25±0.92	2.97±0.84	1.77
孤独感均分	4.00±1.19	3.95±1.03	3.59±0.96	3.45±1.29	2.55
社会孤立感均分	4.70±1.31	4.61±1.23	4.43±1.16	4.23±1.29	0.81
压迫拘束感均分	4.30±1.49	4.29±1.26	4.09±1.35	3.90±1.37	0.59
不可控制感均分	3.89±1.40	4.10±1.16	3.73±1.17	3.59±1.33	1.44
自然疏离感均分	4.33±1.34	4.70±1.27	4.47±1.31	4.29±1.45	0.65
亲人疏离感均分	4.20±1.47	3.68±1.38	3.39±1.44	3.01±1.16	2.85
生活环境疏离感均分	5.13±1.28	4.42±1.27	4.42±1.34	4.11±1.34	2.02
社会疏离感	102.11±22.59	100.78±19.88	96.09±20.80	90.30±24.51	1.71
人际疏离感	60.93±17.87	58.95±15.00	53.66±13.38	50.60±16.45	3.41*
环境疏离感	32.76±8.30	32.08±8.10	31.15±7.98	29.52±7.91	0.73

注：*$p<0.05$。

进一步做多重比较分析，结果显示疏离感总分在家庭经济非常困难和比较好、比较困难和比较好间存在显著差异；人际疏离感维度除了在非常困难和比较困难、一般与比较好间无显著差异外，其他分类上均存在显著差异，且得分随着经济的增长而降低，详见表2.44。

表2.44　不同家庭经济状况未成年犯的疏离感各维度及总分的多重比较（均值差异）

维度	疏离感总分	人际疏离感
非常困难—比较困难	0.16	1.98
非常困难——一般	0.41	7.27*
非常困难—比较好	0.65*	10.33*
比较困难——一般	0.24	5.29*
比较困难—比较好	0.48*	8.35*
一般—比较好	0.18	3.05

注：*p<0.05。

依据未成年犯父母文化程度，分为初中以下、初中、高中或中专及以上三种类型进行单因素方差分析。结果表明，不同父亲文化程度的未成年犯在亲人疏离感和人际疏离感维度存在显著差异，其他维度无显著差异；不同母亲文化程度的未成年犯在疏离感各维度上均无显著差异，详见表2.45、表2.46。

表2.45　不同父亲文化程度未成年犯的疏离感各维度及总分的差异

维度	小学 $N=117$	初中 $N=113$	高中及以上 $N=146$	F
疏离感总分	211.10±3.88	202.55±3.83	213.86±7.02	1.67
疏离感均分	4.05±0.07	3.89±0.07	4.11±0.13	1.67
无意义感均分	4.34±0.10	4.11±0.11	4.37±0.19	1.29
自我疏离感均分	3.35±0.08	3.24±0.08	3.17±0.13	0.79
孤独感均分	3.70±0.09	3.54±0.09	3.80±0.15	1.27
社会孤立感均分	4.47±0.11	4.44±0.10	4.51±0.19	0.06

续表

维度	小学 $N=117$	初中 $N=113$	高中及以上 $N=146$	F
压迫拘束感均分	4.20 ± 0.13	3.97 ± 0.11	4.31 ± 0.18	1.35
不可控制感均分	3.82 ± 0.11	3.67 ± 0.11	4.01 ± 0.16	1.38
自然疏离感均分	4.52 ± 0.12	4.31 ± 0.11	4.83 ± 0.21	2.56
亲人疏离感均分	3.59 ± 0.11	3.18 ± 0.11	3.80 ± 0.29	4.05*
生活环境疏离感均分	4.40 ± 0.12	4.46 ± 0.11	4.44 ± 0.21	0.05
社会疏离感均分	98.25 ± 1.91	94.69 ± 1.97	98.23 ± 3.38	0.94
人际疏离感均分	55.68 ± 1.36	52.25 ± 1.25	57.95 ± 2.26	3.11*
环境疏离感均分	31.31 ± 0.77	30.67 ± 0.67	32.65 ± 1.30	0.99

注：* $p<0.05$。

表2.46　不同母亲文化程度未成年犯的疏离感各维度及总分的差异比较

维度	小学 $N=141$	初中 $N=84$	高中及以上 $N=34$	F
疏离感总分	209.26 ± 40.92	204.21 ± 46.77	211.76 ± 46.51	0.50
疏离感均分	4.02 ± 0.78	3.92 ± 0.89	4.07 ± 0.89	0.50
无意义感均分	4.31 ± 1.15	4.16 ± 1.26	4.22 ± 1.31	0.41
自我疏离感均分	3.26 ± 0.95	3.23 ± 0.87	3.29 ± 0.93	0.05
孤独感均分	3.68 ± 1.02	3.52 ± 1.06	3.81 ± 1.04	1.13
社会孤立感均分	4.52 ± 1.18	4.44 ± 1.24	4.27 ± 1.30	0.56
压迫拘束感均分	4.23 ± 1.43	4.01 ± 1.33	4.17 ± 1.21	0.63
不可控制感均分	3.80 ± 1.19	3.73 ± 1.31	3.88 ± 1.10	0.19
自然疏离感均分	4.53 ± 1.27	4.40 ± 1.29	4.48 ± 1.71	0.26
亲人疏离感均分	3.43 ± 1.58	3.30 ± 1.22	3.71 ± 1.29	0.95
生活环境疏离感均分	4.39 ± 1.36	4.53 ± 1.25	4.46 ± 1.48	0.29
社会疏离感均分	97.95 ± 20.47	95.20 ± 23.70	95.79 ± 21.98	0.46
人际疏离感均分	54.81 ± 14.59	52.84 ± 14.84	57.08 ± 13.94	1.11
环境疏离感均分	31.33 ± 7.79	31.22 ± 7.87	31.32 ± 10.02	0.01

进一步做事后多重比较分析，结果显示父亲文化程度为小学和初中、初中和高中及以上在亲人疏离感维度存在显著差异，且父亲文化程度为

小学的未成年犯得分高于初中,为初中的得分低于高中及以上;在人际疏离感维度上,父亲文化程度为高中及以上的未成年犯得分低于初中,详见表2.47。

表2.47　　　不同父亲文化程度未成年犯疏离感各维度及总分的多重比较(均值差异)

维度	亲人疏离感维度	人际疏离感
小学—初中	1.64*	3.42
小学—高中及以上	-0.86	-2.27
初中—高中及以上	-2.50*	-5.70*

注：$*p<0.05$。

2. 未成年犯公正世界信念特点

(1) 未成年犯公正世界信念的人口学特征

按照未成年犯入监时的文化程度将他们分为小学、初中、高中及中专三组,进行单因素方差检验。单因素方差分析结果表明,内在不公正因子在不同学历上差异显著,详见表2.48。

表2.48　　　不同文化程度未成年犯的公正世界信念的差异

量表	小学 $N=65$	初中 $N=173$	高中及以上 $N=36$	F
终极公正因子	24.50±5.36	24.72±5.94	25.16±3.85	0.16
内在不公正因子	23.69±4.22	23.36±4.36	25.63±3.70	4.24*
内在公正因子	16.01±3.43	16.39±3.66	16.61±3.00	0.39
公正总分	58.46±6.69	59.43±8.76	57.80±6.65	0.79

注：$*p<0.05$。

进一步做事后多重比较分析,小学组和高中组、初中组和高中组差异显著,初中组得分最低,高中及中专组得分最高,详见表2.49。

表 2.49　　不同文化程度的未成年犯公正世界信念的事后多重比较（均值差异）

维度	内在不公正因子
小学—初中	0.32
小学—高中	-1.94*
初中—高中	-2.26**

注：*p<0.05，**p<0.01。

依据未成年犯家庭结构状况，分为与父母同住型、与祖父母或外祖父母同住型、其他三种类型进行单因素方差分析。结果表明，除了在内在公正因子上差异不显著，其他因子在不同家庭结构上均达到显著差异。公正总分在父母同住组得分最高，与祖父母或外祖父母同住得分最低，详见表2.50。

表 2.50　　不同家庭结构未成年犯的公正世界信念的差异

量表	与父母同住 N=192	与祖父母或外祖父母同住 N=23	其他 N=36	F
终极公正因子	25.16±5.27	20.65±5.22	25.01±6.12	7.08***
内在不公正因子	24.08±4.01	22.04±3.85	23.19±5.24	2.89*
内在公正因子	16.77±3.35	14.47±3.44	15.80±3.83	5.45**
公正总分	59.50±7.81	54.81±6.85	59.31±9.06	3.52*

注：*p<0.05，**p<0.01。

进一步做多重比较分析，结果显示与父母同住的未成年犯在各个因子和与祖父母或外祖父母同住的存在显著差异，且与父母同住的显著高于与祖父母或外祖父母同住的；其他居住形式终极公正因子显著高于与祖父母或外祖父母居住的未成年犯，其他因子无显著差异，详见表2.51。

表 2.51　不同家庭结构未成年犯的公正世界信念的多重比较（均值差异）

维度	终极公正因子	内在不公正因子	内在公正因子	公正总分
a—b	4.50***	2.04*	2.29**	4.67**
a—c	0.14	0.89	0.96	0.18
b---c	-4.63***	-1.14	-1.32	-4.48

注：a-与父母同住，b-与祖父母或外祖父母同住，c-其他；*p<0.05，**p<0.01，***p<0.001。

依据未成年犯父母文化程度，分为初中以下、初中、高中或中专及以上三种类型进行单因素方差分析。结果表明，各个因子及公正总分在父母文化程度上均无显著差异，详见表2.52、表2.53。

表 2.52　不同父亲文化程度未成年犯的公正世界信念的差异

量表	小学 $N=117$	初中 $N=23$	高中及以上 $N=46$	F
终极公正因子	25.09±5.76	24.30±5.32	24.65±6.09	0.55
内在不公正因子	23.84±4.89	23.22±3.79	24.39±4.01	1.30
内在公正因子	16.38±3.78	16.10±3.14	16.69±3.74	0.47
公正总分	59.06±8.52	58.97±7.22	58.82±9.26	0.01

表 2.53　不同母亲文化程度未成年犯的公正世界信念的差异

量表	小学 $N=141$	初中 $N=81$	高中及以上 $N=34$	F
终极公正因子	25.56±5.11	24.29±5.79	24.11±5.89	1.88
内在不公正因子	23.92±4.29	23.64±4.05	24.35±4.20	0.35
内在公正因子	16.58±3.58	16.07±3.25	16.47±3.50	0.57
公正总分	59.85	58.50±8.50	58.05±8.14	1.07

（2）未成年犯与大一男生公正世界信念的差异

将未成年犯公正世界信念各个因子及其总分与普通大一男生进行比较，发现终极公正因子和内在不公正因子均有显著性差异，且未成年犯群体在终极公正因子上得分显著低于大一男生群体,内在不公正因子得分显著高于普通大一男生,具体结果见表2.54。

表2.54　　　　未成年犯与大一男生公正世界信念的差异

量表	男性未成年犯（$N=110$）	男性大一学生（$N=98$）	t
终极公正因子	17.23±5.77	20.55±4.09	-4.42***
内在不公正因子	24.34±4.85	22.39±3.72	2.81**
内在公正因子	14.34±3.56	14.24±2.79	0.17
公正总分	56.01±8.81	57.18±6.80	-0.94

注：** $p<0.01$，*** $p<0.001$。

3. 未成年犯自我意识、疏离感和公正世界信念的关系

（1）未成年犯自我意识、疏离感和公正世界信念的相关研究

相关分析表明,未成年犯自我意识与疏离感呈显著负相关,与公正世界信念呈显著正相关,疏离感和公正世界信念呈显著负相关。具体结果见表2.55。

表2.55　　　未成年犯自我意识、疏离感和公正世界信念的相关关系

维度	公正总分	疏离感总分	自我意识总分
公正总分	1		
疏离感总分	-0.38***	1	
自我意识总分	0.15*	-0.29***	1

注：* $p<0.05$，*** $p<0.001$。

（2）未成年犯自我意识和公正世界信念关系：疏离感的中介效应分析

根据本研究数据分析结果,可知未成年犯自我意识与公正世界信念达到显著相关,且自我意识和疏离感、疏离感和公正世界信念显著相关。根据理论可知,自我意识功能的发挥可通过与他人、社会的良好关系加以衡量,作为人格核心的自我意识亦对个体的公正世界信念有关键影响。据此,我们提出假设：未成年犯自我意识和公正世界信念是以疏离感为

中介变量。假设模型见图2.6。

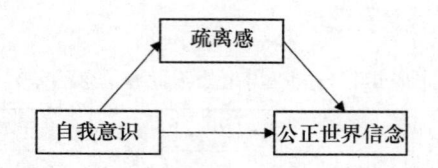

图2.6 自我意识和公正世界信念关系：疏离感的中介效应假设模型

如果自变量 x 通过某一变量 M 对因变量 y 产生影响，那么变量 M 就为中介变量。结构方程模型和方程式见图2.7。

$$Y = cX + e_1 \quad (1)$$

$$M = aX + e_2 \quad (2)$$

$$Y = c'X + bM + e_3 \quad (3)$$

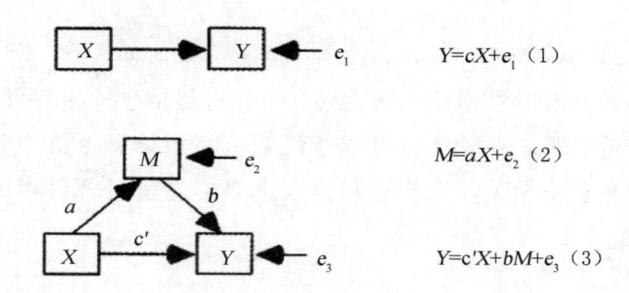

图2.7 中介变量的结构方程模型和方程式

温忠麟等人总结出一套检验中介变量的程序：首先确定自变量（x），因变量（y），中介变量（M）。按照温忠麟等人的中介效应检验程序，第一步检验自变量对因变量的作用，回归方程是 $Y = cx + e_1$；首先要检验系数 c，假如 c 不显著，说明中介效应不存在，停止检验；假如 c 显著，需要继续以下步骤；第二步检验自变量对中介变量的作用，方程是 $M = ax + e_2$；假如系数 a 显著，需要继续做第三步，即检验中介变量对因变量的作用，如果 a、b 都显著，就可以证明中介效应存在，那就继续检验 c'，如果系数 c' 显著，则中介效应显著；如果不显著，则完全中介效应显著，方程式 $y = c'x + bM + e_3$；假如 a、b 中至少有一个不显著，需要做 Sobel 检验，如果此检验显著，则中介效应显著；反之，则中介效应不显著，如图2.8 所示。

本研究以自我意识 x 为自变量，以疏离感 M 为中介变量，公正世界

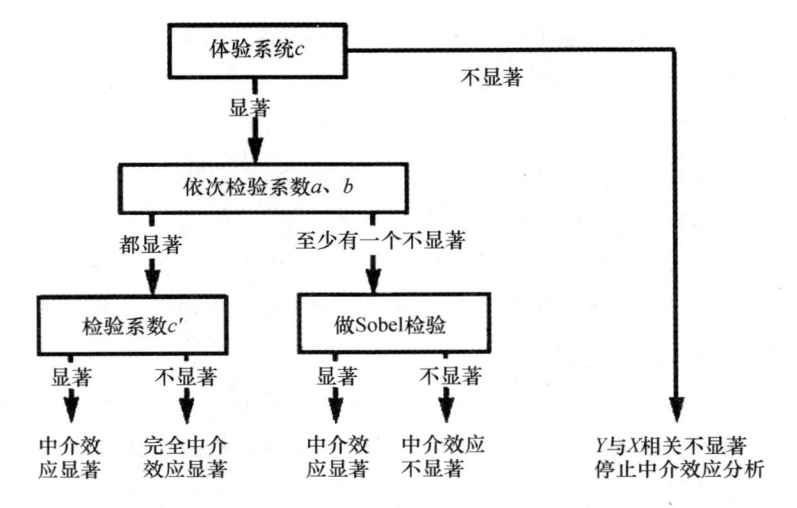

第二章 未成年犯法律意识植根于自我的定量研究

```
                    ┌─────────────┐
                    │  体验系统 c  │──────不显著──────┐
                    └─────────────┘                   │
                          │                           │
                         显著                         │
                          ↓                           │
                    ┌─────────────┐                   │
                    │依次检验系数a、b│                  │
                    └─────────────┘                   │
                     ↙         ↘                      │
                  都显著     至少有一个不显著            │
                    ↓           ↓                     │
              ┌──────────┐  ┌──────────┐              │
              │检验系数c' │  │做Sobel检验│              │
              └──────────┘  └──────────┘              │
               ↙     ↘      ↙      ↘                  ↓
             显著  不显著  显著   不显著          Y与X相关不显著
              ↓     ↓     ↓      ↓              停止中介效应分析
            中介效 完全中介 中介效  中介效应
            应显著 效应显著 应显著  不显著
```

图 2.8 检验中介变量程序流程

信念 y 为因变量进行中介效应检验,结果显示回归系数 c 显著,回归系数 a、b 显著,回归系数 c' 不显著。表明疏离感在自我意识和公正世界信念的关系中起完全中介效应,说明自变量自我意识对因变量公正世界信念完全通过中介变量疏离感起作用,详见表 2.56。

表 2.56 未成年犯疏离感在自我意识和公正世界信念关系中的中介效应

	标准化回归方程	回归系数检验
第一步	y = 0.148x	$SE = 0.020$,$t = 2.460^*$
第二步	M = −0.289x	$SE = 0.102$,$t = −5.001^{***}$
第三步	y = −0.360M 0.043x	$SE = 0.011$,$t = −6.079^{***}$ $SE = 0.020$,$t = 0.726$

注:$*p<0.05$,$***p<0.001$。

四 讨论分析

1. 未成年犯疏离感和公正世界信念的状况分析

研究结果表明,未成年犯整体疏离感程度严重,且显著高于大一男生;未成年犯终极公正因子得分显著低于大一男生,内在不公正因子得分显著高于大一男生。疏离感体现的是个体与人际、社会和生活环境的一种分离状况，以及这种分离状态带给其孤独、无助、无生存价值的消极情绪体验。未成年犯整体疏离感程度严重，一方面体现出未成年犯与他人、社会之间关系的断裂程度；另一方面反映出未成年犯对外界环境的敌意与消极性态度。他们所体验到的疏离感，表明将自己与社会对立了起来，他们既不认可外界环境的主流文化观，又无法找到属于自己的归宿。其实，他们是找不到自己的归宿的，除非个体消失在这个世界。因为疏离感意味着对抗除自己以外的所有他人，意味着对自己的孤立，也意味着将自己驱逐出了这个社会系统。

未成年犯终极公正因子得分显著低于大一男生，这反映出未成年犯对社会的不信任与消极态度，他们认为终极公正是无望的，甚至不相信终极公正的存在。内在不公正因子得分又显著高于大一男生，表明未成年犯觉得自己受到了不公正的待遇，所以在未成年犯的理念中，公正没有对他们施恩泽。公正世界信念代表着人类的一种理想信念和价值追求，人类愿意相信这个世界是公正且有秩序的，是因为这种信念能够带给他们安全的感觉和更多的利他行为。[①] 公正作为法律价值的最高追求，就是因为人类愿意相信存在一个公平正义的世界，这也是法律被遵守的缘由，因为相信法律规则是对公正的具体化，因此，即便是限制其自由的法律，也会被遵守。这样就可以理解未成年犯公正水平显著低于大一男生，一方面是其接受正统的教育不到位，法律意识培育失败所致；另一方面是未成年犯罪本身就是对法律的蔑视与践踏，那么他们对法的价值的怀疑也是可以讲得通的。

2. 未成年犯疏离感是自我意识和公正世界信念的中介变量

从未成年犯自我意识、疏离感和公正世界信念的相关分析结果可知，未成年犯自我意识与疏离感呈显著负相关，即未成年犯自我意识水平越高，其疏离感程度越低。同时，自我意识与公正世界信念呈正相关，换言之，未成年犯自我意识水平越高，其公正世界信念水平也越高。未成年犯疏离感与公正世界信念呈负相关，也就是说疏离感程度越高的未成年犯，其公正世界信念水平越低。

从中介效应检验结果得知，未成年犯自我意识是通过疏离感对公正

---

① 姬旺华、张兰鸽、寇彧：《公正世界信念对大学生助人意愿的影响：责任归因和帮助代价的作用》，《心理发展与教育》2014 年第 5 期。

世界信念起完全中介效应。未成年犯自我意识水平越高，疏离感程度就会越低，而疏离感程度的高低，可进一步预测其公正世界信念水平的高低。具体到本章的研究，通过对未成年犯疏离感的研究来确认其与社会的关系。疏离感代表着未成年犯的社会化失败，而社会化的失败就预示着对传统社会所代表的文化价值观、法律意识、法律规则的不认可。这种不认可极有可能是导致其犯罪行为的元凶。当然，本书稿实证的第一部分已证实未成年犯自我意识水平发展较低，那么据此模型我们可推出，低水平的自我意识导致其高疏离感，进一步预测了其低公正世界信念。作为法律价值的公正信念，它是通过社会的扩散而被个体认知。但社会扩散或传播的前提是个体能够融入社会中去，能够有着正常良好的社会关系，而这种正常良好的社会关系的前提是个体人格健全，具体到本研究就是自我发展良好。未成年犯不良的自我最终导致其对宏观法律意识的无能为力，故未成年犯目前的状况就是被正统社会所孤立，成为游离在社会控制网外的一个特殊群体。

五　小结

宏观法律意识包括法律文化、法律传统和法律价值。法律意识之所以具有历时性，法律精神经过犯罪活动的破坏依然岿然不倒，就是因为人类具有天然的社会性，这种社会性能够保证法律文化、法律传统和法律价值深入人心，最终赋予法律意识以生命力。这也是法律的社会控制功能得以发挥作用的一个重要基础。那么，未成年犯何以不遵守法律，何以不惧法律？这就需要去研究其社会性，研究其与社会的整体关系，透过此，可揭示法律意识在未成年犯群体中生命力消逝的原因。未成年犯法律意识植根于自我的亲子关系和社会关系的研究已证实了未成年犯自我发展不健全，那么，未成年犯自我会如何影响其法律最高价值——公正世界信念，疏离感在其中起到什么样的作用？本节研究探讨了未成年犯自我意识、社会疏离感及其法律的最高价值——公正世界信念之间的关系。研究结果显示：

（1）未成年犯社会疏离感程度高。未成年犯在无意义感、社会孤立感、压迫拘束、不可控制感维度的得分均高于4分，超出了正常标准范围。

（2）未成年犯公正世界信念与正常同龄群体存在显著差异，未成年犯认为世界终究是不公正的，自己所遭遇的事件也是不公正的。

（3）未成年犯自我意识完全通过疏离感对其公正世界信念起作用。自我意识可直接预测其公正世界信念，也可以通过疏离感预测其公正世界信念。

第四节　未成年犯的形成机制及预测模型评估

未成年犯是长期存在的一个社会问题[1]，这一问题导致青少年个体发展受阻、家庭不幸福、社会秩序遭到破坏，所以探究未成年犯形成机制及预测模型有助于增强对未成年犯的行为矫治与预防教育。主流的犯罪学理论认为，父母的监管教育在预防和管理子女的反社会行为中具有重要作用。[2] 后期相关研究也证实了父母教育方式与儿童青少年问题行为存在相关性[3]，其中父母的文化水平是预测青少年后期犯罪的一个重要因子。[4] 但鲜有研究者揭示从正常青少年到未成年犯的形成机制。本研究的目的就是通过从影响未成年犯形成的最初原因入手，一步步揭示未成年犯形成的个体、家庭、社会、价值观上的影响因素，以及这些影响因素彼此之间的交互作用，最终提出预测未成年犯的关键因素，即犯罪预测模型。这将为初级预防犯罪提供策略，为犯罪心理规律与公共政策制定实施相结合，通过定量化、专业化分析方法，实现社会治理体系和能力

---

[1] Hawkins J. D., Weis J. G., "The social development model: An integrated approach to delinquency prevention." *The Journal of Primary Prevention*, Vol. 6, No. 2, 1985, pp. 73–97.

[2] Unnever J. D., Cullen F. T., Agnew R., et al., "Why is 'Bad' Parenting Criminogenic? Implications From Rival TheoriesJ." *Youth Violence and Juvenile Justice*, Vol. 4, No. 1, 2006, pp. 3–33.

[3] Hoeve M., Dubas J. S., Eichelsheim V. I., et al., "The Relationship Between Parenting and Delinquency: A Meta-analysis." *Journal of Abnormal Child Psychology*, Vol. 37, No. 6, 2009, pp. 749–775; Walters G. D., "Mothers and Fathers, Sons and Daughters: Parental Knowledge and Quality of the Parent-Child Relationship as Predictors of Delinquency in Same-and Cross-Sex Parent-Child Dyads." *Journal of Child and Family Studies*, Vol. 28, No. 7, 2019, pp. 1850–1861.

[4] Walters G. D., Espelage D. L., "Bullying Perpetration and Subsequent Delinquency: A Regression-Based Analysis of Early Adolescent Schoolchildren." *Journal of Early Adolescence*, Vol. 39, No. 5, 2019, pp. 669–688.

的现代化提供参考。

一 文献综述

1. 未成年犯与父母教养方式、自我意识

研究表明，犯罪者的父母一般缺乏温暖、做事独裁、过于严苛以及使用不一致的教育方式，相对于普通未成年，未成年犯父母的教养方式更多地表现为惩罚和低支持性，以及父母之间的关系也欠和谐。对男性来说，父母的低支持以及他对母亲的反对程度是预测其犯罪的独立因素。[①] 家庭压力理论则认为，邻里的不利条件与犯罪结果之间的关系被父母行为，如监督所影响。[②] 更多的研究已证实，犯罪高发地带的青少年，其获得父母的支持与监督就越少。[③] 缺乏家庭情感支持、家庭教育惩罚标准不一致的青少年与家庭人际关系融洽、教育惩罚标准一致的青少年相比，在以后的生活中会有更多的犯罪行为。[④] 由此可见，家庭始终可作为犯罪形成的初始因素。

自我意识是个体对客体自我的主观意识，通常包括自我体验、自我调节和自我控制。[⑤] 自我控制则是自我意识的核心构成部分，自我意识测评工具的开发参照了自尊量表。[⑥] 到目前为止，自我意识与未成年犯的相

[①] Baldry A. C., Farrington D. P., "Bullies and Delinquents: Personal Characteristics and Parental Styles." *Journal of Community and Applied Social Psychology*, Vol. 10, No. 1, 2019, pp. 17 – 31.

[②] Conger R. D., Ge X., Elder G. H., et al., "Economic stress, coercive family process, and developmental problems of adolescents." *Child Development*, Vol. 65, No. 2, 1994, pp. 541 – 561.

[③] Furstenberg, F. F., Jr. How Families Manage Risk and Opportunity in Dangerous Neighborhoods. In W. J. Wilson (Ed.), Sociology and the public agenda. Newbury Park, CA: Sage. 1993, pp. 231 – 258.

[④] Henry D. B., Tolan P. H., Gormansmith D., et al., "Longitudinal family and peer group effects on violence and nonviolent delinquency." *Journal of Clinical Child Psychology*, Vol. 30, No. 2, 2001, pp. 172 – 186.

[⑤] Peng, K., Ames, D., & Knowles, E. D., Culture and Human Inference: Perspectives from Three Traditions. In D. Matsumoto (Ed.), The Handbook of Culture and Psychology. New York, NY: Oxford University Press, 2001, pp. 245 – 264.

[⑥] Delvecchio E., Mabilia D., Lis A., et al., "From China to Italy: Validation of the adolescent self-consciousness questionnaire." *European Journal of Developmental Psychology*, Vol. 11, No. 1, 2014, pp. 120 – 128.

关研究不多，但自我控制、自尊与未成年犯的研究颇多。赫希（1990）的一般犯罪论认为，低水平的自我控制是犯罪行为的重要原因。并且，他进一步认为，自我控制的发展取决于父母对孩子的教养方式。整体来说，如果父母不能够正确监督他们的孩子、不能认识到孩子的反社会行为以及对孩子完全放任不管，则会养育出低自我控制力的孩子。[1] 赫希认为，自我控制力水平在 8 岁左右就趋于稳定，那么父母对其形成影响的时间也是短暂的。换句话来说，父母早期的养育方式会影响到孩子自我控制力水平的高低，从而进一步影响到孩子犯罪的可能性。即孩子自控力也就是形成于父母对孩子的养育方式中，在父母与孩子的互动过程中逐渐形成的。父母的何种养育方式会造成孩子的低自我控制力呢？一项研究揭示，相较于高自制力水平的母亲，低自制力水平的母亲更有可能会采取无效的教养方式。[2] 父母对子女的教养技巧又会通过代际传递[3]，从而导致几代人之间的自我控制力水平保持在稳定的状态。那么，这对低自我控制的家庭来说，就成为一种恶性循环。不幸的是，人们在一系列反社会特征，包括低自我控制中存在社会选择配对倾向[4]，也就是低自我控制力水平的个体在对伴侣的选择上更偏好低自制力水平的个体。这也就造成了犯罪的代际传播现象。这种现象背后的原因则可能是家庭因素，比如教养方式的代际传播所造成的。[5] 除了自我控制外，研究也证明，低自尊和犯罪之间存在关系，且这种关系在男女两性上均适用。[6] 赫

---

[1] Perrone D., Sullivan C. J., Pratt T. C., et al., "Parental efficacy, self-control, and delinquency: A test of a general theory of crime on a nationally representative sample of youth." *International Journal of Offender Therapy & Comparative Criminology*, Vol. 48, No. 3, 2004, p. 298.

[2] Nofziger S., "The "Cause" of Low Self-Control The Influence of Maternal Self-Control]." *Journal of Research in Crime and Delinquency*, Vol. 45, No. 2, 2008, pp. 191–224.

[3] Chen Z., Kaplan H. B., "Intergenerational Transmission of Constructive Parenting." *Journal of Marriage and Family*, Vol. 63, No. 1, 2001, pp. 17–31.

[4] Boutwell B. B., Beaver K. M., "The Intergenerational Transmission of Low Self-control." *Journal of Research in Crime and Delinquency*, Vol. 47, No. 2, 2010, pp. 174–209.

[5] Farrington D. P., Coid J. W., Murray J., et al., "Family factors in the intergenerational transmission of offending." *Criminal Behaviour and Mental Health*, Vol. 19, No. 2, 2009, pp. 109–124.

[6] Donnellan M. B., Trzesniewski K. H., Robins R. W., et al., "Low Self-Esteem Is Related to Aggression, Antisocial Behavior, and Delinquency." *Psychological Science*, Vol. 16, No. 4, 2005, pp. 328–335.

希更是指出，低自我控制的个体往往比较冲动、自我中心主义、懒惰等，这些特质则会导致犯罪行为。一方面，低自我控制作为犯罪的个体性因素；另一方面也表明，由于低自我控制的特质，进一步会影响到个体与他人社会关系的建立。

2. 未成年犯与其他社会关系

研究已证实，在环境不佳的社区里，未成年犯率和暴力行为的发生率均很高[1]，且认为邻里结构和社会特征通过家庭和同伴将风险传递给青少年，从而邻里结构和社会特征成为预测未成年犯的重要因子。[2] 社区社会关系对青少年会产生影响，社区的不利因素通过父母教养方式等间接地与未成年犯有关。[3] 也就是说，社会关系会影响到未成年犯。赫希后期也试图从社会关系来解释未成年犯问题，他认为个体与家庭、学校以及其他重要社会机构的依恋程度可以预测其是否选择去犯罪。[4] 后期的一些研究亦通过个体与家庭、老师、同伴以及对法律和宗教的信仰来判断其社会联结状况[5]，尤其是不利的社区环境和失序的社会组织与青少年拥有的反社会伙伴数量呈正相关。[6] 相关研究验证了社会关系是犯罪行为的最

---

[1] Ludwig J., Duncan G. J., Hirschfield P. J., et al., "Urban Poverty and Juvenile Crime: Evidence from a Randomized Housing-Mobility Experiment." *Quarterly Journal of Economics*, Vol. 116, No. 2, 2001, pp. 655–679.

[2] Beyers J. M., Bates J. E., Pettit G. S., et al., "Neighborhood Structure, Parenting Processes, and the Development of Youths' Externalizing Behaviors: A Multilevel Analysis." *American Journal of Community Psychology*, Vol. 31, No. 1–2, 2003, pp. 35–53.

[3] Chung H. L., Steinberg L., "Relations Between Neighborhood Factors, Parenting Behaviors, Peer Deviance, and Delinquency Among Serious Juvenile Offenders." *Developmental Psychology*, Vol. 42, No. 2, 2006, pp. 319–331.

[4] Brown W., Jennings W. G., "A Replication and an Honor-Based Extension of Hirschi's Reconceptualization of Self-Control Theory and Crime and Analogous Behaviors." *Deviant Behavior*, Vol. 35, No. 4, 2014, pp. 297–310.

[5] Bouffard J. A., Rice S. K., "The Influence of the Social Bond on Self-control at the Moment of Decision: Testing Hirschi's Redefinition of Self-control." *American Journal of Criminal Justice*, Vol. 36, No. 2, 2011, pp. 138–157.

[6] Ge X., Brody G. H., Conger R. D., et al., "Contextual Amplification of Pubertal Transition Effects on Deviant Peer Affiliation and Externalizing Behavior among African American Children." *Developmental Psychology*, Vol. 38, No. 1, 2002, p. 42.

佳预测因素。[1] 反过来，犯罪行为则会削弱社会纽带，导致犯罪行为的持续发生。先前的行为通过社会纽带与未来的行为联系在了一起。[2] 这些研究均说明，社会关系可以预测犯罪的发生率。那么，反过来，任何可能削弱社会关系的因素，应该有助于我们更好地理解犯罪行为的发展变化。

3. 未成年犯与社会控制理论

赫希的社会控制论是当今犯罪学中引用率最高的理论之一。与早期的犯罪理论相比，社会控制论关注的是哪些因素抑制了犯罪行为的发生，而不是为什么一些人要去犯罪。社会控制论认为，社会关系发展良好的个体有更高的概率去遵循社会规范；反之，社会关系发展不佳的个体则更有可能偏离社会规范，做出违法行为。个体在社会化过程中，会有四个社会纽带：与父母或者重要他人之间的亲密关系、认可并接纳主流社会价值观、参与传统社会活动以及拥有一种公正的世界信念观。[3] 也就是说，个体与社会的四个纽带关系是密切的、良性的，那么就可顺利完成社会化过程，具备各种适应社会的能力；反之，有可能被社会边缘化，走向犯罪的道路。

在社会控制论中，家庭对个体价值观的传递以及个体与父母之间的联结对其未来是否会犯罪具有重要的影响作用。与父母的依恋、对父母传统价值观的认可和内化可有效减少青少年与犯罪同龄人的联系以及犯罪行为的发生。关于家庭对犯罪的影响，目前学术界从家庭所能够生成的社会资本，比如家庭建立的社会关系所蕴含资源的跨代传递对个体人生轨迹的影响来分析对犯罪的作用。当家庭和社区内的社会资本枯竭时，犯罪率也呈上升趋势。所以，家庭不再看成是一个静态的系统，而是通过父母，积极地引导青少年远离犯罪风险的动态社会资本系统。[4] 父母对

---

[1] Brown W., Jennings W. G., "A Replication and an Honor-Based Extension of Hirschi's Reconceptualization of Self-Control Theory and Crime and Analogous Behaviors." *Deviant Behavior*, Vol. 35, No. 4, 2014, pp. 297–310.

[2] Ford J. A., "Substance Use, the Social Bond, and Delinquency*." *Sociological Inquiry*, Vol. 75, No. 1, 2005, pp. 109–128.

[3] Booth J. A., Farrell, A., Varano, S. P., "Social Control, Serious Delinquency, and Risky Behavior: A Gendered Analysis." *Crime & Delinquency*, Vol. 54, No. 3, 2008, pp. 423–456.

[4] Wright J. P., Cullen F. T., Miller J. T., et al., "Family social capital and delinquent involvement." *Journal of Criminal Justice*, Vol. 29, No. 1, 2001, pp. 1–9.

孩子在时间和精力上的投入,以及创造和维持的情感联结,对孩子提供的亲社会行为指导,会改变青少年加入犯罪行为或犯罪团伙的可能性。在家庭投资中获益的青少年,更有可能与父母保持强烈的情感依恋、抱有亲社会信念,同样在学校中也表现良好,而这些均可削弱他们加入犯罪团伙的概率。[1] 增强个体与社会的依恋,以及让其接受传统规范并信任社会秩序具有公平性,可降低犯罪率。[2] 与对家庭依恋类似,对学校的依恋亦可降低青少年越轨行为。[3] 这是因为对学校依恋程度较低,更有可能从事问题行为或更有机会与问题青少年进行接触。[4] 个体对主流价值观的态度以及公正世界信念的获得,也是在与家庭和同伴的交互过程中逐步形成的。

二 研究假设

本研究从青少年自我因素、家庭因素、青少年与其他社会的关系、青少年对主流文化价值观的态度探讨未成年犯的形成机制,以及构建未成年犯的预测模型。研究通过父母教养方式测评工具量化家庭因素的影响力,青少年自我意识测评工具量化青少年自身因素,疏离感量化未成年犯与他人、社会的关系,公正世界信念、法律意识量化未成年犯的主流价值观发展状况。通过相关理论及文献梳理和分析,本研究推论,家庭因素可揭示未成年犯自我意识,即自我控制、自我认知、自我体验的形成机制;而自我意识、人际疏离感、社会疏离感对未成年犯公正世界信念、法律

---

[1] Farrell M., Barnes G. M., Banerjee S., et al. "Family cohesion as a buffer against the effects of problem-drinking fathers on psychological distress, deviant behavior, and heavy drinking in adolescents." *Journal of Health and Social Behavior*, Vol. 36, No. 4, 1995, pp. 377 – 385.

[2] Laundra K. H., Kiger G., Bahr S. J., et al., "A Social Development Model of Serious Delinquency: Examining Gender Differences." *The Journal of Primary Prevention*, Vol. 22, No. 4, 2002, pp. 389 – 407.

[3] Dornbusch S. M., Erickson K. G., Laird J., et al., "The Relation of Family and School Attachment to Adolescent Deviance in Diverse Groups and Communities." *Journal of Adolescent Research*, Vol. 16, No. 4, 2001, pp. 396 – 422.

[4] Jessor R., Den Bos J. V., Vanderryn J., et al., "Protective factors in adolescent problem behavior: Moderator effects and developmental change." *Developmental Psychology*, Vol. 31, No. 6, 1995, pp. 923 – 933; Hogue A., Steinberg L., "Homophily of internalized distress in adolescent peer groups." *Developmental Psychology*, Vol. 31, No. 6, 1995, pp. 897 – 906.

意识的影响具有交互作用。具体提出以下几个研究假设：

假设一：家庭因素，即家庭教养方式对未成年犯自我意识的形成具有显著预测作用，具体表现为积极的家庭教养方式对未成年犯自我意识的形成具有正向预测作用，消极家庭教养方式对未成年犯自我意识的形成具有负向预测作用。

假设二：未成年犯自我意识可显著预测其社会关系和主流价值的发展状况，即自我意识有效预测其人际疏离感、社会疏离感、公正世界信念和法律意识。

假设三：未成年犯各个形成因素之间存在交互作用，即人际疏离感和社会疏离感在未成年犯自我意识和世界公正信念及法律意识之间具有中介效应。

假设四：未成年犯形成机制中的自我因素和社会关系因素，即自我意识中的自我认知、自我体验、自我调控和疏离感的九个维度可有效区分未成年犯和非未成年犯，即这两个因素可作为未成年犯罪预测模型的主要因子。

三　研究方法

1. 研究数据来源及研究对象

本次研究数据通过分批次采集所得。第一批数据包含两个群体，其中未成年犯群体是在山东省未成年人管教所通过随机选取两个监区，最后剔除无效样本后保留有效样本403名男性罪犯青少年，平均初次犯罪年龄为 $M = 15.85$，$SD = 1.17$，调查时的年龄为 $M = 19.71$，$SD = 2.54$。样本进监狱时候的文化程度为小学的人数有134名，占总调查人数的33.3%；初中文化程度人数有228名，占总人数的56.6%；高中或中专文化程度的有41人，占总人数10.2%。第二个群体为普通高中生，从某中学随机选取270名男性高中生作为对照组，平均年龄为 $M = 18.42$，$SD = 0.54$，剔除无效问卷后保留有效数据样本256个。

第二批数据是在山东省未成年人管教所通过随机选取两个监区，最后剔除无效样本后保留300名男性罪犯青少年，平均初次犯罪年龄为 $M = 15.89$，$SD = 0.93$，调查时的年龄为 $M = 19.27$，$SD = 2.17$。进监狱时候的文化程度为小学的人数有78名，占总调查人数的26%；初中的人数有

184 名，占总人数的 61.3%；高中或中专文化程度的有 38 人，占总人数 12.7%。

第三批数据包含两个群体，其中一个群体依然是未成年犯，另一群体是与未成年犯同个年龄阶段的普通中学生。未成年犯用的是第二批施测的样本，普通中学生是在山东省某中学随机选取 5 个班级进行施测，剔除无效数据后保留 236 个样本，平均年龄为 $M = 16.11$，$SD = 1.15$。

对罪犯青少年和青少年学生进行调查均得到了相关机构（未成年人管教所和学校）及本人的知情同意。三个批次数据的收集均采用团体纸笔施测法，未成年犯由未管所具有心理测评专业知识的工作人员和心理学博士研究生于未管所大教室共同施测，并由两名狱警进行秩序的维护与管理；中学生则由班主任和心理学博士研究生于班级内进行施测。

2. 研究程序

本研究分为三个部分：第一部分调查青少年罪犯与原生家庭之间的关系，预期证明原生家庭对青少年自我意识形成的影响程度，以及通过将未成年犯与非未成年犯进行对比，预证明二者在家庭教养方式和自我意识变量水平上存在显著差异；第二部分在第一部分研究基础上，探究青少年罪犯自我意识对其社会化程度的影响，社会化主要从罪犯青少年的人际关系、对社会的认可、对主流价值观，如公正信念及法律意识方面进行量化，以及探究各变量之间的交互作用；第三部分研究内容则基于前两部分的研究，建立未成年犯的预测模型，以期对预防未成年犯提供实证支持。

3. 研究工具

父母教养方式评价量表（EMBU）：父母教养方式评价量表（EMBU）[1] 由 Carlo Perris[2] 等人编制，岳冬梅等人进行了修订。该量表是一个自评量表，通过被试对父母教养方式的回忆来进行作答。量表共 115 个条目，其中父亲教养方式分量表有六个维度：情感温暖理解，惩罚严厉，

---

[1] 戴晓阳：《常用心理评估量表手册》，人民军医出版社 2010 年版，第 167 页。

[2] Arrindell W. A., Perris C., Eisemann M., et al., "Cross-national generalizability of patterns of parental rearing behaviour: Invariance of EMBU dimensional representations of healthy subjects from Australia, Denmark, Hungary, Italy and The Netherlands." *Personality & Individual Differences*, Vol. 7, No. 1, 1986, pp. 103–112.

过分干涉，偏爱被试，拒绝否认，过度保护；母亲教养方式分量表有五个维度：情感温暖理解，惩罚严厉，过分干涉、过度保护，偏爱被试，拒绝否认。量表采用 4 点评分方法，具有良好的信效度指标。本次研究父亲总量表 Crobach α 系数为 0.93，母亲总量表 Crobach α 系数为 0.97。

青少年自我意识量表：采用由聂衍刚等人编制的《青少年自我意识量表》。[①] 该量表共 67 个项目，包含九个因素，分别为体貌自我、社交自我、品德自我、学习自我、焦虑感、满足感、自觉性、自制力和监控性。其中体貌自我、社交自我和品德自我三个因素属于自我认识方面；学习自我、焦虑感、满足感三个因素属于自我体验；自觉性、自制力和监控性三个因素属于自我控制方面。各个因素的得分为所包含的项目得分直接相加，得分高的表明该因素评价好，总分得分高表明个体自我意识水平高。总量表的 Crobach α 系数为 0.92，各分量表的 Crobach α 系数在 0.64 至 0.84 之间；总量表的分半信度为 0.90，各分量表的分半信度在 0.64 至 0.81 之间。总量表的稳定性系数为 0.79，各分量表的重测信度在 0.58 至 0.79 之间，这表明该量表具有良好的信度。验证性因素分析结果表明，二阶九因子模型的 CFA 拟合指数为 $\chi^2 = 3784.5$，df = 2108，$\chi^2/df = 1.79$，NFI = 0.92，CFI = 0.92，RMSEA = 0.053，这表明数据与模型的拟合程度良好，该量表具有良好的结构效度。本次研究未成年犯样本的 Crobach α 系数为 0.86，非未成年犯样本数据的 Crobach α 系数为 0.94。

青少年疏离感量表：采用由杨东等人编制的青少年学生疏离感量表[②]，量表以 Jessor&Jessor S[③] 的疏离感量表作为效标，结果显示相关程度在中等以上，相关系数达显著水平。量表分为一阶因素和二阶因素。二阶因素包括三个因素，分别是社会疏离感、人际疏离感和环境疏离感，量表采用 7 点计分法，每个维度的均分大于 4，表明具有较高程度的疏离

[①] Delvecchio E., Mabilia D., Lis A., et al., "From China to Italy: Validation of the adolescent self-consciousness questionnaireJ." *European Journal of Developmental Psychology*, Vol. 11, No. 1, 2014, pp. 120 – 128；聂衍刚、张卫、彭以松等：《青少年自我意识的功能结构及测评的研究》，《心理科学》2007 年第 30 卷第 2 期。

[②] 戴晓阳：《常用心理评估量表手册》，人民军医出版社 2010 年版，第 193 页。

[③] Jessor R., Jessor S. L., "Problem behavior and psychosocial development: a longitudinal study of youth." *New York New York Academic Press*, Vol. 7, No. 6, 1977, pp. 948 – 949.

感。这九个维度又构成了量表的一阶因素。本次研究该总量表的内部一致性系数（Cronbach'α）未成年犯的为 0.91，学生为 0.96。

公正世界信念量表：采用由杜建政、祝振兵和李兴琨于 2008 年编制的大学生公正世界信念量表[1]，该量表共 19 个项目，包含三个因子，分别是：终极公正因子、内在不公正因子和内在公正因子。问卷内部一致性信度系数，总量的 Crobach α 系数为 0.81，三个因子的内部一致性系数分别为，终极公正系数为 0.78、内在不公正系数为 0.67、内在公正系数为 0.64。验证性因素分析各项拟合指数 $\chi^2 = 292.661$，df = 149，$\chi^2/df = 1.964$，GFI = 0.906，RMR = 0.054，RMSEA = 0.058，IFI = 0.863，TLI = 0.839。本次研究的总量表 Cronbach'α 系数为 0.69，终极公正因子为 0.82、内在不公正因子为 0.66、内在公正因子为 0.61。

法律意识测评量表：法律意识问卷包含 18 个项目的，[2] 每个项目因子载荷值均大于 0.4，内容涉及对法律的认知、评价、情感和法律价值判断。总量表的 Cronbach α 一致性系数为 0.70；6 个月后重测信度 Cronbach α 值为 0.72，表明量表信度较好；量表的 χ^2/df 的值为 1.46，RMSEA 的值为 0.04，GFI 的值为 0.92，CFI 的值为 0.90，AGFI 的值为 0.89，IFI 的值为 0.90。

四 研究结果

1. 教养方式对自我意识的预测回归分析

从表 2.57 可得，在回归模型中，对"自我认知"校标变量有显著影响的预测变量为"父亲情感温暖理解"，父母教养方式对自我认知的解释率达 14.8%；对"自我体验"校标变量有显著影响的预测变量为"父亲情感温暖理解""父亲严厉惩罚""母亲情感温暖"，其中"父亲严厉惩罚"为负向影响，父母教养方式对自我体验的解释率达 21.2%；对"自我调控"校标变量有显著影响的预测变量为"母亲拒绝否认"，且为负向预测，父母教养方式对自我调控的解释率达 20.6%；对"自我意识"校标变量有显著影响的预测变量为"父亲情感温暖理解""母亲拒绝否认"，父母教养方式对自我意识解释率为 23.3%。

---

[1] 戴晓阳：《常用心理评估量表手册》，人民军医出版社 2010 年版，第 318—320 页。
[2] 徐淑慧：《法律意识植根于自我的教育研究》，博士学位论文，鲁东大学，2016 年。

表 2.57　未成年犯父母教养方式各维度对自我意识各维度的复回归分析摘要表

预测变量	方程1（自我认知）β	t	方程2（自我体验）β	t	方程3（自我调控）β	t	自我意识 β	t
父情感温暖理解	0.294	2.798**	0.258	2.553*	0.121	1.193	0.251	2.520*
父严厉惩罚	0.005	0.05	−0.233	−2.490*	−0.093	−0.997	−0.131	−1.421
父过分干涉	−0.103	−0.991	0.027	0.271	0.147	1.461	0.039	0.398
父偏爱被试	−0.152	−1.394	−0.023	−0.216	−0.082	−0.778	−0.104	−0.990
父拒绝否认	0.023	0.208	0.111	1.014	−0.020	−0.189	0.054	0.497
父过度保护	0.002	0.018	−0.027	−0.262	0.032	0.315	−0.001	−0.010
母情感温暖	0.099	0.682	0.338	2.414*	0.246	1.745	0.261	1.877
母拒绝否认	−0.239	−1.706	−0.128	−0.902	−0.443	−3.278***	−0.358	−2.550*
母惩罚严厉	−0.020	−0.149	−0.023	−0.180	0.103	0.801	0.037	0.292
母偏爱被试	0.035	0.286	−0.056	−0.470	−0.070	−0.602	−0.038	−0.323
母过度保护	0.165	1.082	−0.085	−0.575	0.026	0.174	0.055	0.371
回归模型摘要 F	3.496***		5.414***		5.207***		6.053***	
R^2	0.148		0.212		0.206		0.233	

注：*$p<0.05$，**$p<0.01$，***$p<0.001$。

2. 未成年犯与普通学生在自我意识和家庭教养方式各维度的差异检验

将未成年犯自我意识各个因子及其总分与普通学生进行比较，发现除了体貌自我、自觉性和自制力三个因子外，其他因子均有显著性差异。且未成年犯群体的自我意识各个因子得分及总分均显著低于普通学生。具体结果见表2.58。

表 2.58　未成年犯自我意识各因子与普通学生的比较（M±SD）

自我意识因子	未成年犯	普通学生	t
体貌自我	19.22±3.12	19.44±3.43	−0.56
社交自我	24.59±4.77	28.41±4.90	−6.56***
品德自我	16.91±4.47	18.31±4.14	−2.63**

续表

自我意识因子	未成年犯	普通学生	t
学习自我	28.99 ± 5.88	33.05 ± 6.72	-5.54***
焦虑感	13.59 ± 3.23	14.98 ± 4.33	-2.83**
满意感	19.53 ± 3.53	21.35 ± 4.69	-3.39***
自觉性	28.38 ± 5.51	29.03 ± 6.49	-0.95
自制力	32.50 ± 6.23	32.66 ± 6.61	-0.28
监控性	29.63 ± 4.82	34.00 ± 6.44	-5.85***
自我认识	60.82 ± 9.23	66.29 ± 9.54	-4.84***
自我体验	62.09 ± 8.77	69.48 ± 12.42	-5.15***
自我控制	90.54 ± 11.75	95.96 ± 14.43	-3.16**
自我意识总分	213.60 ± 25.16	232.08 ± 31.93	-5.55***

注：** $p<0.01$，*** $p<0.001$。

对未成年犯和普通学生父亲教养方式的情感温暖理解、惩罚严厉、过分干涉、偏爱被试、拒绝否认和过度保护六个维度进行独立样本 t 检验，结果显示在因子情感温暖理解上，普通学生得分高于未成年犯，且差异显著；在因子惩罚严厉、过分干涉和拒绝否认上，未成年犯得分高于普通学生，且差异显著；在因子偏爱被试和过度保护上差异不显著（详见表2.59）。

表2.59　未成年犯与普通学生家庭教养方式（父）各维度
差异比较（M±SD）

	情感温暖理解	惩罚严厉	过分干涉	偏爱被试	拒绝否认	过度保护
犯罪青少年	46.83 ± 11.31	25.12 ± 9.14	23.76 ± 5.04	10.68 ± 3.53	12.40 ± 4.79	13.52 ± 3.42
普通学生	53.68 ± 11.46	19.18 ± 6.98	21.41 ± 5.66	19.18 ± 6.98	10.14 ± 4.03	13.94 ± 3.67
t	-3.67***	4.39***	2.76**	1.76	3.31***	-0.77

注：** $p<0.01$，*** $p<0.001$。

对未成年犯和普通学生母亲教养方式的情感温暖理解、过度保护过度干涉、拒绝否认、惩罚严厉和偏爱被试五个维度进行独立样本 t 检验，结果显示在因子情感温暖理解维度上，普通学生得分高于未成年犯，且差异显著；在因子惩罚严厉维度上，未成年犯得分高于普通学生，且差异显著。因子过度保护过度干涉、因子拒绝否认和因子偏爱被试上无显著差异（详见表2.60）。

表2.60　未成年犯与普通学生家庭教养方式（母）各维度差异比较（M±SD）

变量	情感温暖理解	过度保护干涉	拒绝否认	惩罚严厉	偏爱被试
未成年犯	49.12±12.04	39.11±8.30	15.82±5.42	16.13±6.42	10.72±3.49
普通学生	55.52±11.58	37.73±8.83	14.52±5.46	12.95±4.66	9.19±5.77
t	-2.98**	0.96	1.54	3.53**	1.88

注：** $p<0.01$。

3. 自我意识、社会疏离、公正世界信念、法律意识的逐步多元回归分析

根据相关理论及假设，以自我意识各维度为自变量、疏离感为因变量做逐步多元回归；以自我意识各维度、疏离感各维度为自变量，公正世界信念为因变量做逐步多元回归；以自我意识各维度、疏离感各维度、公正世界信念为自变量，法律意识为因变量做逐步多元回归。具体表现为表2.61的三个方程。由方程1可知，自我意识三个维度进入回归方程模型中的只有自我体验，判定系数为0.084，故可有效负向解释"疏离感"8.4%的变异量；由方程2可知，进入回归模型中的预测变量有三个，根据β值及判定系数可知，三个维度可有效负向解释"公正世界信念"16.403%；由方程3可知，进入回归模型中的预测变量有四个，其中"孤独感""自然疏离感"β系数为负，故对"法律意识"的影响为负，"公正世界信念""自我控制"指标的β系数为正，故为正向影响，根据判定系数可得，四个预测变量对"法律意识"的解释率达18.8%。

表 2.61　未成年犯自我意识各维度、公正世界信念、疏离感各维度、法律意识的逐步多元回归分析摘要表

预测变量		方程1 （疏离感）		方程2 （公正世界信念）		方程3 （法律意识）	
		β	t	β	t	β	t
自我体验		−0.290	−5.019***				
孤独感				−0.167	−2.184*	−0.174	−2.618**
无意义感				−0.184	−2.711**		
自我疏离感				−0.151	−2.319*		
自然疏离感						−0.172	−2.797**
公正信念						0.146	2.800*
自我控制						0.146	2.500*
回归模型 摘要	F	25.187***		16.403***		15.182***	
	R^2	0.084		0.156		0.188	

注：* $p<0.05$，** $p<0.01$，*** $p<0.001$。

表2.62包含三个复回归分析模型：第一个复回归分析模型以自我意识为自变量，总疏离感为因变量；第二个复回归模型以自我意识、疏离感为自变量，以公正世界信念为因变量；第三个复回归分析模型以自我意识、疏离感和公正世界信念为自变量，以法律意识为因变量。采取强迫进入法进行分析，结果见表2.62。

表 2.62　　　　三个复回归分析结果摘要表

预测变量		方程1 （疏离感）		方程2 （公正世界信念）		方程3 （法律意识）	
		β	t	β	t	β	t
自我意识		−0.289	−5.001***	0.043	0.726	0.144	2.459*
疏离感				−0.360	−6.079***	−0.249	−3.966***
公正世界信念						0.163	2.681**
回归模型 摘要	F	25.013***		21.923***		17.716***	
	R^2	0.084		0.141		0.158	

注：* $p<0.05$，** $p<0.01$，*** $p<0.001$。

为更直观地观察变量之面的因果关系，绘制因果模型图，并将上述路径分析的路径系数及相关统计量填入理论模型图中，如图2.9所示。

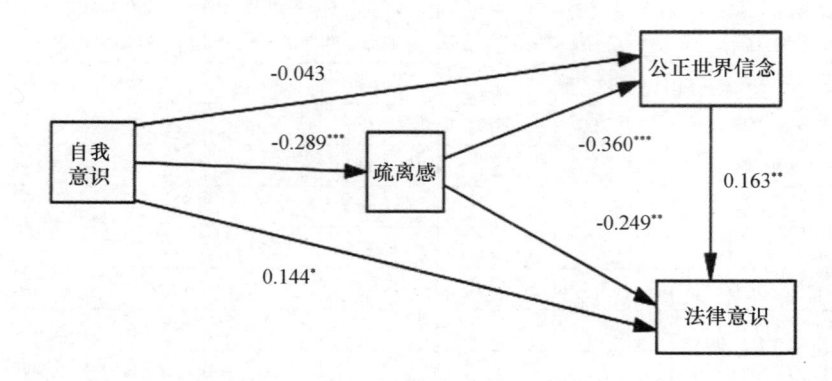

图2.9 自我意识、疏离感、公正世界信念及法律意识路径分析

注：*p<0.05，**p<0.01，***p<0.001。

依据变量间标准化回归系数可以得知各外因变量对内因变量的直接效果值："自我意识"对"公正世界信念""法律意识"和"疏离感"三个内因变量的标准化直接效果值分别为0.043、0.144、-0.289；"疏离感"对"公正世界信念"和"法律意识"两个内因变量的直接效果值分别为-0.360、-0.249；"公正世界信念"对"法律意识"内因变量的直接效果值为0.163。路径分析模型中的五条路径系数的显著性检验达0.05的显著水平。

间接效果情况："自我意识"对"公正世界信念"变量的间接效果值等于（-0.289）×（-0.36）=0.104；"自我意识"对"法律意识"变量的间接效果值等于（-0.289）×（-0.249）=0.072；"疏离感"对"法律意识"变量的间接效果值等于（-0.36）×0.163=-0.059。根据基本原则：直接效果＞间接效果，表示中介变量不发挥作用；直接效果＜间接效果，表示中介变量具有影响力。因此，疏离感并不是自我意识影响公正世界信念和法律意识的关键因素；公正世界信念对疏离感与法律意识具有中介效应，所以，公正世界信念是疏离感影响法律意识的关键因素。

4. 两组被试的逻辑斯分析模型

从表2.63可知，投入模型中的自我意识三个维度自我认知、自我体验和自我控制与青少年疏离感的九个维度无意义感、自我疏离感、孤独感、自然疏离感、亲人疏离感、生活环境疏离感、社会孤立感、压迫疏离感、不可控制感共 12 个自变量对未成年犯和普通学生组别预测的回归模型的整体模型显著性检验的 $\chi^2 = 196.407$（$p = 0.000 < 0.001$），达到 0.001 显著水平；而 Hosmer-Lemeshow 检验值 = 6.636（$p > 0.05$）未达显著水平，表示自我意识和疏离感 12 个自变量所建立的回归模型适配度非常理想。从关联强度系数而言，Cox-Snell $R^2 = 0.327$，Nagelkerke $R^2 = 0.438$，表示自变量与因变量之间的呈中等强度的关联，12 个自变量可以解释未成年犯变量总变异的 32.7%、43.8%。

再从个别参数的显著性指标来看，自我体验、自我疏离感、孤独感、自然疏离感四个自变量的 Wals 值分别为 40.207、25.448、8.867、7.597，均达 0.05 显著水平，表示这四个自变量与未成年犯与否组别间有显著关联，这四个变量可以有效预测与解释未成年犯和普通学生组别。

表2.63　整体模型的适配度检验及个别参数显著性的检验摘要

投入的变量名称	B	S.E.	Wals 值	Df	关联强度
自我认知	-0.119	0.108	1.231	1	Cox-Snell $R^2 = 0.327$
自我体验	-0.793	0.125	40.207***	1	Nagelkerke $R^2 = 0.438$
自我控制	0.217	0.119	3.318	1	
无意义感	0.023	0.185	0.016	1	
自我疏离感	-0.723	0.143	25.448***	1	
孤独感	-0.529	0.178	8.867**	1	
自然疏离感	0.363	0.132	7.597**	1	
亲人疏离感	0.030	0.105	0.079	1	
生活环境疏离感	-0.148	0.116	2.433	1	
社会孤立感	0.314	0.167	3.543	1	
压迫疏离感	-0.070	0.132	0.284	1	
不可控制感	0.148	0.144	1.061	1	
常量	9.223	1.402	43.265	1	
整体模型适配度检验	卡方 = 196.407*** Hosmer-Lemeshow 检验值 = 6.636 n.s.				

注：** $p < 0.01$，*** $p < 0.001$，n.s. $p > 0.05$。

从表2.64预测分类正确率交叉表来看,原来220名普通学生的观测值根据逻辑斯回归模型进行分类预测,有146名被归类为普通学生(分类正确)、74名被归类为未成年犯(归类错误);原先275名未成年犯的观测值根据逻辑斯回归模型进行分类预测,有233名被归类为未成年犯组(分类正确)、42名被归类为普通学生组(分类错误)。整体分类正确的百分比为(146+233)÷495=76.5%。

表2.64　　　　　　　　预测分类正确率交叉

群体类型		预测值		正确百分比
		普通学生	未成年犯	
实际值	普通学生	146	74	66.4
	未成年犯	42	233	84.7
总预测正确率				76.5

五　讨论分析

在父母教养方式中,父亲的情感温暖与理解能够显著正向预测未成年犯的自我认知,解释率达14.8%,即父亲情感温暖与理解是未成年犯自我认知形成的关键因素。究其缘由,可能是本研究未成年犯的样本全部为男性,故对同为男性的父亲有着更高的认同性。父亲的情感温暖理解和母亲的情感温暖理解均可显著正向预测未成年犯的自我体验,父亲的严厉惩罚显著负向预测未成年犯的自我体验。自我体验属于情感体验,故父母的情感支持对其有着显著积极影响,父亲的严厉惩罚对自我体验则有着负面影响,这一点也是可以用性别差异来解释。关于自我调控,则仅有母亲的拒绝否认对未成年犯有着显著的负向预测作用。前面的文献综述中提及,自我控制形成于儿童早期,在早期的亲子关系中,母亲的位置非常重要,不管是从相处时间方面还是实际情况中,母亲均作为主要的养育者,故母亲的拒绝否认会显著预测其自我调控力。整体来说,父亲的情感温暖理解和母亲的拒绝否认可显著预测未成年犯自我意识水平。从侧面反映出了未成年犯对父母情感支持与接纳理解的渴求。

通过与非未成年犯进行独立样本t检验,结果显示:未成年犯自我意识大多维度显著低于普通学生。这一结果一定程度上可揭示未成年犯的自身因素，即自我意识发展不良，成为其犯罪的关键个体因素。进一步比较两个群体的父母教养方式，结果显示未成年犯父母较普通学生父母，教养方式更缺乏情感支持、更为严厉、有着过多的拒绝否认。上述研究结果表明，父母教养方式可显著预测未成年犯自我意识发展水平。两个群体的自我意识与父母教养方式的显著差异更是进一步验证了家庭因素对未成年犯的影响作用。假设一得证。

本研究通过测量未成年犯疏离感来评价其与他人、社会的关系，并用公正世界信念和法律意识评价其主流价值观。结果显示，自我体验对疏离感有着显著的负向预测作用，疏离感中的孤独感、无意义感和自我疏离感对公正世界信念具有显著负向预测作用；自我控制、公正世界信念及疏离感中的若干维度对未成年犯法律意识具有显著预测作用。也就是在研究一的基础上，得出未成年犯的自我意识中的自我体验对其人际和社会关系具有预测作用；自我意识和疏离感对公正世界信念具有预测作用；最后自我意识、疏离感和公正世界信念共同对其法律意识具有预测作用。通过路径分析图可进一步观察到自我意识、疏离感、公正世界信念与法律意识之间的交互作用。至此，假设二、假设三得证。简言之，也就是未成年犯的形成是在家庭、社会、文化价值观综合作用下，导致其法律意识低下，最后违背刑法成了一名罪犯。在整个过程中，家庭具有基础性的影响作用，由于父母不良的教养方式导致其自我意识水平发展低下，低自我意识又影响到其与他人、社会的关系，在与他人和社会的互动过程中，对主流价值观不予认可与接纳，最终触犯主流价值文化的代表——法律，成为一名未成年犯。

最后的一个研究则基于前面的研究，利用自我意识三个维度和疏离感九个维度建立一个区分未成年犯与普通学生的预测模型，模型的分类正确率可达76.5%，表明模型具有较强的区分能力。这也进一步证实了自我意识与疏离感可作为预测未成年犯的关键个体因素和社会因素。通过对自我意识的形成和疏离感的影响因子分析，可揭示未成年犯形成的内部机制。假设四得证。

在解释本研究的结果时，有几点需要注意。第一个问题是，各个变量是基于未成年犯和非未成年犯的自我报告，一定程度上影响了数据的客观性。那么，对这一问题的解决，后期可采用其他渠道的信息来源，比如对青少年父母和朋友的测评收集数据，还可以从邻居或社区人员的观察取得相关数据，从而保证数据来源的多样化，然后再从整体上进行相互印证，便可确保数据的客观性和准确性。

第二个问题是，由于国内女性未成年犯总体样本人数少，且是关押在女子监狱内不方便进行统一收集数据，所以，本研究未成年犯的样本全部为男性。那么对未成年犯形成机制的探究以及最后建立的预测模型是否适合于女性未成年犯？也就是说，否存在性别差异。后期可增加女性样本，对之进行检测。

第三个问题是，本次研究的数据依然是横断数据，故不能进行时间序列检验。比如目前测量青少年父母教养方式，基于理论认为父母教养方式比较稳定或者是随着教养方式的改变会导致对等关系发生变化。[1] 但事实上，我们基于家庭对青少年自我意识形成的影响也有可能是其他社会关系共同作用下的结果。因此，未来研究对纵向数据的收集依然很有必要。

六 结论

尽管本研究存在局限性，但研究结果整合了个人、家庭和社会文化因素阐释了犯罪的形成机制，并对之前的犯罪学理论予以验证。研究结果证实了未成年犯形成的根源在于家庭教育不良所导致的人格方面的缺陷，即自我意识发展低下。自我意识发展低下又持续影响了青少年的人际关系、社会关系，进而间接导致青少年对主流文化价值观的拒斥，即法律意识水平低下，从而最后导致触犯刑法，走向犯罪的道路。最终本研究基于前面的研究提出了未成年犯的预测模型，即可通过自我意识发展水平和疏离感来判断其犯罪倾向性。这对预防未成年犯罪具有重要的教育意义，即通过促使个体形成良好的自我意识，帮助个体建立良好的人际关系，可有效预防未成年犯罪。

---

[1] Patterson G. R., Dishion T. J., Yoerger K., et al., "Adolescent Growth in New Forms of Problem Behavior: Macro-and Micro-Peer Dynamics." *Prevention Science*, Vol. 1, No. 1, 2000, pp. 3-13.

第 三 章

未成年犯法律意识植根于自我的质性个案研究

第一节 引言

前面的量化研究得出：未成年犯的自我意识水平和法律意识水平都显著低于同龄的正常青少年群体，且自我和法律意识之间要通过依恋关系、社会支持的部分或完全的中介起作用。为充实定量研究结果，本章试图通过质性的个案访谈法，进一步厘清未成年犯自我和法律意识的特征。

自身心理学认为，儿童在与自身对象的交互作用中，逐渐形成了其自我。在这一过程中，若父母能够及时、适度地满足其心理需求，儿童对父母的那种理想化品质的表征就会慢慢地渗透其自我的形成过程中，最后成为其自我的一个组成部分，促使其自我发展出控制力及调节能力；并且，在这种亲子互动过程中，不仅需要父母充当那种理想化的自身——对象，还要满足儿童的好表现性，满足其反映性需求。如果这种理想化需求和反映性需求皆得到适度满足，那么儿童会形成稳定的心理结构，其自我也具备了应有的调节和控制功能。反之，儿童将会形成软弱的自我，在之后的生活中，无法形成自尊，或将极度依赖他人提供支持才可以确信生活的有意义性。因此，造成这种软弱自我的根源是其父母人格的不健全。

广义的自身心理学认为，个体核心自我的形成源于其反映性需求和理想化需求的满足，比如父母在语言及行动上的赞赏和认可都会内化为个体的自尊,从而形成志向。之后,个体不再依赖他人的赞誉来确信自己的存在,而是通过现实活动来提高其自尊。对父母的理想化需求的满足,可促使个体将理想化自身对象的优秀品质和价值观转化为自己人格的一部分,从而不再依赖他人维持心理平衡。在欣赏他人优秀品质,分享其理想和价值观的同时,能清醒地认识到这是独立于自己存在的个体,不再幻想试图去支配对方。这是自我发展的最理想状态。反之,个体将陷入心理结构脆弱的状态,即无法将理想价值观内化为自我的一部分,也无法脱离他人而独立存在,从而处于一种自我弥散的状态,表现为自我控制力低、没有动力去追寻自我存在的意义、无法与他人和社会建立一种真正的亲密关系。

自身心理学认为,个体在一生中都有他—我自身对象的需求,而充当他—我自身对象的可能是父母,也可以是恋人、朋友或夫(妻)。如果在早期的人格成长阶段未能建立良好的心理结构,未形成健全的自我,那么在之后的人生阶段,亦有机会进行弥补。如果自身的三个成分志向、理想、才能和技巧有两个得到发展,自我就会有相对健全的机能。

对未成年犯的研究中,我们假设其自我的反映性需求和理想化需求全部或部分未得到充分的发展,从而造成其自我的功能相对不健全。这种相对不健全的自我,又进一步影响其与他人建立关系。首先,对父母理想化需求的不满足,直接导致其无法内化父母的价值观,即无法很好地将社会主流文化价值观通过父母这一媒介传递给他们,而这也是造成其法律意识淡薄的原因之一;其次,由于其相对不健全的自我,造成了其探索外界环境动力源的缺乏,也无法树立长远的目标和理想,不去或者无力权衡犯罪的后果,最终导致其走向违法犯罪。

赫希(Hirschi)认为,个性与犯罪倾向密切相关,且提出一个人犯罪的主要原因是其低自我控制力,这种低自我控制力是一种追求及时享乐而忽略行为后果的犯罪行为的本质。[1]

中国台湾学者庄耀嘉提出,幼年时个性具有求乐冲动性的儿童偏向于表现出较多的攻击性行为,而这部分儿童在长大后也更容易走向犯

---

[1] Hirschi, T., "Self-control and crime". In Baumeister, Roy F. (Ed.). *Handbook of Self-Regulation: Research, Theory, and Applications*, New York: Guilford Press, 2004, pp. 537–552.

罪道路。庄耀嘉进一步指出，具有求乐冲动特质的个体由于缺乏远虑、对欲望的满足不具有延迟能力，所以在面对犯罪的诱惑时更易于选择违法犯罪；另外，具有求乐冲动性的个体更倾向参与不当的行为活动，比如酗酒、吸毒、飙车、性行为等。这种对未来不愿或者没能力计划的及时享乐倾向也会促使他们对学校的学习活动缺乏兴趣与动力，从而不能很好地接受正当的教育，最终造成他们在步入社会的时候无法胜任一份适当的工作。在个体的发展过程中，这些由于享乐冲动性而带来的一系列负面影响，以及社会的排斥，使得他们人格的修复成为不可能，最终导致其走向犯罪道路。① 这些理论强调了低自我控制最终导致犯罪行为的必然性，但缺乏一种理论来证实这种低自我控制或求乐冲动性的起源。

瓦特等人研究表明，犯罪行为具有持续性的儿童，在多项冲动性指标的得分显著高于犯罪行为非持续组及正常组。研究进一步发现，10岁儿童的行为冲动性可以预测其在12—13岁时的犯罪行为的恶化趋势。② 纵向研究表明，儿童犯罪行为具有持续性，求乐冲动性成为犯罪行为发展的关键性个性因素，且求乐冲动性横跨一年的稳定系数达0.57，且只受到"刺激寻求""严谨性""之前的犯罪行为程度"和"父母离婚"等四项因素的微略影响；求乐性冲动性是唯一可显著预测儿童从五年级到六年级犯罪行为变化的性格倾向，并导致部分儿童犯罪行为具有延续性；且研究发现儿童的个性会影响父母的教养方式。③ 一项纵向研究调研了6岁到8岁儿童的冲动性、冒险性及低计划性，结果显示多数儿童的这些特质具有稳定性，只有少数具有可变性。研究进一步表明，家庭功能与家庭结构对儿童的自我控制和问题行为仅具有轻微影响，造成8岁儿童的问题行为的主要直接因素是其8岁的自我控制，间接因素为其6岁的自

---

① 庄耀嘉：《犯罪的心理成因：自我控制或社会控制》，台湾《国科会研究汇刊：人文及社会科学》1996年第6期。
② White, J. L., T. E. Moffitt, A. Caspi, et al., "Measuring impulsivity and examining its relationship to delinquency." *Journal of Abnormal Psychology*, Vol. 103, No. 2, 1994, pp. 192–205.
③ 庄耀嘉：《冲动性、管控功能、特质与家庭因素在儿童至少年阶段犯行发展的角色：自我控制论的验证》，《犯罪与刑事司法研究》2009年第12期。

我控制。① 这些实证研究表明了低自我控制者具备了冲动、感觉迟钝、寻求刺激、目光短浅以及语言表达能力差等特征，所以他们倾向于步入犯罪道路。② 更多的实证研究不仅对该理论进行了验证，还证实了自我控制的稳定性，最后使得这种特质是否为先天因素，如遗传或神经系统决定，成为一种可能的解释。固然，神经生理学有证据表明，大脑的前额叶是个体自制力的生理基础，前额叶的管控区域又大致可分为涉及认知性管控功能的区域和涉及情绪与动机的管控功能的区域。③ 但是目前并没有实证研究表明6岁之前到6岁，个体的自我控制能力处于稳定状态。

自身心理学认为，只有少量的志向在婴儿早期形成，而大部分志向和理想则是在童年早期（4—6岁）形成。④ 这说明，在这段时期内，个体的自我还处于建立阶段。自身心理学进一步认为，他—我自身对象的需求是个体人格发展各个阶段都需要的，这种需求会存在于个体的各种人际关系当中。这一点为我们修复或者重组自我提供了理论依据。具体到本研究，就是个体的同伴关系、恋人关系或者夫妻关系，都可为未成年犯自我的修复提供一种路径。

本研究通过个案访谈，进一步论述亲子关系对未成年犯自我形成的影响作用，以及同伴关系对其自我的影响。同时探究了在自我形成过程中，未成年犯对社会价值观的内化程度，也就是进一步了解未成年犯法律意识在自我形成中的发展状态，以及未成年犯自我对其社会关系的影响，从而期望推论出未成年犯的社会关系发展状况对社会文化、法律以及整个社会制度的认可状况的影响，进一步为本研究的主题——法律意识植根于自我提供质性研究支持。

---

① 周愫娴、温淑盈：《家庭结构、家庭功能、自我控制与儿童问题行为之纵贯性研究》，《犯罪与刑事司法研究》2004年第9卷第3期。

② Gottfredson, M. R., Hirschi, T., *A General Theory of Crime*, Stanford University Press, 1990.

③ Goswami, U., *Handbook of Childhood Cognitive Development*, Oxford: Blackwell Publishers, 2011, pp. 574–603; Kohut, H., *The Restoration of the Self*, New York: International Universities Press, 2009, p. 179.

④ John, M., *Doing Counselling Research* (*Second Edition*), London: The Cromwell Press Ltd, 2003, pp. 71–72.

第二节 方法

一 被试

在山东省未成年犯管教所,抽取典型的抢劫、强奸、盗窃、杀人、故意伤害致人重伤或死亡的未成年犯各两名,进行深度访谈。

二 个案研究法

质性个案研究,也被称作叙事性个案研究(Narrative Case Study),是指完全以质性研究法收集和分析资料,关注点是对所做的个案叙事性事件赋予意义。本研究运用访谈、投射技术及回忆等方法收集所需资料。研究主要通过半结构化访谈方式,在事先列好的访谈提纲基础上进行个别的直接访谈。经过与未成年犯的两次访谈,对访谈提纲进行修订并最终定稿。访谈提纲包括两部分内容:第一部分是自我及其影响因素,具体有家庭职能、同伴关系等方面的问题;第二部分主要是法律意识,涉及对法律的认知、法律情感和法律实践方面的问题。并在访谈中了解未成年犯自我形成的过程中其法律意识的发展状况。由于是半结构性的访谈方式,其中的一些问题采取投射法——以小故事或者画图的方式出现,以及让被试回忆相关事件并进行叙述,以便对其自我及法律意识做进一步的探讨分析。

三 个案研究程序

由具有心理学专业知识的博士研究生在未成年犯管教所的适宜访谈场所对未成年犯进行访谈,每次访谈结束后由狱警将被访谈的未成年犯带走,并带来另一个被访谈者。

个案访谈的步骤主要包括以下三部分:第一,对未成年犯进行自我介绍,并向其说明访谈的目的和内容,并强调访谈的匿名性和保密性。第二,把事前准备好的访谈提纲、白纸及笔给被访谈者一份,然后进入访谈的主体部分。在这一部分,访谈者根据访谈目的,提问一些核心的开放式问题,引导被访谈者对此问题进行回答,并观察其肢体语言,确保其对该问题回答的真实有效性。在访谈过程中,可采用多种方法对被访谈的未成年犯进行提问，提问的方式务必保持中立。第三，本研究以要求被访谈者画一张房—树—人的心理画结尾，并感谢其配合。每次访谈的时间控制在1小时至1.5小时内。

四 个案研究资料的整理

由于未管所的特殊性，无法对访谈过程进行录音或录像，所以每次访谈结束后，及时对访谈内容进行回忆、整理，然后再对文本形式的访谈资料进行进一步分析。整个过程都需注意访谈资料的保密性。

第三节 访谈案例的呈现

一 案例一

未成年犯L，1999年出生，初中毕业，因犯强奸罪入狱。L从小跟父母生活在一起，还有一个姐姐。他认为自己父亲对他的影响比较大，是他的人生指导者；母亲在日常生活中比较关心他；姐姐在上大学，之前经常辅导他功课。在让他回忆自己最初的记忆时，他所描述的是发生于自己幼儿园时期的一个情景，那是一个下雪天，父亲送他去上学，他摔倒后，父亲将他扶起来。总体来说，小时候他觉得父母很全能，但现在放弃了这种观点。小时候在自己做错事情的时候，父母会教育他（无暴力）；自己表现良好的时候，父母则会很高兴，并且有奖励。

故事1：小米今年9岁，小学三年级学生，今天老师给她布置了一篇作文，题目是《我的爸爸妈妈》。请想象：小米如何描写他的爸爸、妈妈？比如优缺点，或者讲述某一件事情。

L认为故事中主人公的爸爸很关心她，但却没时间陪伴她；主人公的妈妈能够给她物质上的满足，但是有些唠叨。

L认为，除了父母之外没有什么人值得自己怀念；如果可以有一个真心相待的朋友，他希望这个朋友在他21岁的时候出现在他的生活中，因为他觉得现在自己在未管所，而且年龄也小，不需要朋友。21岁时他就出去了，有朋友可以帮助他。关于学校的生活，他说初一的时候，比较喜欢一个数学老师，因为这个老师关心他，他学习不好的时候辅导过他。

在谈到有关自己未来的话题时，他认为一个人应该去考虑长远的事情，不应只关注当下生活，他想将来成为有钱人，而且确信父母也会赞同自己的想法（父母是生意人）；但是如果他在乎的人不支持他，他会觉得很孤独。

在他的人生道路上，L认为对自己影响最大的一件事是中考后父母找他的那次谈话。那是一个下雪天（不知道为什么对这个很执着），父母让他为以后做打算，希望他学点技术。因为父母说等他们老了，就不能管他了。这件事后，他外出三四个月，就犯罪了。当然，他也觉得犯罪这件事，对自己负面影响很大。

在对法律认知的问题中，有关"法律可以给我们一个良好的秩序，让人类生活更美好；法律是政府管理老百姓的工具"，"权利从我一出生就有了；权利是国家和政府给的"，"法律是约束人的手段；法律是公平正义的象征"。L认同法律秩序说、权利国家给的及法律的公正象征，但自称不知道我们国家有些什么样的法律。

故事2："王小明的爸爸是公安局局长。王小明的母亲非常爱他，因为他是独生子，很受溺爱，所以王小明养成了一身坏习惯。经常和一帮朋友去酒吧喝酒玩乐。有一次，他在酒吧喝醉了，还打了一个人，把那人的牙齿打掉了几颗。"

L觉得王小明会受到惩罚，王小明的父亲也会惩罚他儿子，但觉得对这种结局没什么感觉。追问，如果王小明没有被惩罚的话，L觉得他情感上接受不了，原因是感到不公平。L对于人们卷入法律程序情感上不觉不光彩，因为他觉得权利的维护需要法律，但也觉得公安机关、法院和检察院不值得完全信任。对于生活中的一些违法行为，自身意识不到是触犯法律的，比如打群架。

二 案例二

Q，1998年出生，小学二年级文化程度，因强奸罪入狱。Q从小跟父母生活在一起，父亲很严厉，但他并不喜欢这种严厉的方式。小时候自己做错事，父母会教训他，比如他有一次开车撞墙了，就有被教训，但他并不觉得害怕。当自己表现良好的时候，父母也不会表扬自己。他认为自己的父母很闷。他也不跟父母有什么交流，12岁以后就跟朋友一起玩，比较依赖朋友。

Q 有一个朋友，是从小一起长大的发小。他对这个朋友很佩服，觉得他有能力，自己创业。可是 Q 最希望的是自己能够有一个真正理解自己的朋友，并且希望 15 岁的时候，能够有一个女朋友。他认为如果自己 15 岁有女朋友，就不会犯法了。

Q 觉得一个人要为自己的未来着想，自己的理想是做生意人，觉得生意人没有人管。他认为犯罪这件事对自己影响最大。

Q 觉得法律只是一个在人不听话时管人的工具，并且在进监狱之前觉得权利生来就有。进监狱之后，他就觉得权利只是国家给的。他自称不知道有什么具体的法律。他觉得只要不违法，法律跟自己没什么关系。在故事 2 中，Q 觉得王小明会受到惩罚，王小明的爸爸设法让儿子不受惩罚，但最终还是会受到惩罚。Q 觉得这一切都是王小明不懂法律造成的。

Q 觉得一般人认为公检法比较公正，如果不公正，大家会愤怒。在谈论群架事件时，他认为一般人都不能意识到这种行为可能会触犯法律，而在遭遇抢劫事件时，他认为人们会反击，但不会想到报警。

三　案例三

W，出生于 1997 年，初中文化程度，因盗窃罪入狱。W 从小跟父母生活在一起。在形容自己父母的时候，他认为自己的父亲很和气，母亲也很好。回忆自己小时候的事情时，大约发生于 3 岁，母亲带他去超市买零食，当时自己很开心。在讲述故事 1 时，他认为小米的爸爸很严厉，缺点是吸烟；小米的妈妈和蔼可亲。而对于回忆小时候做的错事，比如一次偷偷拿家里的钱时，父母有说过他，但是自己在拿的时候，没想过后果，所以也不觉得害怕；对于自己表现好的时候，父母会表扬他，且很开心。小时候觉得父母很厉害（能干），现在也觉得父母很能干，理由是父母不怕吃苦。

W 认为自己有很多知心朋友，所以现在不需要别的朋友了。上学的时候，喜欢英语老师（女），因为老师很幽默，且同学们都喜欢她；也有一个女朋友，很幽默。

对于未来，W 说他想当一个汽车修理工。谈论到自己的生活中，如果在乎的人不支持他，他说自己会更坚强。他说，他在生活中的情绪状态不错，没有无助感和迷茫感。到目前为止，他认为对自己影响最大的一件事就是犯法这件事，但认为正面影响较多（唯一这么认为的）。因为他之前并没有觉得盗窃有这么严重的后果，觉得这是"溺爱"的结果。

在法律认知方面，他持有法律工具主义价值倾向，且认为权利是国家给的。他知道有《刑法》这部法。对于故事2，他觉得王小明会受到法律的制裁，他爸爸利用关系网帮他，但也无济于事，王小明最终会受到惩罚。整件事情，他觉得没啥感受；但是王小明如果不受惩罚，他说自己会不高兴，因为觉得不公平。在谈论到卷入打官司事件时，他认为，这是一件不光彩的事情。但关于公检法的看法，他认为他们值得信任，且是公平的。问到原因时，他说，如果他们不公正，那么"社会就乱了"，所以要信任他们。

四 案例四

E，1997年12月出生，初中，因盗窃罪入狱。父母在他四五岁时离异，法院把他判给了爸爸。在他6岁时，母亲私自从学校把他接到姥姥、姥爷家里，所以跟姥姥、姥爷一起待了大约6年。自己觉得很对不起姥姥、姥爷，对爸爸则充满了恨意，觉得爸爸不合格。在他心中，姥姥、姥爷地位最高，其次为妈妈，最后是爸爸。妈妈对他好，但跟继父有了自己的孩子后，对他的关爱变少了，而继父是不喜欢他的。谈论这块的时候，他说"差不多都忘记这些事情了"。谈论到他最早的记忆时，当时他大约6岁，那是在奶奶家（当然他说对奶奶没什么感情）。奶奶说他妈妈的坏话，嫌弃他妈妈把他带到乡下给带坏了。自己在做错事情的时候，比如初中有一次在学校里上网，晚上没回寝室，被老师查到了，告诉他爸了。他爸问他的时候，他谎称自己在姨姨家里玩，然后他爸爸就打了他，并且当着自己同学的面，最后，他被开除了。做错事，妈妈也会骂他，姥爷也打他，但他觉得姥爷打他那是一种爱。在自己表现好的时候，爸爸也会高兴，但他强调，一般人都会是这种表现，并且他觉得爸爸给他的零花钱太少了。E的言辞中，表现出对父亲的不满意。

E说自己有"狐朋狗友"，就是盗窃罪的同案犯，一起进监狱了。他说如果可以有一个朋友，希望是那种体贴自己的朋友，且希望目前就有这样的朋友。上初二的时候，他喜欢语文老师，因为老师会单独关心他的学习，并指导他学习。

谈论有关人生意义的时候,他说:"大部分人考虑当下,但我考虑未来,只是经常觉得迷茫,所以就不去再想了","今朝有酒今朝醉吧"。问到他的理想时,他说想当歌星,因为想出名,但觉得没有把握可以实现。E觉得自己经常有无助感,而面对这种状态的调节方法就是不去管,让时间去管,当然也会听取别人的意见。谈论到关于他人生道路上影响最大的一件事时,他叹气,考虑了一会儿,然后说"觉得挺复杂,一下子说不出来"。

在谈论法律认知方面时,E认为法律是工具,且补充说,虽然他知道这种看法不对,但他选工具性、权利是政府给予的,法律只是约束手段,并声称自己没学习什么法律。他觉得不违法,法律与自己无关。对于故事2,他认为王小明会被拘留,王小明爸爸会很激动,然后走关系。但他又觉得这只是一件小事,所以不会被抓。他说整件事情挺可笑的,因为公安局局长的儿子,跟我们(监狱里的未成年犯)一样。E认为在面临解决不了的事情时,需要依赖法律,所以卷入法律程序不丢人。对公检法的信任度,取决于地域,如果是北京来的,他就信。对于打群架,一般人意识不到可能会违法,因为打架很正常。面对自己遭遇抢劫,在进监狱之前,他不懂得报警。

五 案例五

R,1993年3月出生,小学文化程度,因故意伤害入狱,8年刑期,已服刑5年8个月。R和姥姥、姥爷一起生活到10岁。内心位置图:父母占整个心的一半,另一半均匀地分给了姥姥、姥爷、哥哥、朋友和自己。最初的记忆是有关奶奶去世,发生于自己6、7岁的时候,虽然没怎么跟奶奶接触,但很伤心,因为听大人说奶奶很疼爱他。关于故事1,他说,小米会认为爸妈很喜欢她,爱她。爸爸的优点是:工作负责认真,善良。妈妈很善良、勤快。因为小米遇到一个流浪小孩,把他带回家,父母也热心地帮助了那个小孩。在他做错事的时候,父母会打骂他,但会由于别人的介入而逃脱,比如上学逃课,家长很生气,但姨来了,父母就消气了。当然,他表现好的时候,父母也会很开心。小时候他对父母并没有"全能"的感觉,因为很小就分开了。R还有一个哥哥,关系很好。

R自述有一个女朋友,在他进监狱的时候,女朋友还去看望他爸妈,所以对她很感激。他希望自己可以有一个创业上的朋友,他说如果可以重来,他希望这个朋友在16岁就出现,也许可以改变这次"意外"(他帮朋友打架,讲义气,然后触犯了法律)。现实情况是,他在上学的时候,有很多朋友,是那种经常可以一起逃学的朋友。

R关注未来的自己该如何发展,他说自己想去创业,做食品方面的业务。但问到如果没有人支持会如何,他认为一般人如果没有人支持,会觉得悲伤,而他自己不会,他觉得这算是对自己的磨炼。他说之前没进监狱时,遇到事情会找哥哥倾诉,但进来后,就不找哥哥了。R认为,人生中,遇到对自己影响最大的一件事是进监狱后,姥姥去世了,他虽然很伤心,但是没有在父母面前哭。他觉得父母会认为自己没良心,可事实上他回去后半夜偷偷哭了。

对法律的认知方面,R觉得法律给我们良好的秩序,比如地震后,就需要秩序来维持,权利来源于国家,法律也公正的。他知道《刑法》《监狱法》。R觉得需要了解法律,这个可以成为保护自己的一个法宝,他也认可法治的意义。故事2中,R说(叹气):"都不好说,觉得王小明爸爸会保护自己的孩子,所以会私了。"对整个事件,他觉得没啥感觉,认为这也是社会的正常现象。

对于法律情感方面的问题,他觉得卷入司法程序,确实比较丢人。但他直言对公检法比较信任,认为他们也公正。对于打群架,他完全意识不到这个可能违法犯罪。面临抢劫事件,R认为"一般人会害怕,我会反击;尤其在外面的时候,肯定会反击"。

六 案例六

T,1997年11月出生,初中文化程度,刑期16年,已服刑期5年6个月,因杀人而入狱。从小跟父母生活在一起,但觉得爸爸不管他,妈妈则很不容易。有关最初的记忆为父母关系不好,然后妈妈走了,本来想跟着妈妈走,但是妈妈带着他不方便。并且,T讲述了他上学的时候,回家晚了,爸爸就打人,而他自己则完全没有意料到这种结果(打人),没想到被惩罚。三年级的时候,他得过一次奖,爸爸的反应平淡,因为爸爸一直以来都偏向哥哥。他小时候对父母并没有

"全能"的感觉。

T自述自己长这么大,只有一个朋友,但也去世了。读书的时候,对一个英语老师(男)比较喜欢,因为老师对做错事的自己处理得很合理,没有直接的拳脚相加。

他对未来则没什么想法,因为刑期太长了,想也没用。说到他有没有理想时,他说自己想唱歌,但是要是没有人支持,则会觉得做事情就无动力。他讲到自己刚进监狱时很无助,现在基本适应了。人生中,对自己影响最大的一件事,就是跟朋友一起退学的时候,朋友去世了。

对法律方面的谈论,他说自己还是比较喜欢法治。讲述故事2的时候,T觉得王小明会进监狱,王小明的爸爸也会赞同他儿子进监狱,觉得王小明的这种行为是由于缺乏法律知识,且父母没有教育好的结果。当反问,如果王小明没有进监狱,你什么感受时,他说"我会不高兴"。T觉得卷入司法程序是比较丢人的,并且说自己之前没有接触公检法机关时,并不信任,现在则信任了。但他补充说一般人不会信任的。对于打群架事件,他说一般人意识不到可能会违法,因为觉得不是什么大事情。假设自己遭遇抢劫时,如果对方是一个人,他就会反击,而人多的状况,自己就会逃跑。

七 案例七

D,1995年12月出生,中专文化程度,因抢劫入狱,刑期为8年6个月,已服刑期4年。D自述跟爷爷奶奶生活在一起,父母离异,而父亲经常外出打工。他对爷爷奶奶评价是,觉得他们挺好;对父亲评价,他的原话是"没什么感觉,说不上来"。他认为朋友很"仗义"。小时候做错事,爷爷就语言批评,又说父亲很仗义,对老师没啥印象,因为学习不好。对朋友的期望就是希望有一个关心照顾自己的朋友。

他对未来的期待就是回归社会,去赚钱。对于犯罪这件事情本身,他认为一方面丰富了自己人生经历;另一方面导致他与家人不能在一起了。

对于法律认知方面,D觉得法律虽然可以维持秩序,但并不能让生活美好,且认为自己并不懂法律。关于故事2,他觉得王小明会取保候审,他爸会帮助他儿子,并认为整件事情不是啥大事,可以取得对方谅解。他自述对这件事没啥感觉，觉得帮他儿子也是正常。

第四节　案例评析

　　整个案例是围绕未成年犯的自我、法律意识、法律意识植根于自我的过程来进行访谈的。理论假设认为，未成年犯由于自我发展不良而导致法律意识发展不佳，未能将法律意识植根于自我。本研究进一步认为，自我形成于家庭，发展于学校，完善于社会。家庭作为自我生成的逻辑起点，父母起到关键作用，比如亲子关系、亲子依恋、父母养育方式等都是影响个体自我是否可以良好发展的家庭因素。未成年犯由于其亲子关系不良，未能有良好的亲子依恋，从而导致个体无法将父母的人格"去人格化"，形成自我的结构。这导致其自我疲软，不能发挥应有的作用。

　　案例二中，Q对父母的严厉教养方式不满，跟父母缺乏交流；案例四E父母离异，父亲不合格及有暴力行为，继父"无暇关注"，对奶奶缺乏感情；案例六T父母关系分崩离析、父亲有着粗暴的行为和偏爱哥哥的特点；案例七D父母离异，对父亲"没什么感觉"。通过访谈，了解到的这些情况，表明未成年犯的家庭教育具有以下几个特点：首先，是父母角色的缺失，这可谓是最为灾难性的事件。在个体生命早期，父母角色的缺失，使个体失去了一个参照物与榜样，就如同一只幼兽在充满危险的大自然中自生自灭。个体的自我将会遭到严重的破坏，即便有其他监护人，也代替不了父母的角色，因为其他监护人不具有父母天然的爱。其次，即便父母在其位，但教育方式过于简单粗暴，无法为个体所认可和接纳。这就断掉了未成年犯对父母的认可，父母既不能充当个体自我形成过程中的理想榜样，也不能对个体的能力做出赞赏与肯定。在这种缺爱的环境中，个体会变得缺乏自尊与自信，也无法将更多的能量投入到其他活动中去。

　　关于未成年犯的法律意识这一块，侧重于对其法律认知、法律情感、法律实践和法律理想做了访谈，得出以下几方面的特点。

　　第一，整体上来说，未成年犯缺乏法律知识。比如案例一L称"不知道我们国家有些什么样的法律"；案例二Q同样"不知道有什么法律"；

案例四声称"自己没学习什么法律";案例七 D 认为"自己并不懂法律"。其他少数的未成年犯知道有刑法,但仅限于此。所以未成年犯关于法律的基本知识处于一种匮乏状态。

第二,未成年犯对法律处于一种非卷入状态,换言之,缺乏对法律的热情。如案例七 D "法律虽然可以维持秩序,但并不能让生活变的美好";案例六 T 认为,"卷入司法程序是比较丢人的";案例五 R 也认为"卷入司法程序确实比较丢人"。造成这种现象的原因,一方面由于其法律知识的缺乏,对法律的认知仅仅停留在自己被法律惩罚的这一个层面上;另一方面由于其价值观体系内根本就缺乏有关公平公正等方面的内容。

第三,未成年犯对法律普遍表现出工具主义的价值取向,认为法律就是约束人们行为的工具,而不能意识到法律是人们安定生活的保障。如案例二 Q 认为,"法律只是一个管人的工具",且案例三和案例四的被访谈者都抱有这种观念。这可能是他们缺乏对法律的理解,更多的是其自我成长过程中未将规则和秩序方面的意识内化为自身的一部分。

第四,未成年犯对不公正的敏感度远高于对公正的赞赏度。如案例中设置的一个公安局局长的儿子违法犯罪的故事,大多数未成年犯认为故事中局长的孩子应该被惩罚,但对这种被惩罚的结果却"没什么感觉",也就是对"正义的实现"没有感觉。访谈者反问:"如果没有被惩罚呢?"大多数未成年犯回答是"我会很愤怒"或"我觉得不开心"。这表明,他们对正义的实现觉得理所当然,而对违背正义公正的结果却很敏感。这种现象,一方面提醒对未成年犯的法律意识的培育应重视培养其对正义实现后的一种积极情感体验;另一方面,这也是促使未成年犯遵守法律的一个契机,展现正义不能被伸张后所引发的负面情绪,从而引导他们去维护法律和秩序的正常运转。

第五,在法律现实运转方面,未成年犯对法律制度持有很大程度的偏见。他们认为法律制度会受到人情的影响从而变得不公正。比如在案例故事中,很多未成年犯认为局长会托关系让他的儿子避免法律的制裁。这就是"人情大于法"在他们价值体系中活生生的展现,这对法律意识的培育是一个极大的阻碍。这同时反映了未成年犯在社会生活中所受到的负面影响。

第六，未成年犯在现实生活中缺乏"用法"的意识。比如对于打群架事件，一般认为"不是什么大事""完全意识不到这个可能违法犯罪""觉得打架很正常"，遇到抢劫则认为"对方是一个人就会反击""不会想到报警"。

总而言之，根据访谈结果可见，未成年犯法律意识水平比预想的还要低。

未成年犯自我形成的过程，也是其法律意识生长的过程，最初的家庭教育中，法律意识在个体自我中是以三种形式存在的：第一种是对父母所持的价值观、秩序规则的认可与内化；第二种是来自父母的培育，这种培育包括父母对个体犯错时给予的惩罚；第三种是父母对个体自行探索出的规则的肯定。案例二中，Q 觉得父母闷；"做错事父母会教训他，但他内心不觉得害怕"，那么这就让父母的惩罚归于无效；父母在他"表现良好的时候，也不会给予赞赏"。法律意识存在的最初形态都在这三种行为方式中被摧残掉了。案例三中，W 认为"父母很厉害（能干）"，这种想法一直持续至今；小时候他从家里偷钱，但被教训后并无愧疚之心；自己表现良好的时候，父母会予以表扬。那么，W 在法律意识存在的三种情况中，只有最后一种情况对法律意识的萌芽是有利的。而认为父母"一直"是"厉害"的，这一方面反映出了其自我发展不成熟、不独立，还不能够具有独立的判断能力和理性的认知能力；另一方面也有可能是幻想中的父母形象，借此满足自己对理想榜样的需求。案例四中，E 的父亲粗暴教养方式将对其表扬的效果都抵消了，他对父亲怀有深深地"恨意"，这几种因素结合起来，无一条符合法律意识的生长的环境。因为自我本身的顺利成长都面临着巨大的困难。案例五中，R 小时候对父母没有"全能"的想法；面对惩罚的时候，总会由于外界因素的介入而逃脱惩罚，这会形成了一种侥幸心理，对规则、法律的侥幸心理；自我探索方面，对自己取得的成果，父母能够予以表扬。R 的法律意识植根于自我的环境亦只符合最后一条。案例六中，T 小时候对父母的不信赖；父亲惩罚的不合理，因为"他完全没意料到会打人"，这说明，这位父亲一贯的做法不是遵循一定的规则，只是"即兴"的行为；其父对"得过一次奖"反应平淡。T 根本无法形成良好的自我，法律意识的生长土壤是贫瘠的。

通过案例分析，大多数未成年犯自我形成过程中的家庭环境堪忧，法律意识亦无法生长。自我的健康成长，家庭是关键因素，但不是唯一因素，还有学校和社会因素。学校的老师或同伴亦可充当父母的角色，对其自我有修复的功效。通过这种途径，在满足三个条件后，即可塑造健康的自我，并且能够将法律意识植根于自我的形成过程中。这三个条件就是：第一，个体的对象性关系良好；第二，处于对象性关系中的对象需要具备个体认可的一些理想品质；第三，这个对象能够对个体的行为予以合理的回应，比如对客观上错误的事情能够予以制止，对良好的行为给予鼓励和赞美。回到案例中，分析未成年犯的社交关系状况确定其自我的发展程度。案例二中，Q有朋友，也觉得他的朋友"有能力"，但"希望有一个真正理解自己的朋友"。这说明Q的朋友目前不具备条件三。案例四中，E直接说自己有一群"狐朋狗友""一起进监狱的"。这些朋友并不是他自己希望的那种朋友，所以他对目前的朋友并未形成真正的依恋，且这种"狐朋狗友"传递的是一种不同于主流文化的犯罪文化，对法律意识的养成百害无一利，也不能算作笔者所定义的朋友。案例五中，R说自己"有很多朋友"，这些朋友"是那种经常可以一起逃学的朋友"，实质和案例四中E的情况一样，且R也表达了他自己对朋友的期待，希望在"犯事"期间有一个"可以阻止自己打架的、可以共同进步的朋友"。案例六中，T"只有一个朋友，去世了"，谈到跟这个朋友一起退学。所以这种情况就是这个朋友可能也是携带犯罪文化的朋友，而且"只有一个朋友"，可推论T社交能力可能存在缺陷。案例七中，D"对老师没印象"，因为"学习不好"。他对朋友也是处于一种期待状态，换言之就是没有亲密的同伴依恋。

由此可知，未成年犯的家庭环境、学校环境都对其自我发展处于一种不利状态。访谈发现，未成年犯的自我现状确实令人担忧，大体表现为：首先，他们对未来感到迷惘，对未来的人生缺乏合理的规划。如案例四中，E觉得"考虑未来觉得迷茫，所以不去想了"；案例六中，T"对未来没有想法"。其次，未成年犯缺乏活着的存在感与价值感，活着的动力比较弱。如案例六中，T"自己想唱歌，但如果没人支持则会无动力。"案例四中，E"觉得自己经常有无助感"。再次，他们不能与现实自我很好的接触，偏向幻想。如案例二中，Q"想做生意人"，理由是"觉得生意人没人管"；案例四中，E"想当歌星，因为想出名"；案例六中，T的理想是"想唱歌"。这些未成年犯对未来缺乏规划与认识，不能够将过去自我、现实自我和未来自我很好地统一起来，表现为与现实自我的脱离，心理能量不能够投注于现实自我，处于一种幻想状态。最后，未成年犯自我未形成一种独立、成熟型状态，需要凭借他人才可以发挥其应有的作用。比如案例六中，T觉得"做事情没有人支持，就会无动力"；案例四中，E对自己的无助感的调节方法就是"不去管"等。这都反映出未成年犯自我不能独立发挥作用，处于一种"待业状态"。

第五节　小结

未成年犯自我发展不健全，理论上来讲是源于其原生家庭父母对儿童的教养方式不当，或者是父母对儿童的放任、冷漠，从而造成了个体无法将父母所代表的理想观、价值观内化为自我的一部分，也间接造成了个体不能够很好地处理之后的人际关系。但从自我形成的发展理论来看，家庭是关键因素，却不是唯一决定因素，在个体社会化过程中，同伴或者重要他人亦会起到重要作用，乃至可以修复其在家庭所遭遇到的挫折，从而可以保证自我具有基本的能力去适应这个社会，将这个社会所代表的价值观、秩序观、道德法律观加以内化，促使自我完成在家庭中应该完成的发展形式。不幸的是，未成年犯的同伴关系发展也不良，从而失去了一次重塑自我的机会。

个体的自我形成过程也是法律意识的生成过程，二者是同步且统一于关系之中。本书对法律意识植根于自我的研究是基于自我与法律意识的可共存性、可植入性及法律意识植根于自我的价值方面去阐释法律意识植根于自我的体系对预防青少年犯罪的社会控制作用，同时对法律意识植根于自我的主体、内容和阶段进行了详细的论述。在这个理论前提下，对未成年犯的典型案例进行深度剖析。

通过案例剖析，深入地了解未成年犯自我形成历程，有以下几点发现：

（1）未成年犯的原生家庭几乎不能给自我的顺利成长提供一个良好的环境，父母既不能满足未成年犯的理想化需求，也不能满足其反映性需求。这造成了未成年犯自我结构的缺陷，因而其自我不能够独立发挥作用。

（2）未成年犯在法律意识植根于自我的过程中，家庭一方面没有履行其对法律意识传递的桥梁作用；另一方面没有完成将规则、秩序融入个体自我的形成过程之中。

（3）未成年犯由于家庭环境的不良影响，形成了不良的人际交往模式，并在后期人际互动中复制了这种消极的人际交往模式，所以，未能很好地建立起同伴依恋和其他对象的依恋。这种结果将未成年犯置于一个"孤立无援"的境地，也是其脱离社会控制网的关键缘由所在。

（4）未成年犯虽然亲子依恋、同伴依恋都处于不良状态，但其表现出对同伴的强烈渴望，对建立良好同伴关系的热切希望。这一点对未成年犯的教育矫治提供了契机与希望，为修复其自我并将法律意识植根于自我提供了一种路径与方向。

第四章

法律意识植根于自我的教育模式探究

第一节　法律意识植根于自我的教育特征

基于上述的量化研究和质性研究结果分析可知,法律意识植根于自我的预防教育特征蕴含于其构成要素——自我和法律意识之中,且预防教育特征表现于自我和法律意识的形成之中。

一　预防为先的整合性特征

法律意识植根于自我之体系作为一种预防未成年犯罪的社会控制系统,分析其构成要素就包含法学、心理学、社会学等学科知识,教育学则需要将这些学科知识通过教育的方式构建成一种预防未成年犯罪的体系。所以,预防为先的整合性特征,首先,指该体系所涉及的学科知识的整合性,它是多学科视阈下的一种预防青少年犯罪的体系,这种学科整合性是源于青少年成长受到诸多因素的影响。其次,青少年犯罪问题出现在社会发展多元化、人类对解决复杂问题的需求增多这样的大背景下,所以,依靠单一的学科已经无法应对这些问题,只有依靠多学科的知识整合、不同专业人才的共同努力、不同学科所具有的不同方法和研究视角,方可构建起这一预防体系。最后,法律意识植根于自我的体系立足于预防教育,这种预防教育不仅要求多学科的整合,还是家庭教育、学校教育和社会教育的"三位一体"的教育整合。个体的发展是一个社会化过程、一个接受教育的过程。家庭教育始于个体出生,更甚至开始于胎儿时期的"胎教"。自我形成于家庭教育，发展于学校教育，成熟定型于社会教育，法律意识与自我是一个同步的发展过程，两者在家庭、学校和社会中的健康发展，最终进行整合并形成了该预防犯罪的系统。

二 适宜关系的人格教育本质特征

法律意识植根于自我的犯罪预防体系形成于亲子关系、同伴关系、师生关系以及泛化的社会关系中。随着人际关系的扩大化和复杂化，这一体系也逐步展现了它的社会控制作用。在个体与他人的相互作用中，自我不断地形成并发展着。与此同时，法律意识以人际交往作为一种媒介也被传递着。换言之，只要有人际交往，就有法律意识的传递。法律意识中涉及的法律文化、法律传统和法律价值在人际交往过程中被有意无意地传递着。在最初的亲子关系中，法律意识传递的内容主要是法律传统或法律文化，这些法律意识蕴含于传统文化中并成为父母自身价值观的组成部分，故这时的传递方式大多表现为一种无意识的传递。随着儿童步入学校生涯，他所面临的人际关系主要有师生关系和同伴关系。自我与法律意识在这一阶段中处于一种逐步分化的状态，法律意识在法制教育课堂中、在学生日常行为规范中开始清晰化。同伴在个体社会化过程中起到越来越关键的作用，由于同伴关系的平等性，自我与法律意识的发展在同伴关系中更为自觉。法律意识植根于自我之体系的形成需要适宜的人际关系。良好的亲子关系可奠定个体自我的基础，并且在之后的发展中这种亲子关系交往模式会复制到师生关系和同伴关系中去。良好的人际关系保证了个体自我的顺利成长，也促进了法律意识的内化。究其根源，法律意识植根于自我之犯罪预防体系，实则是个体人格健康成长的产物。人格的健康成长是个体构建这一预防体系的关键因素，人格的健康发展也是教育的终极目标。通过适宜的教学活动，促使个体德智体的全面发展，兼是为其人格的发展做铺垫。因此，该犯罪预防体系的背后反映的是人格教育的本质特性。

三 主体性原则的追求生命意义特征

传统的教育，包括家庭教育和学校教育，把教育者置于主体地位，将受教育者视为客体。这种观念产生的消极影响就是将本来具有主观能动性的人被动化，从而忽略其主体性的一面。法律意识植根于自我之犯罪预防体系则认为受教育者也是主体，故这一犯罪预防体系的形成实则是一个双主体性的相互作用的构建过程。个体的自我在生成之时是脆弱的，但这并不能抹杀其主体性的位置。亲子互动过程中，只有将孩子视为一个主体，方可真正地去关注他的需求和发展，尊重他的天性。在这一互动过程中，既可保证亲子关系的良性发展，也是父母向孩子学习的一个过程。只有在尊重个体的心理生理的前提下对其采取适宜教育，方可收到成效。同样，师生关系中亦要保持一种平等的交往模式。在教育活动中，教师只有充分尊重每个学生，对其心理特性进行理解的基础上与学生建立一种融洽的师生关系，真正促使教育内容与方法适应学生的发展。在这种背景下，不管学生的自我，还是其法律意识水平，都将得到长足的发展与提升。法律意识植根于自我之预防教育不再是目的，只是个体在一生的发展过程中定会经历的一个过程。这种犯罪预防体系一经形成，个体就具备了健康的自我，这种自我包含着对主流文化价值观的认同和接纳，同时并不失对一定规则制度的批判与思考。法律意识植根于自我之犯罪预防体系的构建，不仅可以促进个体对生命意义的思考，激发其自身的潜能，而且这种潜能又可以在对社会文化制度的尊重之下，以一种创造性的方式展现出来。所以，预防教育只是基本需要，这一体系蕴含的真正的教育目标是着眼于个体的长远发展，这是对预防教育目的的挑战与超越。

第二节　法律意识植根于自我的教育主体及方式

一　教育主体

法律意识植根于自我体系是在主体间相互作用的过程中形成的。法律意识植根于自我体系形成于主体之间的关系中，这一体系中的主体具备了社会性和独特性，而这种社会性和独特性又为主体带来了创造性特征。这一主体是作为个体存在的，其主体性体现在不断生成的法律意识植根于自我体系的主体化过程中。这一进程是一种主体间建构的、真正理解的有机联系，在关系中发生作用的是主体，而非客体。主体间的关系包括实施者与实施对象，实施者作为法律意识植根于自我的主体毫无悬念，重点在于实施对象亦为主体，而不是客体。因为这里的实施对象不是被动的接受影响，而是积极主动的，甚至是对实施者的活动起到引起与消解的作用，所以实施对象在活动中不是被动的对象，而是另一重要的主体。实施对象的主体地位不仅是理论上确认的，而且就其自身看来也是有着主体性地位的存在。主体是在与外界的人和物的相互作用中确立起来的，法律意识植根于自我的体系就是在主体的对象性互动中逐步生成的，实施者与实施对象的主体性地位就是在法律意识植根于自我的过程中获得的。所以说法律意识植根于自我是一个双主体性的活动，是主体与外界人和物的多重关系下的产物。

在法律意识植根于自我体系的形成过程中，客观上来讲，实施者和实施对象都是这一活动中的主体，但实际情况并非总是表现为这种真实的双主体性活动。一般来讲，实施者主要包括父母、老师、同伴，但这三种主体会由于一些情况而不能很好地发挥自身的主体性地位，如父母自身人格不成熟、知识欠缺，老师被升学率所制约等。这时他们对儿童或学生在法律意识植根于自我体系的形成中只是起被动而压抑的作用，亦不能最大限度地发挥实施对象的潜力，不能促进实施对象主体化。

1. 实施者主体

实施者主体在法律意识植根于自我的体系形成中，是发起者和促进者，是个体的法律意识内化为人格自我组成部分的直接参与者和承担者。按照个体法律意识植根于自我的形成阶段，实施者主体依次为父母、老师和同伴。作为实施者主体的同伴，由于其地位的平等性而与父母和老师有所不同，但它也是作为实施者主体之一，对个体法律意识植根于自我体系的成熟和完善产生作用。

（1）父母

父母这一主体是亲子交往活动的发起者与实践者，在亲子关系中与儿童构成了主体间关系。法律意识植根于自我体系的形成，最初发生于亲子关系中。在这一关系中，法律文化、法律传统得以延续，这种延续是通过父母这一实施者主体进行。儿童最初的法律意识来源于父母的传递，最初对法律价值，如公平正义的理解亦来自父母主体的影响。固然在之后的社会化活动中，儿童法律意识与自我的融合会受到多方主体的影响，但依旧改变不了父母主体影响的元初性。在亲子交往活动中，儿童的自我得以发生，同时法律意识也适时地被父母加以传递，植根于自我的形成之中。儿童的法律意识植根于自我之体系在亲子交往关系中逐步生成，这种生成过程体现在亲子交往的日常活动中：

首先，在最初的亲子交往中是通过行为这一中介进行的。婴儿在学会用语言表达之前是靠行为来表明自身的状况，父母亦是根据婴儿的行为状况作出一系列的反应。婴儿的喜怒哀乐成为父母做出行为的依据，同时父母对婴儿也发出一系列指令，婴儿初步获取了一些有意义的信息，知道自己行为的界限与范围，知道什么是被接受的、什么是不被认同的。在这种互动过程中，个体的人格自我结构初步形成，同时对社会传统道德规范也有所认知，这种对道德的认知与理解便是儿童法律意识最初的萌芽状态，也是日后法律意识植根于自我的土壤。

其次，亲子交往过程中所使用的语言成为法律意识植根于自我体系之生成的重要媒介。亲子互动将语言所负载的文化、历史信息进行了传承。父母依靠语言将历史文化传递给儿童，其中理所当然地包括了法律文化、法律传统和法律价值的传递。父母通过语言构建起儿童与社会的联系，为儿童进一步社会化奠定基础。父母通过话语的鼓励与训诫，形成了儿童自我的道德因素；父母通过话语表达情感，满足了儿童心理需求，流入到儿童的意识中，渗入其人格并成为儿童自身情感体验的来源。总之，在亲子关系中，父母通过话语使儿童对社会主流文化有所窥探。

不同形式的亲子交往活动，传递了不同的价值观与文化观，父母对社会的理解与认识也在这一过程得以重现。在亲子关系中，父母和儿童是一种双向互动的过程，在这一过程中，通过对社会文化的确认、对法律意识的理解、对自我的建构，儿童的法律意识植根于自我的体系得以形成和发展。

（2）教师

学校教育的最低目标是将个体培养成为一个适应社会的人、一个遵纪守法的公民。法律意识植根于自我体系的形成，是个体融入社会的必要保证与前提，是个体与犯罪、越轨行为相抗衡的内在机制。这也是实现教育最高目标的基石，是个体成为自由而全面发展的人的必经阶段。只有将自我约束于社会规范中加以淬炼，才能够最终实现精神上的自由，才可以确保人格自我的健康成长。当学生法律意识植根于自我成为一种成熟性的定型,他就会成为自我发展的主体,成为社会建设的潜在积极力量。这便是教育的最终目的。洛克认为,"父母和教师是儿童精神成长的决定者"①。教师在教学过程中发挥自身主体性地位,在整个教学过程中,最大限度地促使学生主动为形成法律意识植根于自我体系而进行主动的学习。这要求,作为实施者主体的教师至少做到以下几个方面:

第一,对自己在学生法律意识植根于自我体系形成中的主体性地位有着清醒的意识。这种认识主要包括清晰地意识到自身的人格对学生人格自我形成中的作用,正如哈贝马斯所言,"'自我'是在与'他人'的相互关系中方可凸显出来,唯有在与他人的关联中,单独的人才能成为与众不同的个体而存在"②。作为教师,应知道自身的人格对学生人格自我形成的独特作用,对学生法律意识植根于自我体系构建的独特作用。一方面,教师是学生法律意识植根于自我之体系的促进者,是学生法律意识内化为人格自我的外部主体,是学生法律意识植根于自我并形成超越其体系本身的一种驱动力;另一方面,教师人格本身蕴含着法律意识植根于自我之体系,学生从某方面来说,是对这种成熟人格的认同与内化。

第二,教师促进学生法律意识植根于自我体系形成中的自觉主动性。法律意识植根于自我终究依靠个体的自觉自知性来完成,而这一体系的成熟性体现在它具备了自组织性和自适应性等复杂系统的特性。那么,教师在这一过程中应该促使学生从被动接纳社会所需的各种基础法律知识的人,转化为主动地去学习、构建自己的法律知识,并进一步将知识层面的东西人格化,成为"法律自我",即成功地将法律意识植根于自我的控制权由教师之手转交到学生之手,使学生成为这一体系的主动构建者。这种转变首先要在教学目的上加以明确表示,其次应该在具体的教学活动中加以实施,在"教与学"中激发学生的这种自主能动性,培育

---

① [美] 弗罗斯特:《西方教育的历史和哲学基础》,吴元训译,华夏出版社 1987 年版,第 328 页。

② [德] 哈贝马斯:《重建历史唯物主义》,郭官义译,社会科学文献出版社 2000 年版,第 53 页。

学生在各个方面的人格自主与独立。摄取知识的过程就是法律意识逐步内化到自我的过程。

第三，教师对教学本质的认识应突破"认知教学"观，意识到教学的目的不仅仅是对知识的掌握与理解，而且包括促进学生道德和能力的发展。知识的掌握只是目的之一，如何真正地将静态的知识转化为自身的能力，如何利用所学的知识完善自我的人格，实现自我才是教育的最终目的。以此为出发点，在培养学生法律意识植根于自我体系过程中，应结合个体道德发展规律、心理发展特点，将道德规范、法律知识成功地融合在学生人格的形成过程中。静态的法律知识不再是教学的最终目的，而是成为构建这一预防体系的手段，整个教学过程应该是为构建这一体系服务。所以，除去知识的领悟外，还需要学生自身参与进来，方可构建成这一体系，并最终超越这一体系所具备的特质，成为一名适应社会又极具创造潜能的个体。

第四，教学过程中理性教育和感性教育的统一。法律意识植根于自我的成熟定型是一种人格特质，是人格自我对法精神元素的融合，是一种"法律自我"的生成。法律本身又是理性与感性的统一体。西塞罗认为，"真正的法律乃是正确的理性，与自然相吻合，适用于所有的人，稳定、恒常，以命令的方式召唤履行义务，以禁止的方式阻止犯罪行为，但它不会徒然地对好人命令和禁止，以命令和禁止感召坏人。"[1] 西塞罗认为法律是一种永恒存在的理性，具有跨时空的特性，法律的理性是人与神的共同特点，人的理性发展成熟后就表现为一种至善至美的智慧。孟德斯鸠亦认为法是一种关系，这种关系存在于"根本理性"与其他存在物之间，以及其他存在物与存在之间。[2] 自然法理论中，对理性是推崇的，这种推崇归根结底是对人的理性崇拜。这种理性认知中承载着人类自身对理性价值的认同与肯定。伊壁鸠鲁则认为情感是一切善的准则。快乐可以使我们的灵魂避免干扰，获得宁静，故快乐天然的是一种善，而公正等其他德性都由此而来。[3] 边沁用功利原则对法律问题进行分析，

---

[1] [古罗马]西塞罗：《论共和国》，王焕生译，上海人民出版社2006年版，第251页。
[2] [法]孟德斯鸠：《论法的精神》上卷，张雁深译，商务印书馆1962年版，第1—7页。
[3] 苗力田：《古希腊哲学》，中国人民大学出版社1989年版，第638—643页。

他认为功利原则是和幸福、快乐相联系的,人类的行为就是在这种情感的支配与控制之下,故立法应该遵从这种功利原则,为实现"最大多数人的最大幸福"为其准则。① 法律是情感与理性的统一,二者并不是彼此割裂的关系,这种统一在于人是感性与理性的统一体。法律认知既是理性的认知,同时又是在法律情感的驱动下的认知活动。因此,教育活动中,教师应遵从人的本性,在教育活动中兼顾学生的理性与非理性的培育,为其法律意识植根于自我奠定完整的人性基础。

(3) 同伴

个体的主体性是在与客体和其他主体的交互作用中得以形成和发展的。主体与主体之间的关系又称作主体间性,个体的主体性在与同伴的交往中更加丰富和谐。同伴一方面在促进自我教育中体现出他的主体性,另一方面通过与同伴的交往创造性地影响他人,从而实现了同伴的实施者主体性。同伴之间的相互交往对个体法律意识植根于自我体系之形成功不可没。法律文化、法律传统和法律价值的传递需要在现实的社会关系中进行,而同伴之间的平等交往,促使个体在自我形成中构建"法律自我",即将法律意识植根于自我,形成一种体系。通过同伴交往与互动,通过自我主体与同伴主体的双向接纳与理解,使得法律意识融合于人格自我成为可能。在这里,同伴主体性与自我主体性之间和谐的关系成为法律意识植根于自我的前提。同伴作为实施者主体有以下几方面的特征:

第一,同伴主体之间的相互作用性。同伴主体之间的互动过程是个体自我与同伴自我相遇的过程,在彼此相遇的过程中,一方面,促进个体自我的发展,同伴满足个体的反应性对象需求和理想化对象需求;另一方面,两个自我在相互交流过程中对法律意识进行了传递。这两个方面是同时进行的,双方互相理解、达到彼此精神上的契合,在这一交互关系中实现了法律意识与自我的融合。

第二,同伴主体之间的平等性。较之与父母、老师之间的关系,同伴主体之间更多的是一种平等的关系,这种平等不仅体现在人格上的平等,更是各种社会地位与社会角色的平等,这种平等性使得同伴教育更

---

① [英] 边沁:《政府片论》,沈叔平译,商务印书馆1997年版,第98—102页。

为容易和有效。在彼此交往过程中，同伴间平等地分享自己的法律观点，表达对法律的情感，并基于这种平等性可以客观真实地评价对法律的认识。同伴的主体性在这种平等的对话中对个体法律意识植根于自我体系的形成与巩固具有优势，因为平等条件下主体间的互动更为真实有效。

第三，同伴主体的社会中介性。同伴主体之间的关系作为一种水平关系，一方面，对父母、教师主体实施的负面影响起到消解作用。不良的亲子关系所导致的人格自我发展不良，学校教育对个别主体的边缘化产生的不良影响都可以在同伴关系中得以缓解。这种缓解不仅体现在对个体自我形成的修复作用上，还体现在对法律意识的促进方面。学校教育对个体的边缘化势必导致其法律认知的缺失，同伴交往则可弥补这一缺陷；另一方面，同伴主体之间的交往模式还是个体与社会关系的范式与先导，同伴主体之间的平权性关系是个体与社会关系的缩影。如果说同伴主体间性是可见的、特定的同辈主体之间的关系，那么个体与社会关系就是与不特定的、不可预见的社会主体之间的关系。因此，同伴主体关系是个体在步入社会前的一种中层关系。

2. 实施对象主体

意大利学者蒙台梭利指出，"生长，是由于内在的生命潜力的发展"，[①] 个体法律意识植根于自我体系的形成，是实施者与实施对象双向互动过程中完成的，实施对象在这一活动中并不是被动地承受来自于实施者的影响，相反实施对象也具备主体性本质属性，故法律意识植根于自我体系的形成同时也是实施对象逐步主体化的过程。

(1) 一般个体

作为法律意识植根于自我的实施对象主体——一般个体，他的主体性表现在亲子关系、同伴关系和师生关系中。一般个体的主体性主要表现为他的人格自我在与宏观法律意识相互融合过程中，表现在他的自我表现形式——自我意识的发生、发展水平上。自我的发展成为个体法律意识植根于自我体系形成的内在机制，也是这一体系形成的动力学因素。

个体的自我是与父母的交往中构建起来，并逐步将父母的价值观、理想观内化为自我的组成部分，最初表现就是个体的道德发生。道德发

---

① 赵祥麟：《外国现代教育史》，华东师范大学出版社1987年版，第133页。

生就是法律意识植根于自我的基石。个体在这个阶段的主体性虽微弱，但不容忽视。只有在尊重个体主体性的基础上，科学看待个体的主体性，个体自我的进一步成长才会顺利。到了中小学阶段，个体主体性随着他接受学校教育，也发展到了一个初级阶段。康德指出，"人的目的就是做人""人只有靠教育才能成人"。[①] 在这一阶段，个体的自我意识水平快速提高，且感受到来自家庭、学校、老师、同伴的接纳与关爱。同时，个体由对道德规范的认知，扩展到对法律知识的学习、对法律情感的培养与体验。这时，个体的主体性表现为自我意识水平的提高，且具备了不断追求成长发展的内驱力。自我意识水平的提高，意味着个体的自我认知、自我体验和自我控制都有所发展，个体开始支配自我，并努力与他人和环境保持良好的和谐关系，这种自主自觉的努力可看做是个体主体性的进一步发展。到了青春期后期，个体的主体性表现为一种对自我实现的追求与超越。在教育活动中，个体对传统社会文化、道德规则、法律现象的认知层层加深，在与他人的交互作用中、在社会化进程中逐步形成了相对稳定的法律意识植根于自我的体系，这一体系的产生是个体自我实现的产物，亦是个体对外界人和物的一个适应与平衡的结果。这种适应与平衡的经历，是自我实现的必经阶段，也是法律意识植根于自我体系形成所必经的过程。个体的主体性在这一阶段相对的发展到了中高级阶段，法律意识植根于自我体系初步定型，"法律自我"初具雏形。

（2）未成年犯

未成年犯作为法律意识植根于自我之体系失败所导致的一个特殊群体，同样是实施对象主体之一，是犯罪再预防主体。未成年法律意识植根于自我的预防体系形成的失败，亦可看作是由其主体性的缺失造成的。这种缺失体现在未成年犯最初的不良亲子关系中，童年时期主体性的要求是生存与被接纳，未成年犯不被父母接纳、家庭教养方式消极导致他们的人格自我不能健康地发展起来。在学校教育中，由于复制了家庭不良人际交往模式，不能很好地与老师、同伴相处，学校教育无法成为促进其主体性生成和发展的有利条件，反而最终被边缘化，走向辍学的命

---

① 陈桂生：《教育原理》，华东师范大学出版社2000年版，第208页。

运。这些不利的外部条件，导致其人格自我不能正常成长，传统社会的规则、秩序也无法与人格自我发生交互作用而形成法律意识植根于自我的预防体系，最终走向孤立的犯罪道路。

未成年犯的本质是不成熟，这种不成熟为构建其法律意识植根于自我体系提供了契机。构建预防犯罪体系的前提是将未成年犯缺失的主体性返还于他们。由于只能着眼于当前条件，因此，未成年犯管教所的相关人员，如专业的心理咨询师、狱警、监狱教育人员等，对未成年犯主体性的提升具有教育任务。依靠这些人员在与未成年犯互动中，逐步体现出未成年犯的主体性地位，帮助他们修复自我，并将法律意识融合于自我之中，构建其法律意识植根于自我的预防体系。因此，只有将未成年犯作为主体，对他们的矫治教育才有可能取得成效；实现未成年犯主体性，才有可能形成法律意识植根于自我之预防体系。

二 教育方式

个体的关系发展状况揭示法律意识植根于自我之体系的成熟度。所以，法律意识植根于自我的教育方式蕴含在关系中，法律意识植根于自我之体系形成于实施者主体与实施对象主体的关系中，这种关系大体划分为亲子关系和社会关系，其中社会关系相对于亲子关系而言，由于活动领域和关系中主体的多元化，可从社会支持方面检测其关系的发展状况。相对而言，对社会关系的检验亦可从反面进行，即可考察个体的社会疏离感。法律意识植根于自我之体系的价值在于它对犯罪的预防，如若形成于它的关系健康，那么该预防体系就会发挥它应有的作用；反之，个体由于关系的不良而导致未形成法律意识植根于自我之预防体系，从而将自身置于犯罪易感性群体。所以，构建法律意识植根于自我之体系的教育方式应立足于"关系"，在良好的关系中，该预防体系方可得以形成；反之，则不会形成法律意识植根自我的预防体系，而这将导致青少年的失控与犯罪行为。

1. 亲子关系

亲子关系表现在父母对子女所采取的教养方式中。布朗芬布伦纳[①]认为，个体发展的环境是微观系统、中层系统、外层系统及宏观系统等由小到大逐渐向外展开的一个综合复杂的生态系统。家庭作为个体发展的微观系统，首先对个体产生直接的影响。而最外层的宏观系统，比如文化、亚文化和社会环境，这些因素会透过家庭这个微观系统对个体自我意识的形成产生直接或间接影响。家庭作为个体社会化的第一个场所，家庭教育方式对个体个性的形成起到至关重要的作用。抛开个体，反观整个人类社会的家庭教育，便是一部人类社会的成长史。家庭中的人与人之间的关系为血缘关系，这种血缘关系注定了这种人际关系的必然性、唯一性和排他性。这种血缘关系的本质，即为上一代人对下一代人的那种爱的固然本性。家庭就是促使这种爱加以转化的场所。其次，家庭是促使后代形成独立人格的平台。在个体能够真正成为独立的个体之前，这种家庭功能是通过个体与父母的交互作用实现的，即为本书实证研究中所提到的父母教养方式。在这一过程中，父母将为个体展示与他人、与社会相处的模型，以及为个体传播有关的规则、价值观等，个体的自我就是在这种互动过程中建构起来。但由于各种综合性因素，家庭并未能很好地发挥其职能。这是导致青少年走向犯罪道路的重要原因。研究表明，犯罪青少年的家庭气氛在亲密度、情感显露、控制、独立等因子上与普通青少年的家庭气氛存在显著差异。[②] 赵军的实证研究表明，30个家庭因素对未成年的犯罪行为具有50%—60%的解释率，并提出家庭成为预防未成年人犯罪的重要环节之一。[③]

有学者提供了包括父母教养方式的特点、亲子互动模式和家庭价值观的综合模型。这种综合模型认为父母教养方式是一个影响个体个性成长的重要因素。儿童的个性就是在与父母交往中或观察父母或其他亲人

[①] Bronfenbrenner, U., *The ecology of human development: Experiences by nature and design*, Harvard University Press, 1979, pp. 209–294.

[②] Leflore, L., "Delinquent Youths and Family." *Adolescence*, Vol. 91, No. 23, 1988, pp. 629–642.

[③] 赵军：《家庭因素与未成年人犯罪关系研究——对若干流行观念的定量检验》，《法学评论》2012年第2期。

的互动而逐渐构建起来的。① Darling 和 Steinberg 认为父母教养方式是父母在抚育子女的过程中所表现出来的一种稳定的行为风格,是父母对有关养育子女的认知、养育行为及养育子女所注入情感所组成的一种行为方式,且具有跨情景性,这被视为亲子关系的实质。② 徐慧等人认为,家庭教养方式是一种相对稳定的行为方式,这种稳定的行为方式表现在父母抚育子女的过程中,是父母各种养育子女行为特征的抽象概括。③ 程灶火等人认为家庭教养方式会涉及多重维度,这些维度彼此独立但又具相关性,是由父母或其监护人对养育子女所持有的态度、行为及方式方法的抽象概括。④

因此,父母教养方式作为一种影响个体自我成长的重要因素,家庭教育的关键作用尽显其中。大量的实证研究表明,积极良好的家庭教养方式对个体的健康成长保驾护航,为个体的自我形成提供良好的土壤与营养;反之,消极不合理的教养方式使得个体发展受损,造成其自我发展不成熟或偏激,从而使个体缺失了正常社会化的人格基础,最终表现为各种越轨行为乃至走向违法犯罪的道路。家庭教养方式折射出亲子关系的发展状况,故通过研究个体的父母教养方式,可评判其法律意识植根于自我体系的发展状况。

2. 社会关系

社会关系是指除家庭关系外的与他人之间所建立的联系。特拉维斯·赫希的社会联系理论(social bond theory)的基本观点认为,个人与社会的联结状况是预测其是否越轨或犯罪的预警器。青少年与传统社会的联结变弱或断裂会导致其违法犯罪。并进一步指出社会联系是由依恋(attachment)、奉献(commitment)、卷入(involvement)和信念(belief)组成。依恋指与他人或群体的情感联系,包括对父母、同伴和学校的依

---

① Millon, T., *Disorders of Personality: DSM IV and Beyond 2nd ed*, New York: John Wiley and Sons, 1996, p. 112.

② Darling, N. & L. Steinberg., "Parenting style as context: an integrative model." *Psychological Bulletin*, Vol. 113, No. 3, 1993, pp. 487–496.

③ 徐慧、张建新、张梅玲:《家庭教养方式对儿童社会化发展影响的研究综述》,《心理科学》2008 年第 4 期。

④ 程灶火、奚晓岚、陈媛媛:《家庭教养方式问卷的编制和信效度研究》,《中国临床心理学杂志》2011 年第 6 期。

恋；奉献指将心理能量、时间投注于传统活动内容上，表现为向成年人身份转变、接受教育及获得地位更高的职业；卷入则指对传统活动花费时间与精力，主要有传统的工作、运动、娱乐和业余爱好及与学校有关的传统活动；信念即为对共同的价值体系和道德观念的认同。少年犯罪就是这几方面与传统社会联结薄弱的结果。[1] 故通过对社会支持和社会支持的反面——疏离感的研究，可揭示个体法律意识植根于自我之犯罪预防体系的完善程度。

(1) 社会支持

犯罪学家弗兰西斯·卡伦（F. T. Cullen）基于犯罪视角提出了社会支持理论，并认为社会支持是由客观或主观想象的可能提供的物质和精神帮助，提供的主体可以是社区、社会网络或者他人。[2] 该理论假设人有潜在的犯罪欲望，所以需要加以控制；同时，也有利他及给予和接纳支持的潜质，所以需要引导并激发这种潜能转化为现实形式。当这种潜能实现时，就会降低犯罪的危险性。[3]

心理学有关社会支持的研究主要认为这种行为可以使个体避免不利环境的伤害，保护其心理健康，并可提高个体的适应能力。有关犯罪青少年的实证研究显示，犯罪青少年的社会支持状况显著差于普通青少年，且父母的社会支持对犯罪青少年的社会适应状况有直接的预测作用。[4] 犯罪青少年家庭内外支持均显著低于职高学生组，且犯罪青少年社会支持与消极应对方式呈显著负相关。[5] 犯罪青少年对社会支持的领悟程度显著低于大学生；家庭内支持可以显著预测犯罪青少年应对方式；其他形式

---

[1] ［美］特拉维斯·赫希：《少年犯罪原因探讨》，吴宗宪等译，中国国际广播出版社1997年版，第3—15页。

[2] Cullen, F. T., J. P. Wright, & M. B. Chamlin., "Social Support and Social Reform: A Progressive Crime Control Agenda." *Crime & Delinquency*, Vol. 45, No. 2, 1999, pp. 188 – 207.

[3] 曹立群、任昕：《犯罪学》，中国人民大学出版社2007年版，第91页。

[4] 金灿灿、邹泓、侯珂：《情绪智力和父母社会支持对犯罪青少年社会适应的影响：直接效应还是缓冲效应》，《心理科学》2011年第6期。

[5] 璐石、吴燕、徐涛：《男性犯罪青少年的生活事件、社会支持和应对方式的对照研究》，《中国健康心理学杂志》2004年第8期。

的支持可显著预测犯罪青少年的未来期望和自我评价。①

社会联结是社会支持的前提,社会支持对这种联结起到了巩固加强作用。法律意识则是在个体联结及互相支持的过程中被认可和内化,并将法所体现的秩序、价值观和信念作为一种共同性的观念加以遵从。法律意识的内容——法律认知、法律情感、法律意志、法律需要和动机及法律信仰在人与人联结与支持中被认同和肯定。本书所指的法律意识是以法律认知为起点,法律需求和动机为驱动系统引发法律活动的产生,而法律情感又给法律认知和活动一个加速度,法律意志确保法律认知、法律活动过程的顺利进行,最后以个体形成法律信仰为终点。这五方面形成了一个动态的纵深发展的法律意识结构。已有的实证研究表明,未成年犯认为"不懂法律"是其犯罪的主要原因,在有关是否学过法律的问题中,"没有学过法律"这一选项占到17.0%。② 本书的实证研究部分表明未成年犯由于未形成法律意识植根于自我之体系,从而导致其犯罪。没有形成这一体系的原因之一就是缺乏社会支持,导致社会联系弱化。

(2) 疏离感状况

社会关系断裂直接表现为一种疏离感,本书所指疏离感是指个体与他人、社会、环境等正常的关系断裂、发生疏远,从而使个体产生一种消极的情感体验。具体来说分为三个维度:社会疏离感、环境疏离感和人际疏离感。社会疏离感主要涉及与社会规则、主流观念、价值观、主流文化等产生的疏离感;人际疏离感主要是人与人之间情感联结失败而产生的疏离;环境疏离感则是与其生活环境和自然环境产生的疏离感。人的本质是社会性,这种社会性首先表现在人类的起源上,即我们的祖先——猿类就是一种社会性动物;其次,表现在人类的实践活动只有同他人一起时才成为可能,个人的生命只有在社会生活中才能够得以体现;再次,人的社会性是人的潜能得以实现的条件,只有在社会生活中,人才可以展现自我力量;最后,个体的全面发展只有在与人的交往过程中

---

① 王丹、初玉霞:《犯罪青少年心理状态及其与社会支持的关系研究》,《中国特殊教育》2013年第7期。

② 张良驯、刘胡权:《违法犯罪未成年人的思想道德和法律意识研究》,《中国教育学刊》2014年第12期。

才得以成功。① 既然人的本质为社会性，那么这种背离其本性的表现——与他人、社会、环境的疏离就是对人本性的扭曲。这种背离其本性的表现，必将导致个体的自我发展受阻，以及导致个体社会边缘化。因此，违法犯罪是个体疏离感的结果，又是疏离感的一种表现方式。国外的研究为这一点提供了论据，即酗酒个体的疏离感显著高于正常人②，经常饮酒、吸毒的青少年比其他青少年表现出更为严重的疏离感及对生命有更消极的态度。③

综上所述，对个体社会关系的研究，可直接通过对社会支持度的研究进行评价，也可通过对疏离感的研究判断其社会关系发展状况，从而推论其法律意识植根于自我之体系的发展程度。

第三节 法律意识植根于自我的教育内容

法律意识植根于自我的内容，不仅包括静态的组成成分——自我和法律意识，也包括法律意识植根于自我的动态因子，即自我和法律意识之间的关系和二者融合的策略。融合策略是基于对自我和法律意识的关系分析基础之上提出的。由于前面的章节里有系统地阐释过自我的发生与发展，因此，在本节的具体论述过程中会隐去自我的发生与发展这一内容。

一 形成于自然法理念中的自我

我国古代的道家代表人物老子提出，"人法地，地法天，天法道，道法自然"④，指出自然万物兼有自身规律，这是由其本性决定的，这是万物发展变化的最终依据。亚里士多德亦提出"本性就是自然万物动变渊

---

① 丁学良：《恢复马克思主义关于人的社会性思想的本来面目》，《复旦学报》（社会科学版）1981年第1期。

② Calicchia, J. P. & R. M. Barresi., "Alcoholism and alienation." *Journal of Clinical Psychology*, Vol. 31, No. 4, 1975, pp. 770–775.

③ Mason & Heather., "Trials of Teens: Alienation, Risk Behaviors Linked." *Gallup Poll Tuesday Briefing*, 2004, pp. 1–3.

④ 《老子·道经·二十五章》。

源"①。这就是说自然是事物的本性,这种本性可以延伸出一种秩序,但秩序的变动来自本性,本性成为其最终的依据,同时也是事物可达到的理想状态。古典自然法是基于对自然的理解提出了自己的见解,认为自然法"是与一种目的论的宇宙观联系在一起的"。② 自然法反映的是一种支配自然界的普遍的、永恒的应然性的法则。它是人类理性认识的产物,具有理性的人类在社会生活中,运用其理性与智慧发现了自然法则,并将这一法则运用于社会生活中,成为维系社会秩序的一种德性。自然法是关于理性、追求正义、体现人性之善的法则,并成为人定法的前提及重要组成部分。自然法反映的是人的本性,向往的是一种善的生活秩序,在这种秩序之下,家庭、国家、社会的存在形式兼体现了对正义、善良、美德的追求,以此来确保个体的本性得以最大限度的发挥,促使人过上一种富有德性的生活。个体的人格自我形成在自然法理念中,具体表现在两个方面。

第一,自我生成于自然法理念中。人格自我是在关系中形成的,最初的关系就是亲子关系,良好的亲子关系是个体人格自我形成的关键因素。亲子法对这一关系进行了确认,即父母有照顾抚养子女的义务。这种法律上的确认实则就是自然法理念的体现。父母对子女的抚养不仅为了确保子女的生存,更是一种"自然而然"的本性。父母对子女的抚养义务可分为生活保持义务和照料义务。生活保持义务指对未成年子女的生存提供物质支持,照料义务则指对未成年子女进行照顾、现实的关怀义务。③ 我国的《婚姻法》同样对这一义务进行了确认。近现代大多国家的亲权制度,以保护教育未成年子女为特点。④ 这些制度多以"子女最佳利益为原则",促进未成年子女的健康成长为核心。德国民法典以"父母照顾"一词表达亲权,⑤ 亲权内容中的抚养教育权关乎个体自我能否顺利成长。家庭作为个体人际关系发生的第一个场所,是自我发生的最为重

---

① [古希腊]亚里士多德:《形而上学》,吴寿彭译,商务印书馆1959年版,第89页。
② [美]列奥·施特劳斯:《自然权利与历史》,彭刚译,生活·读书·新知三联书店2003年版,第8页。
③ 王丽萍:《亲子法研究》,法律出版社2004年版,第122页。
④ 余延满:《亲属法原论》,法律出版社2007年版,第450页。
⑤ 陈卫佐:《德国民法典》,法律出版社2006年版,第441页。

要的环境。只有父母对其提供合理的抚养与教育，自我方可顺利成长。抚育子女作为父母的一种本能行为，体现了自然法理念，也是这种理念才使得法律意识植根于自我中的重要内容之一——自我健康产生成为可能。

第二，自然法理念对阻碍自我成长的因素具有限制作用。联合国《儿童权利公约》不仅规定了儿童的游戏权，保证了儿童的天性在游戏中得以释放，儿童的自我在游戏中得以成长，还规定了儿童的受教育权。这都是为保证儿童的生存与发展方面所提出的基本权利。国家亲权理论则将对未成年人保护的职责最终归于国家，认为国家亲权凌驾于父母亲权，这种高于父母亲权的缘由是父母对子女照顾不当，而由国家基于未成年人利益充任其"父母"。[①] 探视权则是由于父母的离异，为保证未成年子女的健康成长赋予不能与未成年子女共同生活的一方父母的权利。这些法律方面的规定，保证了个体自我正常发展所需的外界环境。《儿童权利公约》规定儿童具有免受虐待的权利，则阻止了家庭、学校、乃至社会有可能对儿童成长所造成的不利影响，保证其人格自我正常发展，为法律意识植根于自我提供了前提。

不管是亲权，还是受教育权抑或是《儿童权利公约》所规定的儿童多项权利，兼在保护个体的顺利成长、保障人类的延续，这实则形成了一种秩序，而这种秩序是社会进步的保证。个体出生之时，由于其弱小而无法与成人、社会对抗，这时法律为其规定各项权利，实则是维护正义的一种表现形式。不管秩序，还是正义，都是自然法所提倡，也是自然法经久不衰的秘诀，同样是这种自然法精神，保证了个体自我的顺利成长。

二 自我表现形式中的微观法律意识

1. 自我的表现形式

自我是一个综合复杂的心理结构，是以自我意识为其表现形式的人格核心。因此，对抽象的自我进行研究，可从其表现形式——自我意识

[①] 姚建龙：《国家亲权理论与少年司法——以美国少年司法为中心的研究》，《法学杂志》2008年第3期。

着手，自我意识的具体内容包括自我认知、自我体验和自我控制三方面的心理机能。

自我认知是个体在与他人互动的过程中逐步对自我独立于他人的特征的认识，包括自我的生理特征、社会特征和心理特征的觉知。具体有对自己体态、容貌，社会生活中的地位、社会角色、基本的权利义务的观念，自己的能力、道德观念、法律观、价值观等方面的觉知。关于自我认知的发生，依恋内部工作模型认为自我认识始于婴儿与父母的互动中，这种互动关系同时也是个体建立依恋的过程，在个体早期依恋中形成了一种对自我和他人的表征。[1] 这种依恋内部工作模型形成的表征一旦建立，就成为预测之后人际关系的指标。因此，研究亲子依恋可窥探个体自我形成之始的一些状况。

自我体验是自我意识的情绪状况，是自我卷入到情绪状态中所带来的情感体验，包括自信、自卑、内疚、害羞等。[2] 自我的情绪体验在个体社会化过程中具有动力功能，尤其是涉及道德规范方面的时候，个体的内疚与羞愧能够促进个体的利他行为的发生，降低不道德行为的产生。自我体验中的情绪的道德功能对个体法律意识的培育也具有促进作用。

自我控制是个体对自我心理和行为的一种监督，促使自身行为与主流社会价值相符合的一种能力，是自我意识的执行维度。首先，自我控制涉及一个标准，即有关的道德、法律、价值观，这是自我控制的前提条件。其次，自我控制是一个对自我的监控系统，这种监控保证个体的心理行为在标准限度内。最后，自我控制是一种能力，一种抑制行为固有反应倾向的能力，促使心理行为符合社会期望。目前对自我控制的研究提出了一些理论，比较有影响力的如力量模型。力量模型认为个体的自我控制能量是既定的，自我控制行为则需要消耗这些既定量的能量。当这种能量被消耗到一定程度的时候，便会出现自我损耗，即低自我控制状况。[3]

---

[1] Crowell, J. A. & D. A. Treboux., "Review of Adult Attachment Measures: Implications for Theory and Research." *Review of Social Development*, Vol. 4, No. 3, 1995, pp. 294-327.

[2] Tracy, J. L. & R. W. Robins., "Self-Conscious Emotions: Where Self and Emotion Meet." *Self in Social Psychology*, 2007, pp. 187-209.

[3] Baumeister, R. F. & D. M. Tice., "The Strength Model of Self-Control." *Current Directions in Psychological Science*, Vol. 16, No. 6, 2007, pp. 351-355.

自我是一个抽象的人格特征，作为法律意识植根于自我的一项关键内容，对它的研究需要从具体内容——自我意识进行。自我意识的三个成分，为研究法律意识植根于自我提供了具体、可操作性的理论基础。

2. 微观法律意识及其与自我意识的关系

法律意识植根于自我的第二个重要内容便是法律意识，但法律意识植根于自我之体系中的法律意识则为个体自我对宏观法律意识的微观化，故法律意识植根于自我之体系中的法律意识内容是针对个体而言的微观法律意识。微观法律意识主要包括法律认知、法律情感、法律需要和动机、法律意志和法律信仰。法律认知是对法律现象和制度的知觉，是个体自我认知中关于法律方面的组成成分，这是法律意识的基础，同时也是个体形成法律意识植根于自我之体系的基础。法律情感是个体自我卷入到法律活动中的一种体验，这种体验既是个体自我体验的一种形式，同时也是法律意识培育中的动力因素。法律意志是个体克服自然偏好选择倾向，而遵从维护社会秩序之法律的一种能力。法律需要和动机则会促使个体法律活动的发生，从而使得法律意志现实化，是个体在法律认知的基础上、法律意志的监督中，促使自己做出符合法律期待的行为，是法律意识客观化的一种表现。由此得知，个体法律意志、法律需要和动机实属自我控制的范畴，法律是自我控制的标准和前提，法律需要和动机所引发的法律活动则是自我控制的结果。具体二者的关系见图4.1。

三 法律意识植根于自我的形成策略

法律意识植根于自我之体系始于家庭的亲子关系、初具形态于学校系统的法制教育、成熟定型于社会关系之中。家庭对这一体系的形成提供了温床与土壤，学校教育则促使法律意识植根于自我明了化，是由自然法理念向实在法的转化，是系统的法与个体自我结合的关键期。下面将论述学校对个体法律意识植根于自我体系形成的教育策略。法律意识植根于自我体系的形成，是一个阶梯型的过程。它以法律认知为起点，法律需求和动机为驱动系统形成法律活动，而法律情感又给法律认知和行为一个加速度，法律意志确保法律认知、法律活动过程的顺利进行，最后以法律信仰为终点。这五方面形成了一个动态的纵深发展关系，自我与法律意识在学校系统的教育下，逐步融为一体。

第四章 法律意识植根于自我的教育模式探究 / 179

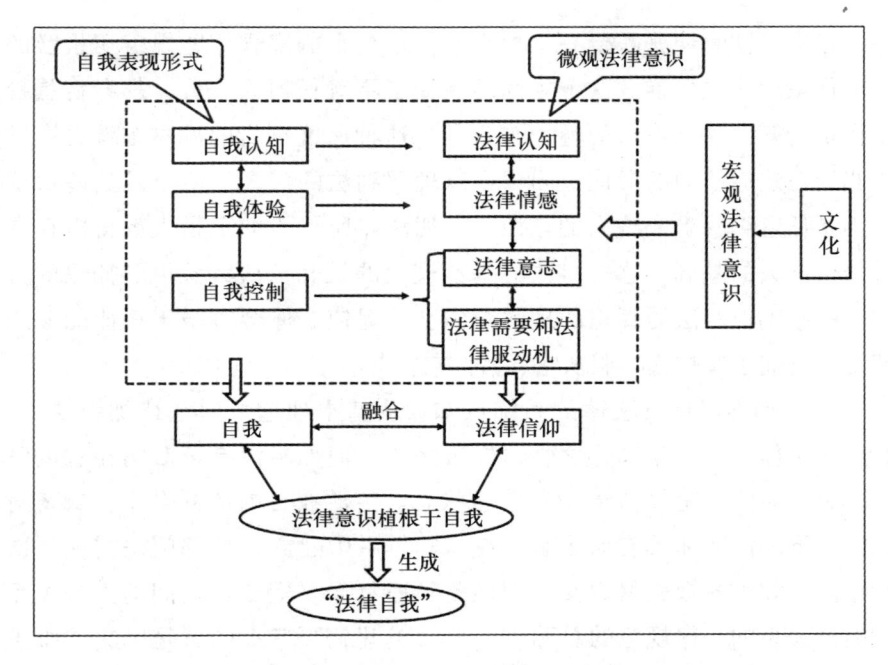

图4.1 自我与法律意识之间的关系

1. 系统认知理解策略

（1）加强对法的基本理念的认知。比如对法理的第一个问题"法是什么"的认知，可以从"法自何而来"作为起点，借鉴马克思主义法学者认为法是从禁忌—习惯—法演变而来的，而原始社会最初的禁忌则为食物禁忌和性禁忌。这两者产生的缘由只是为了生存，为了保证种群能够繁衍下去，为了狩猎的成功率更高一些。那么，到这里的时候再呈现"法是什么"的概念，这样对法的理解就不是冰冷的一个学术术语了。再者比如对法的基本价值正义的认知，不应该仅仅停留在何谓正义的层面上，还应该解释正义从何而来。这种对正义的较深层面的剖析，可借鉴古往今来的法学家们的看法，如贝卡利亚认为"人和人之间关系是平等的，只是为了解决欲望的冲动和私利的对立，才产生了共同利益的观念，以作为人类正义的基础"。[①] 比如切蛋糕，每个人都想分一块大的，那么

---

① ［意］切萨雷·贝卡利亚：《论犯罪与刑法》，黄风译，北京大学出版社2008年版，第21页。

为了公平,这时候就需要一个规则来保证公平的实现,即规定切蛋糕的人取得最后一块蛋糕。这个规则即保证了不管任何人去分,都会将蛋糕切得很均衡。这就是法的魅力与智慧。这种深度剖析的溯本求源,有助于我们对法律信仰的形成,因为可以理解到法的崇高价值以及这些价值并不是任意编纂出来唬人的东西。一切法律所代表的正是人类得以存在并繁衍下去的基础。这样对法的基本理念的认知,从具象再到抽象的方式,能够确保对法的真正的理解与体会,促使个体会折服于法律的深邃智慧,进而去维护它、服从它、信仰它。

(2)加强对现行法律的系统认知。从基本理念上对法律加以认知,有助于主体对法产生向往之情、崇敬之心。但如果没有了对实在法的掌握,那么对法也是停留于一种空悬状态。生活在目前的社会中,就要对我国当下的法律体系有所了解,在认知体系中建立一种部门法需要层次理论。比如大多数教材定义"民法是调整社会平等成员之间的人身关系和财产关系的法律规范的总称"[1]。那么这里需要掌握的就是民法"维护私权"的主要特征,它针对的是"平等的成员"之间的"人身关系"和"财产关系"。民法的私法属性,注定每个人自出生起就与它结下不解之缘。举例来说,对于个体在街边遇到的那种"兜售"手机的人,你能不能买?你买了以后能不能受到法律的保护?真正的失主找到你该怎么办等一系列问题,都属于民法所要调整的范围。所以说民法为母法一点都不为过,在她的眼中每个人都是她的孩子,都需要她公平地去调整孩子们之间的关系。而作为公法的刑法,即便我们通常不与他打交道,一旦和他产生了交集就是性命攸关的大事。刑法是规定犯罪、刑事责任和刑罚的法律。[2] 为避免触碰到刑法,首先需要了解它、知道它的底线。这里,可称它为"生命之法",懂得了它,即可挽救你于悬崖之边。比如,了解了刑法中的"抢夺罪"与"抢劫罪",那么通过对抢东西这一犯罪行为进行分析,比如是否进家抢或者在公众场合抢、有无带工具、带何种工具、有无为了抢东西把人推倒等等,从而了解到不同的行为会造成不同的定罪量刑。其他的部门法这里就不一一枚举,但是这种对法律的系

---

[1] 李永军:《民法总论》,法律出版社2009年版,第4页。
[2] 高铭暄、马克昌:《刑法学》,北京大学出版社2000年版,第4页。

统认知是很必要的,因为每一种法律信仰都与系统的法律认知息息相关。

2. 法律情感教育策略

法律情感的培养有助于增加青少年学生对法律的亲近感,同时也是激发学生学习法律知识兴趣的一种有效途径。对法律的积极情感亦是法律信仰不可或缺的组成部分,也是法律活动的强大驱力。法律情感教育策略可由以下两个方面进行。

(1) 突出法律的权利本位观

"权利本位"简而言之就是"权利作为法的最佳存在状态"。"法律体系诸因素的存在、运转状态兼由权利来决定,权利成为法律体系构建的核心。在对法律体系进行广泛解释时,权利居于首位;权利是法律体系的心脏,是规范的基础和基因。"[①] 在法学教学过程中,需要突出每个个体作为权利主体的这种资格,且在法律关系中,权利是首要的因素,义务是为权利而存在的;一切权利主体的权利是整个法律制度存在的最终目的。在法学教育中,强调授权性规范对法律主体的意义,引导学生对自身所拥有的权利产生兴趣,进而对法律发生兴趣,从而成功地拉近学生与法律之间的距离。当学习主体对学习对象发生兴趣,那么,就为建立两者之间的有意义联系提供了可能。通过权利本位观念的传播,让学生意识到"只有权利才是法的逻辑起点",也只有"权利才是履行义务的理由",那么,这种顺应人性"避苦求乐"的法律观,使得学生对法律由理性认知上升为情感的接纳。

(2) 强化法律与情感的联结

在系统的法律知识普及的过程中,要特别重视自然情感与法律本身的关系。将法律知识的讲授变为一种对学生有意义的生存常识的警言妙语。对学生的法制教育要抛弃仅仅对法律知识的传播这种教学理念,而是在发展一种批判性的法律思维的基础上激发学生对法律终极目标的追求和向往的情感状态。强化法律与情感的联结实质是促使法律主体对法律产生一种情感上的依恋状态,这种依恋状态是基于主体对法律的需求及法律在何种程度上能够满足主体的这一需要。因此,可从以下两方面阐释法律对主体情感的确认:一方面,法律为人类基本需求的满足提供

---

① [苏] 马图佐夫:《发展中的社会主义法律体系》,《苏维埃国家与法》1983 年第 21 期。

了一个可实现的社会环境。人类的基本需求包括生理需求、安全、爱与尊重，物权法对财产的保护、婚姻法对家庭幸福的维护、民法对人际交往诚实守信的满足以及刑法对社会秩序安定的维护等都是为给人类基本生存提供一个相对和平有序的环境，而这种基本的生存需要的满足是幸福的前提条件；另一方面，法律的终极目标是对正义、自由、平等、秩序的追求，这是全人类共同的追求目标。真正意义上的幸福快乐并不是单纯的"享乐"，而是对人生意义、人存在价值的探索，这种对人生意义的思考体现在了法律的价值里，在这里，个体的幸福与法律价值标准有了内在的统一，即法律价值追求成了个体对幸福的追求。在法制教育中，强化法律对人类情感满足的这一面，引导学生认识到"合情合法"的内在含义是法律情感教育的关键。

3. 法律意志养成策略

法律意志主要体现在个体守法过程中对各种困难因素的克服上，即个体对法律的坚定性、自觉性和果断性。法律意志从根源上是人的意志力在守法行为上的表现。那么法律意志的养成，首先培养个体守法的道德基础。只有从道德入手，只有主体的法律意识植根于其道德基础，守法行为才能成为个体法律行为中的自觉性。个体在从生物人转变为社会人的过程中，逐渐对社会规范、道德规范进行认知、理解、深化乃至最后内化为自身价值体系的组成部分。英国学者布莱斯指出，"惯性是民众遵守法律的最重要缘由"。[①] 这种惯性实则就是个体在社会化过程中对主流文化价值观的习得而形成的一种行为习惯。因此，对个体法律意志的养成首先需要在教育活动中对个体的道德发展予以特别的关注。从根本上来说，道德教育和法制教育具有内在的统一性，法律意志培养的前提就是培养个体良好的道德发展水平。

法律意志是一种对法律的理性认知和情感体验基础下的法律自觉自制性，是在社会活动中对违法诱因的克服，顽强而坚定不移地实现其法律信念的一种意志力。所以，教育活动中对学生法律意志的培养还应关注各种违法诱因，通过分析形形色色的违法行为，展现各种违法行为背后的侥幸和冒险心理，揭示违法的社会危害性，从而帮助青少年学生提

---

① 张文显：《法理学》，高等教育出版社1999年版，第255页。

高抗诱惑能力，抵制与法律所倡导的主流价值观相悖的犯罪亚文化的侵蚀，从而巩固其守法心理，坚定法律意志。在具体的教育实践活动中，可通过对法院公开的审判活动进行旁听，一方面加强学生理解法律对违法犯罪行为的负性评价，另一方面对静态法律规范动态化的直观认知；也可通过再现典型案例或者角色模拟各种法律关系中的当事人，解决各种实际情况中遇到的问题，从而提高法律实践能力和素养的一种体验式学习方法。这种方法可促使个体体验到法律知识在实际应用过程中的各种形态，能够更加真实地感知、思考、领会法的魅力，并且通过角色扮演和模拟，体会到法对人和人之间权利、义务的平衡与调整。个体的法律意志在这些教育活动中得以加强。

4. 实践练习策略

实践练习策略是指导学生参与法律活动，练习把所学法律知识运用于实践，通过在实际的法律活动中培养法律信仰的策略，主要有两种方式。

（1）成立法律知识援助小组

通过成立法律知识援助小组，为需要的人提供法律知识援助，使其亲自体验对法律的需求及其学习法律的动机。人们通过法律，使得正义在传播，社会变得更加有秩序，在法律限度内自由而安全的行使权利。这就是普通大众所需要的一种生活方式，而这种生活方式是在法律的保障下进行的。当建立起法与民众需求之桥梁时，我们看到的是法的生命，正义、秩序、权利通过法律在社会中实现着。

（2）运用法律知识为自己维权

掌握法律知识，理解法律知识背后所承载的法律信念，并将它与自身的生活相结合，就迈出了法律信仰的第一步。当个体人身受到攻击时，能够理智地去寻求法律的帮助，最终权利得到实现的时候，他所感受到的是法律的威严，这会使他意识到自己在这个社会中生活是安全而有所保障的。这时他将热爱法律，他也会为自身生活在这个法治社会而感到欣慰，并且会变得更加愿意去尊重他人的权利，更加善良与和平，这就是法律带给人类的美德，也是法律信仰形成的表现。

5. 传统文化渗透策略

法律信仰的培养存在一个比对法律本身的认知、情感、意志和行为更为基础性的因素——道德因素,即法律的道德性。只有符合人们道德期望的法律,才可能真正被接受;只有与人们的道德价值取向一致的法律,才有可能被信仰。法律的道德基础表明道德标准作为评价法律"良恶"的一种尺度和道德是法律规范的来源之一,以及二者所追求的价值趋于一致。中国传统文化中惯以伦理道德指引法律,荀子的礼为"法之枢要""非礼无法",表明作为传统文化核心的"礼"统领着法律的发展变化,与儒家道德相冲突的法不能称为法。[1] 中国传统文化对法与道德的联系予以充分确认,"礼法"一词便使得二者之间的关系不言自明。因此,学习传统文化,有助于提高对法律的自觉性及认同感,最终确立对法律的信仰。

传统文化教育可由以下几方面入手:一方面,家庭教育中应给予传统文化重要地位,注重传统礼仪的培养,注意孝道教育,父母对此应该言传身教,使儿童从小处在这种"礼仪""孝道"熏陶的环境中;儿童人格的发展过程中注重培养其坚韧的精神,一种"君子以自强不息""君子怀德"的人格魅力,鼓励子女面对挫折能够坦然面对、妥善解决。另一方面,学校教育应注重系统的传统文化知识的普及,让学生树立"修身、齐家、治国、平天下"的人生气度,这种传统文化对个体人生理想和价值的引导,与刑法的目标是一致的。刑法的最终目标亦是为人的更好发展提供一个安全、有序的社会环境。中国传统道德中的"言必行、行必果"则与民法的帝王条款"诚实信用"原则是同一物。因此,教育中应对传统文化的内容有所侧重,对诚信的培养可从日常的学习生活中做起,如从考试作弊现象抓起不失为一个很好的突破口。将诚信评价与学业评价相结合起来对学生进行打分,加强学生的道德修养。感恩亦是传统文化所倡导的美德,培养学生"投之以桃,报之以李"的美德,是学生发展亲社会能力的重要途径。亲社会行为则有利于对法律的遵守与践行。总之,家庭和学校从不同的方面对个体进行传统文化教育,加强个体的道德素养,培养其健全的人格,为发展其法律信仰做好基础性铺垫。

---

[1] 刘云林:《法律的道德性:依据及其价值》,《南京社会科学》2001年第9期。

第四节　法律意识植根于自我的发展阶段

法律意识植根于自我体系形成于个体与他人的互动关系中，这一体系是依照次序渐进形成的，大体可分为三个阶段。

一　第一阶段——混沌状态

个体在自我的生成过程中隐约体验到道德、规则等的存在。

从个体出生之始，就受到社会群体共同创造的道德规范的塑造和约束。而这些被认为是习俗或者道德的存在，是宏观法律意识的表现形式。这些在个体出生之前就存在的各种具有维持社会秩序的规则或文化，被认为是合理的，且必须予以遵守的。这种传统或价值取向被父辈们认为是理所当然的存在，且以"真理"予以遵从，并在教养孩子的过程中通过语言和行动传递给孩子。

个体刚诞生于这个社会之始，所体验到的各种社会秩序，如道德、习俗、法律等处于一种杂糅的状态，父母没有有意识地去对这些规则加以区分，而是表现在无意识的语言和行动中。父母在社会化过程中，已然将这些习俗或道德内化为自身的一部分，并在社会生活中形成了一种内隐的思维方式和行为习惯。这种内隐的思维方式和行为习惯因有利于社会生活和人际交往，故逐渐被积淀成群体的行为规则，并被群体加以确认。个体只要生活在社会中，就要接受这种群体规则，因为害怕被群体所排挤而变得孤立无援，故将这种内化于心的规则传递于自己的后代。在法律意识植根于自我的第一阶段，个体既无清晰的、对法律现象的认知，也无对道德的认知，他有的只是模糊的、泛化的对行为规则的"试误"，这种试误通过父母的反馈得以建立。在亲子互动过程中，父母对个体适应社会的规则予以肯定，对错误的行为予以惩罚或纠正，从而使个体获得了一般他人所认可的行为方式甚至是一整套泛化的社会规范。通过亲子交往，个体初步完成了对自我的认知，而对自我的认知则可促进对自然法理念的理解，这也是法律意识与个体自我的初步相遇。下面将以法律最终追求的公正为例来说明个体法律意识植根于自我的这种混沌状态。

公正，从哲学上来说是指自由权利转化为社会制度中的现实权利义务……这一过程在人类社会发展进程中不断循环，并逐步卸掉制度强加于人的规则，促使人类将规则内化于自我约束的一部分，从而达到自治的目的，此乃为正义生成之过程。① 哲学上的公正基于自由权利而论，最终的目的寄希望于人类社会能够最终进行自我约束，达到一种相对的自由。卢梭认为公正即为公意，社会契约便可加以实现。法律亦将公正作为自己终极意义上的追求，是其存在的依据及精神实质。法律意识的最高境界便是以法律认知为基础，最终落脚于一种公正信念或信仰，这种信仰确信所有卷入社会制度的个体在牵涉到权利义务的分配时，法律都将彰显它的公平与正义。因为将公正作为法律的核心价值，法律才能有效维护社会秩序、发挥定纷止争的作用。个体对法律的这种崇敬的意识，已然成为自我意识的一部分，并在社会生活中以此为行为准则，坚定而幸福地加以遵循。这种信念存在于大多数人的价值观念中，并在孕育后代的过程中作为一种理所当然地存在传递于子代，这种传递大多都是无意识或蕴含于具体的行为当中，所以，法律意识植根于自我之混沌状态更为混沌和模糊。

在心理学中，公正世界信念是由美国学者 Lerner 提出，核心观点便是个体有对安全感的基本需求。这种需求表现为对社会秩序的信念上：确信自己所生活的环境是一个各得其所、安全有序的社会。② 这种信念让个体对生活获得了一定的控制感，从而能够依据这种信念生活，并对未来的行动做出积极决策与投入。Lerner 认为，公正世界信念来自儿童与这个世界的一项契约，名为个人契约（personalcontract），这项契约的基本内容是：付出与回报是成正比的，如果对一项活动投入越多，那么将来就会得到相应的回报。所以当儿童放弃一些即时满足他们的回报，而继续投入时，那么将来的回报是会增多的。③ 国外的实证研究表明，个人公正世界信念和一般公正世界信念在个人主义社会中是作为一种社会规则

---

① 詹世友：《公义与公器——正义论视域中的公共伦理学》，人民出版社2000年版，第8页。
② Lerner, M. J., *The Belief in a Just World*: *A Fundamental Delusion*, NewYork: Plenum Press, 1980.
③ 高婷婷：《公正世界信念和认知风格对责备无辜受害者的影响》，硕士学位论文，辽宁师范大学，2012年。

存在的，且具有社会价值判断力。① 但个体最初与公正相遇时并不明白何为公正，或许是在他与小伙伴的玩耍中，由于父母的介入给他们订立了的一个游戏规则，这个游戏规则可保证他们公正的享受在游戏中的乐趣，抑或是无意中听到或看到父母对某一不公正事件的义愤填膺的评判，从而使得这种有关公正的信念隐隐约约地植根于他们的自我成长过程中。父母与邻居搞好关系的表象亦伴随着个体自我的成长，这种睦邻关系在以后的法律中表现为民法对相邻关系的调整，如民法对相邻关系的调整表现为相邻权的赋予、所有权的限制、物上请求权等，这些法律规定是基于对"睦邻友好关系"期待。个体从小就在"远亲不如近邻"的文化氛围中成长，那么，接受这些法律规则便有"理所当然""理应如此"的感觉。

在个体的法律意识植根于自我的混沌状态阶段，个体自我的发生与发展时刻伴随着法律意识，但这些法律意识大多体现为一种模糊的、不可言说的状态或表象。

二 第二阶段——共生状态

个体的自我初步形成，并清晰意识到法律现象的存在。

这一阶段，大体发生在个体开始接受学校教育时期。个体的自我初步形成，自我意识水平有了很大的发展，自我认知发展到了皮亚杰所说的具体运算阶段，守恒概念出现，初步具备了抽象性逻辑推理能力，且自我控制能力显著提高并逐步稳定下来。② 学校的法制教育促使个体对法律的认知开始清晰化，并初具法律的基本知识。但此时个体的自我与法律知识是一种分化状态，即在认知领域中，二者是彼此分离的，法律知识对自我来说是一个陌生的、新鲜的，存在于自我之外。这一时期个体由学龄前以亲子关系为主要表现形式的人际关系转变为以师生关系和同伴关系为主导的人际互动形式，个体的自我进一步在这两种关系中发展

---

① Alves, H. & I. Correia., "Personal and general belief in a just world as judgement norms." *International Journal of Psychology*, Vol. 45, No. 3, 2010, pp. 221 - 231.

② Raffaelli, M. L., J. Crockett, &Y. L. Shen., "Developmental stability and change in self-regulation from childhood to adolescence." *Journal of Genetic Psychology*, Vol. 166, No. 1, 2005, pp. 54 - 75.

着。法制教育亦促使个体法律意识植根于自我之体系的生成，法律基本知识伴随着自我的形成，这一阶段两者是一种共存、共生的状态，但又保留了互相渗透、彼此融合的可能性。

学校环境中，教师作为重要他人对学生自我发展产生重要影响。这一阶段学生心目中的教师是社会代言人、是理想价值观的载体，良好的师生关系将促使学生对教师的模仿及树立教师的权威。这种权威的树立一方面，有助于个体对教师言行的认同与内化；另一方面，教师对学生法制知识的传播也变得具有权威性和可信度。通过师生交往，学生不断吸收教师所传达的各种信息，自我就在这种交往过程中不断发展和构建。师生之间的关系分为课堂内关系和课堂外关系，法制教育则是发生在课堂内，在课堂内的法制教育课上，教师所传达的法律规则、秩序等符号明确地表明了是需要学生加以接纳的。故在这一环节中，需要发挥教师——学生双主体的作用，在法制教育过程中，形成主体间的对话与交流，促使法律意识在平等主体之间进行传递。

在学校环境中还有另一种重要的人际关系，即同伴关系。研究表明，小学生自我体验水平与亲社会行为、同伴接纳存在正相关，羞愧情绪可有效预测儿童的亲社会行为。[1] 同伴关系可以为儿童提供安全感、归属感和社会支持，同伴的交往可促使儿童发展出成熟的社交技能，也正是在同伴互动过程中，个体获得了大量的信息资源，这些信息成为自我发展的必要前提，同伴关系塑造了个体的自我。良好的同伴交往对个体价值观及法律观的获得皆产生了积极的影响。年龄相近的同伴在互动过程中不断发展各自的社会性，不断为自我发展汲取能量，他们彼此之间的自由平等交流更是一种建构性的学习。这种建构性的学习同师生之间的教与学是不可同日而语的，故学校教育中要利用这一优势，促进法律意识在同伴交往之间的传递。

法律意识植根于自我的共生状态阶段，实则是个体自我的进一步发展，并将法律意识作为自我中的"客体"予以再认知和体验，这种共生状态是一种和谐的关系，为二者进一步的融合做好铺垫。

---

[1] 王昱文、王振宏、刘建君：《小学儿童自我意识情绪理解发展及其与亲社会行为、同伴接纳的关系》，《心理发展与教育》2011年第1期。

三 第三阶段——融合状态

法律意识融入自我，成为法律意识中的自我和自我中的法律意识，达到了法律意识植根于自我的成熟定型阶段，亦可称为自我的法律化阶段。

在融合阶段，自我与法律意识之间的关系表现为法律意识已然成为自我意识的内在构成成分，法律认知、法律情感、法律意志、法律需要和动机都具有个性化特征，宏观法律意识经过人际互动融入到了自我之中，构成了自我意识的部分因子。经过共生状态阶段，个体意识到法律规则已不是外在于自我的"客体"，而是内在于自我的"主体"，个体对这些规则的服从不是来自外界的压力，而是遵从了内心的选择，是基于个体对秩序、自由、权利的追求而对法律的认同。对法律的服从一定程度上是独立于外部的规则，是自身对法的情绪体验自然而然地生出的对它的信仰和敬畏。

在这一阶段，个体继续着其社会关系，自我继续发展并完善着，但已经脱离对特定主体的依恋。这种脱离表现为自我能够超越时空的限制而借助"主体"来发展完善自身，这种主体包括历史上的伟大人物，也包括现实生活中大家共同知晓的名人。自我的发展已经不再需要面对面的接触，它对外界能量的汲取已达到一种自觉的状态。其次，自我依然在关系中发展着，这种关系是一种不特定的社会关系，其获得支持也是不特定的社会支持，有可能是网络、也有可能是不认识的他人，但这些良好的社会际遇为自我的进一步完善提供了必要的资源。同时，法律意识亦是在这些超越时空的"主体"和关系中继续传承并给自我的生成提供一部分养料。

融合状态阶段，法律意识植根于自我的体系基本完成，这一发展阶段的到来，同时预示着个体自我的成熟化。在之后的社会生活中，个体拥有了一个法律意识植根于自我之体系，这一体系既可确保个体顺利适应社会，又是个体创造性的保证。个体将不再拘泥于具体的形式化的规则，他知道不管是法律制度还是别的形式的规则规范都是来源于对人类发展的考虑而设定的。法律意识植根于自我，亦可称为"法律自我"，这是法律文化、法律传统、法律价值等宏观法律意识作用于"自我"的结果，是个体从出生就开始构建的一种体系，这一体系的形成对理解和揭示具体的法律规则和法律行为有着重大意义，它既是预防人类犯罪的控制体系，同时又使个体站在了追求法律信仰的精神之巅，是个体灵魂接受法的洗礼并使灵魂趋向于善的过程。

法律意识植根于自我的三个发展阶段是依次序不断在关系中建构的过程。这一体系的形成，代表着个体对法律意义的真正思考与探究，同时也使得自我发展更为完善，是自我对人类生命意义的思索。这一体系的形成对"法律为何被遵守"这个问题的回答将不再是出于法律的惩罚或法律对德性的追求，而是觉得法治生活不仅与人类社会的发展进步相符合，同时这也是对个体生命的一次整合。置身于这一体系，意味着个体将自我献身于社会、献身于人类的发展，意味着个体人格自我真正独立于世，将自我与自然界真正加以区别后又统一起来。

第五节 未成年犯法律意识植根于自我的矫治教育概述

一 矫治教育的可能性

未成年人犯罪的根源是他们未能形成法律意识植根于自我的预防体系。对未成年犯进行法律意识植根于自我的矫治教育前提就是了解他们是否具有教育的可能性。未成年犯是大于14周岁未满18周岁的青少年群体，大量实证研究表明，青少年在加工情绪信息时杏仁核激活度大于成人；[1] Giedd 等人的实证研究发现，个体在4—22岁之间大脑结构有如下变化，4—12岁之间，大脑前额皮层灰质的体积在变大，从14岁以后，灰质体积所占比例在减小。[2] Giedd 的进一步研究表明青少年期大脑额叶皮层的变化会影响到其认知活动水平，比如制订计划、记忆、做出决策

---

[1] Guyer, A. E., C. S. Monk, E. B. Mcclure-Tone, et al., "A developmental examination of amygdala response to facial expressions." *Journal of Cognitive Neuroscience*, Vol. 20, No. 9, 2008, pp. 65 – 82.

[2] Giedd, J. N., J. Blumenthal, N. O. Jeffries, et al., "Brain development during childhood and adolescence: a longitudinal MRI study." *Nature Neuroscience*, Vol. 2, No. 10, 1999, pp. 861 – 863.

等复杂心理过程。① 这些研究结果证实了青少年脑发育并未完全成熟。进一步研究表明，通过对青少年进行训练会导致其大脑皮层的厚度发生改变，即脑的可塑性也被证实。② 这些研究结果为未成年犯的再塑性提供了物质基础支持。

控制力终身发展理论认为控制能力是在人生命全程中初级控制和次级控制交替作用的一个双进程结构。③ 埃里克森关注个体自我在一生中的发展状况，并提出了青少年期的发展任务是建立自我同一性，避免角色混乱。他认为这一发展任务的完成与否关系到个体能否很好地步入到社会生活中去，关系到个体能否有着良好的职业和人生规划，以及这些规划是否出于个体的自觉自主性的结果。青春期是自我形成的关键期，但其结构具有不稳定性，对自我的整合至关重要。自我的整合意味着个体社会性存在的确立、对生命的理解具有了延续性，知道现在的自我是由过去发展而来，并且会影响到未来自我的成长。这种整合是基于对自我情感、职业、价值理想观的探索，这便是玛西亚的同一性状态理论。④ 未成年犯处于形成自我同一性的时期，不管是从自我的执行成分——自我控制的发展，还是从自我的最初定型——自我同一性的发展而言，未成年犯自我都有重塑的可能性。促进未成年犯的法律意识植根于自我之体系的形成是对他们的再社会化教育，这种再社会化教育属于矫治教育的范畴。通过矫治教育实现个体的再社会化，达成个体与外部环境的和谐统一。

二 矫治教育的必要性

墨子说："天下兼相爱则治，交相恶则乱。"⑤ "今若国之与国之相

---

① Giedd, J. N., "The teen brain: insights from neuroimaging." *Journal of Adolescent Health*, Vol. 42, No. 4, 2008, pp. 335–343.
② Haier, R. J., S. Karama, L. Leyba, et al., "MRI Assessment of Cortical Thickness and Functional Activity Changes in Adolescent Girls Following Three Months of Practice on a Visual-Spatial Task." *BMC Research Notes*, Vol. 2, No. 1, 2009, pp. 174–180.
③ 李艳华、郑雪：《控制能力终生发展理论》，《心理学动态》2001年第3期。
④ Marcia, J. E., "Development and validation of ego-identity status." *Journal of Personality and Social Psychology*, Vol. 3, No. 5, 1966, pp. 551–558.
⑤ 《墨子·兼爱上》。

攻，家之于家之相篡，人之与人之相贼……此则天下之害也"。"视人之国，若视其国；视人之家，若视其家；视人之身，若视其身。"① 本书法律意识植根于自我在理论上是一个预防青少年犯罪的体系，并由此推论未成年犯是未曾将法律意识植根于自我，理由是他们的自我未得到良好的发展，故法律意识不能够植根于一个发展不良的自我，即缺少适应法律意识生长的土壤。所以他们是落在了这个预防体系外围的一个特殊群体。那么要对其进行矫治则需要修复其自我，且在修复自我的同时将法律意识植根于自我。换言之，就是需要给未成年犯第二次重塑自我、第二次构建法律意识植根于自我之体系的机会。给予未成年犯修复自我的机会，需要社会伸出关爱之手。法律意识植根于自我体系的形成则需要相关部门的协作，需要各部门、各行业乃至全体社会的共同努力，这种努力不仅源于对未成年犯的矫治教育、对未成年犯重新犯罪的预防，更是一种对未成年犯的关爱、对未成人的关怀以及对人类的博爱。

未成年犯作为犯罪易感性群体，他们重新犯罪对社会具有更强的危害性。法律意识植根于自我的犯罪预防体系表现出了对犯罪问题的应对要从源头上进行，即从人格自我着手。该体系亦体现出预防重新犯罪是全方位地调动社会资源对这一问题进行治理，从家庭到监狱再到社会，涉及司法部、社会团体、教育部门等，体现出了一种综合治理的格局。这一重新预防体系的出发点是促使未成年犯的再社会化，确保未成年犯顺利地融入社会中去。它是"教育为主，惩罚为辅"相结合，以对未成年犯的人格自我修复为首要目标，以法律意识的培育为其基本方法。整个体系体现了微观和宏观相结合、监狱和社会共同致力于犯罪预防的统筹性机制。

三　矫治教育的策略探析

未成年人犯罪是家庭、学校、社会综合不良因素导致下的不良后果，故对未成年犯进行矫治需要一种综合的矫治策略。这种综合性体现在对未成年犯的教育矫治要求家庭、学校和社会共同努力。

---

① 《墨子·兼爱中》。

1. 家庭治疗修复亲子关系的矫治策略

本书的实证研究结果显示，未成年犯家庭教养方式不良，且未成年犯与父母依恋状况不佳。据理论研究可知，法律意识植根于自我形成于关系之中，亲子关系作为自我形成的最初和最关键的因素，它的不良发展反映出未成年犯的不良家庭教育状况。未成年犯家庭教育不良表现为家庭教育观念陈旧、家庭教育行为偏激，如多采取惩罚、责骂甚至是暴力等方式，这种不良的家庭教育方式是导致未成年走向犯罪的关键因素，也是未成年未形成法律意识植根于自我之体系的最为重要的因素。所以，家庭治疗试图纠正这些不良的家庭因素，促使家庭正常功能的发挥。

家庭治疗作为心理治疗形式之一，是用关系来解释个体存在的心理问题。[①] 家庭治疗认为个体行为出现偏差无法仅仅从个人的行为中进行改变，因为个人是不断处于与他人的互动过程中，故家庭治疗试图将个体的心理问题置于家庭系统内进行分析，通过改变家庭系统而改变个体的行为。家庭治疗具有其他形式的治疗不可比拟的优势，主要表现为：首先，家庭治疗能够通过改善整个家庭环境，为个体的成长提供一个良性运转的家庭模式，从而不仅促进个体行为的改变，也促使整个家庭的发展。未成年犯由于不良的父母教养方式形成了不良的人格自我，这种不良的人格自我造成了其他人际关系的困难，进一步导致了自我成长的不利外界环境，也阻碍了法律意识植根于自我，最终，未能形成一个预防犯罪的控制系统。其次，通过家庭治疗，也就是从根源上解决问题的一种办法，对未成年犯父母进行适当的指导与启发，让其认识到不良的教养方式对子女行为产生的不利影响，进一步指导他们用科学民主的教养方式，修复未成年犯不健全的自我，并促进未成年犯形成法律意识植根于自我的犯罪预防体系。最后，家庭治疗给家庭成员表露自身情感的机会。这在一定程度上满足了未成年犯一直以来缺乏的情感温暖需求，也可促进家庭成员进行有效、平等的沟通。对未成年犯的实证研究表明，他们的家庭教养方式大多为严厉惩罚，或者是暴力型，所以他们的家庭缺乏有效的沟通，家庭成员之间处于一种疏离状态。在家庭中不能获得

---

① 赵芳：《家庭治疗的发展：回顾与展望》，《南京师大学报》（社会科学版）2010年第3期。

情感支持，容易导致青少年去接触不良群体，而在不良群体中去寻找归属感与认同感是未成年人步入犯罪道路的重要不良影响因素。

本书以萨提亚治疗模式①为例，探讨这种治疗法在修复未成年犯自我中的具体应用。萨提亚家庭治疗模式大体分为以下几个阶段：首先，对未成犯自我及其家庭进行评估。对自我的评估主要从未成年犯自我意识发展水平进行测评，对家庭的评估主要关注家庭成员之间的互动模式和家庭系统与外界环境信息交换程度。对这一点的评估关系到家庭对个体法律意识植根于自我体系构建的影响。家庭系统的开放性有助于法律文化、法律传统和法律价值在家庭成员互动过程中的传播；反之，家庭系统处于封闭状态，容易导致未成年犯家庭在社会中的边缘化，从而进一步阻断了法律意识的传递。这一阶段特别注意评估的真实有效性。其次，步入问题解决阶段。通过各种心理咨询和治疗的理论与方法，重塑未成年犯不良的家庭互动模式。例如，通过角色扮演的方式，重现过去的生活事件，让未成年犯和其家庭成员意识到彼此在交往过程中存在的问题，以及这种互动模式长期以来对目前的自我所产生的不良影响，进而运用新的沟通交往模式进行角色扮演，促使家庭发挥应有的功能。这一阶段重点让未成年犯及其家庭成员意识到不良的家庭互动模式对未成年犯形成不良自我的影响，以及改变这种不良家庭互动模式带给未成年犯与家庭的效益。最后，整合强化阶段。把家庭治疗过程中所习得的技术和方法进行梳理，并能够在日常生活中进行应用，从而巩固这种新的交往方式，促使这种新交往方式模式化。这一阶段对这种新的家庭互动方式可能遇到的困难进行估算并提出可行的解决方案。

2. 义务教育监所内继续执行的矫治策略

本书实证研究的结果发现，未成年犯的自我表现形式——自我意识发展水平和其法律价值——公正世界信念的发展水平在不同文化程度的个体身上存在显著差异。简而言之，九年义务教育是否完成，会成为未成年犯自我和法律意识的一个显著影响变量。据本研究的某一实证调研，

---

① "萨提亚家庭治疗模式"是以维吉尼亚·萨提亚女士创立并以其名字命名的一种家庭治疗法。这种治疗法最大的特点就是在家庭关系背景下改善家庭成员之间的沟通模式，促进个体心理健康。从心理学流派的划分来看，萨提亚家庭治疗模式当属于积极心理学的范畴。

236个未成年犯,小学及文盲有40人,共占16.9%;初中159人,占67.4%;高中或中专学历36人,占15.3%。各个层次文化程度所占比例在图4.2可直观看到。

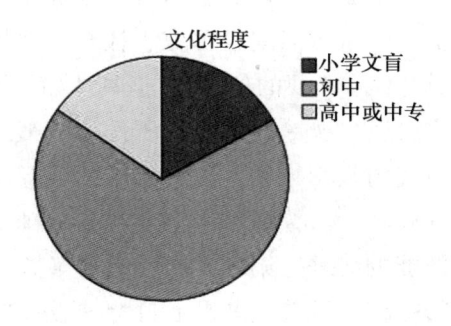

图4.2 未成年犯文化程度饼(N=236)

人与动物的区别就是,人可以通过受教育使得自己的生命由生存转变为生活,也只有通过受教育才能使自己成为真正意义上的人。[①] 教育公平是社会公平的重要组成部分。在社会发展还没有达到可以保证客观公平的阶段时,公共的教育资源应向弱势群体倾斜。未成年犯实属弱势群体,他们在进入未成年人管教所之前大多没有完成义务教育。这既是他们违法犯罪的重要原因,也成为他们再次社会化的一个障碍。《中华人民共和国义务教育法》第二十一条规定:"对未完成义务教育的未成年犯和被采取强制性教育措施的未成年人应当进行义务教育,所需经费由人民政府予以保障。"《中华人民共和国未成年人保护法》第五十条规定:"羁押、服刑的未成年人没有完成义务教育的,应当对其进行义务教育。"从法律来说,在确保未成年犯受教育权方面是有法可依的。但实际情况却是,未成年犯与普通学校同龄人相比,其接受的教育是不平等的。[②] 所以说,教育公平首先要保证个体有受教育的权利,其次保证教育资源的合理分配及对教育发展结果的认定。

由于未成年犯的特殊身份,在接受义务教育方面也存在一定的阻碍。

---

① [德]康德:《论教育学》,赵鹏详译,上海世纪出版集团2005年版,第7页。
② 王斯达:《未成年犯监内文化教育折射出的教育公平问题——基于上海、江苏两所未成年犯管教所的调查》,《现代教育科学》2010年第12期。

但这不能成为剥夺其受教育权利的理由。对于如何使得未成年犯最大限度地接受义务教育，有以下几点建议：第一，从法律政策上予以保障。《中华人民共和国监狱法》第七十五条规定："对未成年犯执行刑罚应当以教育改造为主。未成年犯的劳动，应当符合未成年人的特点，以学习文化和生产技能为主。监狱应当配合国家、社会、学校等教育机构，为未成年犯接受义务教育提供必要的条件。"但具体如何操作配合却缺乏相关规定，因此，法律法规在这一方面应有所作为。第二，根据未成年犯的特点，制定适合他们的教学大纲，设置相应的课程。比如课程设置多加些法律意识方面的内容，与普通学生主要涉猎基础文化知识相比，对未成年犯侧重劳动技能的培养。第三，有关教学模式的探索。可将未成年犯纳入特殊教育的范畴。目前，世界上对特殊教育对象的界定有广义和狭义之分，而广义的特殊教育对象中，第二类就为问题儿童，包括学习问题、行为问题、情绪问题。[①] 那么，广义上来讲，未成年犯就属于行为问题儿童。目前，特殊儿童学校教育模式主要有：资源教室模式，就是特殊儿童有到普通班学习的机会，并用一部分时间到资源教室进行补救或强化的特殊教育。此外，还有特殊班教育、特殊学校模式及一体化、全纳教育和随班就读模式。那么，鉴于这几种特殊教育模式，可将其加以变更，从而适应未成年犯，保证他们尽可能最大限度地利用教育资源。如对那些人身危险性低的未成年犯，可让他们随班就读，这样一方面有利于这部分未成年犯回归社会；另一方面也可以达到资源共享。对重刑犯，有必要设立专门的特殊教育学校，但要确保师资力量等各方面教育资源配置合理、科学。

本书的前面部分论及法律意识植根于自我的体系形成的三个阶段，混沌状态阶段、共生状态阶段和融合状态阶段。那么未成年犯亦遵循这一发展阶段，但混沌状态阶段和共生状况阶段的内容不是由家庭和学校来承担，而转化为监狱的相应课程上来。在法律意识的培育方面，结合未成年犯自身特点，设身处地地促使其理解犯罪行为对法益的侵害、对社会关系的损坏，通过角色扮演等方式进行法律意识的培育，促使其具备移情能力，并将关怀、正义、自由、秩序等基本的法律价值加以内化。

---

① 方俊明：《特殊教育学》，人民教育出版社2005年版，第5期。

在此基础之上，进一步进行具体的法律知识普及，在法律意识的培养过程中，同时关注其自我的修复。故未成年犯的法制教育的实施主体既需要具备法学专业知识，同时也要具备教育学和心理学的知识，方可促使未成年犯在法制教育的过程中将法律意识植根于他们修复中的自我。

在实证研究中对未成年犯受教育水平方面分析得知，教育资源的分配不均等至少成为影响他们自我和法律意识发展不良的部分原因，那么要促使未成年犯形成法律意识植根于自我之体系来达到对其进行矫治的目标，阻断这种不公平的办法就是再次分配教育资源，弥补这种教育的不公平。

3. 发展健康同伴关系的社会支持策略

人具有天然的社会生活的倾向，构建法律意识植根于自我之体系亦是在人与人、人与社会的关系中进行的，比如亲子关系、师生关系、同伴关系等。未成年犯由于他们的自我在形成之始就遭到了重创，同时，由于未成年犯脱离了正常的学校教育，所以从亲子关系或师生关系入手都有一定的困难，那么这个矫治的切入口便可由同伴关系进行突破，即发展未成年犯健康良好的同伴关系是我们教育矫治的一个途径。具体做法可由以下几点入手：首先，由具有专业知识的心理咨询师对未成年犯进行咨询、访谈，了解他们的成长历程、家庭关系、同伴关系及走向犯罪道路的缘由。掌握他们的自我发展过程中遇到的挫折，并尽可能多地掌握其他有效资料。然后对矫治工作做出一份周详的计划。其次，在对未成年犯矫治过程中发挥同伴关系的积极作用，这里的同伴可由其狱友充当。如果由其狱友充当则需要共同矫治，帮助其建立健康积极的同伴关系，并促使彼此产生真正的依恋。由监狱教育科配合矫治，逐步修复其自我的同时，在未成年犯上课的过程中重视法制教育，将法律意识植根于其修复中的自我。补充一点，就是这里的同伴关系亦可是监狱外的人员，比如进监狱之前的朋友或者志愿者，这些朋友或志愿者要与其建立起良好的关系，从生活到思想方面兼要真正去关心对方，并将外面的一些信息或者资源带给他，让他对生活抱有积极的态度，转化其原有的错误认知与信念，在同伴交往过程中将传统主流文化价值观渗透给他。总之，同伴关系的重点是将这种关系建立起来，监狱的其他工作者予以配合，共同促进未成年犯将法律意识植根于自我，将他们纳入这个预防体系中。

4. 构建专业队伍对未成年犯矫治的策略

社会对未成年犯的矫治体现出社会对这一特殊群体的友好态度与接纳，这种对未成年犯的良好态度，反映出了一个社会发展的成熟度与文明程度，表达了社会对"罪错青少年"的关爱与教育。社会对未成年犯矫治教育所提供的力量，是未成年犯出监后能否顺利融入正常社会生活的关键因素。

对未成年犯的矫治工作是一项艰巨的任务，任重而道远，需要配备专门的未成年犯矫治队伍来保障这一工作的顺利展开。广泛吸纳社会各界力量，共同参与未成年犯矫治工作，建设一支具有专业性、职业化特点的专业队伍，是保证未成年犯矫治工作效果的关键所在。这种专业队伍的建设，首先要有制度上的保障。在国家层面，结合司法社会工作的需求，积极推动相关法律制度的制定和完善，保障未成年犯矫治专业队伍建设有法可依、有据可循。其次，在财政预算方面，要设立未成年犯矫治工作专项经费，适当加大财政支持力度，为未成年犯矫治工作提供财力和物质保障。最后，对未成年犯矫治工作者的职业发展进行完善的规划，为其职业发展指明方向，留出晋升空间，提升其社会地位与收入待遇。从而，吸引更多有志于未成年犯矫治工作的专业人才参与进来，推动和完善矫治队伍建设的职业化、专业化发展。

未成年犯矫治专业队伍的建设，离不开专门人才的培养与引进。为加强工作队伍的专业性，要重点关注社会工作专业人才的培养和引进，包括法学、心理学、教育学、社会学等相关专业的人才。未成年犯矫治工作需要系统的专业理论和方法，是一项复杂的整体工程，需要各个相关专业的专门人才构成的专业队伍的共同合作与努力。例如，在矫治工作中，法学专业的工作人员可以将法律知识、法律文化、法律传统、法律价值等法律意识相关的内容，通过与未成年犯的互动过程传递给他们，培育他们的法律信仰和情感，形成稳定的法律意识。心理学专业的人员则主要通过心理咨询与治疗等理论和方法、技术，运用自身的人格力量，对未成年犯进行干预和矫治，帮助未成年犯认识到自我发展的缺陷，促进其自我的重塑，形成健康的自我，从而在个人自我发展的根源上对未成年犯进行矫治，阻断其再次犯罪的可能。不同专业的矫治工作者共同合作，帮助未成年犯构建起法律意识植根于自我的体系，从而达到预防犯罪的目的。机构内部相关人员的培训，特别是对监狱、未成年犯管教所等司法机构中从事未成年犯帮教、矫治工作的相关人员的培训。通过强化培训，增强这部分人员的专业技能和职业素养，适应未成年犯矫治工作的新要求、新特点。

此外，未成年犯矫治工作中也离不开志愿者团体的身影。广泛吸纳社会各界力量，作为志愿者参与到未成年犯矫治工作中，将对未成年犯的矫治带来积极的作用。例如，筛选和训练一批与未成年犯年龄相近的志愿者，以大哥哥、大姐姐等同伴的身份与未成年犯进行沟通和互动。青年志愿者们将自身具有的法律意识在与未成年犯的交往中传递给他们，培育他们的法律意识。志愿者们积极、健康的自我力量，也会传递给未成年犯，这有助于未成年犯修复不良的自我，完善其人格。通过这种同龄志愿者的"一对一"，甚至是"多对一"的结对帮教活动，培育未成年犯的法律意识，修复和完善其自我，帮助其建立法律意识植根于自我的体系，在主体的犯罪性层面上阻断他们再次犯罪的可能性。

第五章

法律意识植根于自我的探索性实证研究

法律意识植根于自我涉及两个重要变量，即为法律意识与自我。前几章对于二者内涵及相互关系从理论上进行了详细的阐释，并对法律意识植根于自我的发展阶段进行了论述。这一章，作者将从实证方面对二者的关系进行探究。自我的概念及测评工具在心理学领域均已很成熟，故在这章的前面内容当中，着重探讨法律意识，以法律认知和法律情感为例对其理论进行建构，并基于理论编制测评工具。接着，通过问卷调查法揭示不同阶段个体的自我与法律意识之间的关系。

第一节 中小学生法律认知理论构建及测评量表的开发

习近平总书记在党的十九大报告中指出，要"坚持全面依法治国，提高全民族法治素养和道德素质"。在此之前，党的十八届四中全会《中共中央关于全面深化改革若干重大问题的决定》要求"在中小学设立法治知识课程"。为贯彻落实该《决定》，2016年教育部、司法部、全国普法办印发《青少年法治教育大纲》，指出"法治教育要遵循青少年身心发展规律"，并使中小学生在义务教育阶段"初步树立法治意识"。同年，教育部制定的《全国教育系统开展法治宣传教育的第七个五年规划（2016—2020）》更明确提出，中小学校要"形成青少年法治教育的新格局"。这一系列文件反映了党和政府关于加强中小学生法律意识培养的顶层设计思维。

一 法律认知的理论构建

1. 法律认知的内涵

"了解和掌握神圣法典的人越多，犯罪就越少。因为对刑罚的无知和刑罚的捉摸不定，无疑会帮助欲望强词夺理。"[①] 本书稿的前期实证研究亦表明，未成年犯的法律意识水平显著低于同龄普通未成年人。这均说明法律认知对预防犯罪起到至关重要的作用。法律认知实则属于法律意识的组成部分。目前国内学者对法律意识结构进行大量的论证，比如早期的学者李放认为法律意识的结构分为个体法律意识和社会法律意识。[②] 法律意识分为法律心理、法律观点和法律理论。[③] 通过对法律意识的内涵、结构和功能进行的大量梳理，我们可以发现，法律认知居于其内，比如法律观点、对法律理论的看法即为法律认知。也有学者从文化的角度对法律意识进行解读，认为法律意识是一个民族或国家的社会成员对其法律体系的认知、内化、价值认可及态度和各种心理的总称，历史传统和民族文化是其基础。[④] 法律认知则是社会主体对现行法律制度的判断，核心是对法定权利和法定义务的掌握。[⑤] 具体可包括对权利义务的性质、内容以及范围的界限认知。[⑥]

根据以上学者的理论研究，我们认为法律认知的客体一方面包括对法律价值的认知。何谓法律价值？"法律价值是指法律本身的属性及其存在、运行与实施对满足一定主体的需要有利、有益、有用，符合真、善、

---

① ［意］切萨雷·内卡利亚：《论犯罪与刑罚》，黄风译，北京大学出版社2008年版，第15页。
② 李放：《法学基础理论纲要》，吉林大学出版社1987年版，第290页。
③ 王子琳、张文显：《法律社会学》，吉林大学出版社1991年版，第164页。
④ 贾应生：《论法律意识》，《人大研究》1997年第9期。
⑤ 李金忠：《法律情感、法律认知、法律理念——当代大学生法律意识培养三部曲》，《中国成人教育》2012年第22期。
⑥ 唐永春、车承军：《公民法律意识与法治——公民法律意识的法治功能及其塑造》，《求是学刊》1999年第3期。

美、自由、平等、人权、公平、正义、道德、真理或客观规律的要求，产生良好的影响和效果，对一定事物的发展有重要意义，起积极作用，以及一定的主体对法律的对错、好坏、优劣、利弊、正反、质量高低、作用大小等方面的评价等等。"① 其内涵"包括了秩序、平等、公平、自由、安全和效率。"② 另一方面，法律认知包括对国家现行法律的认知，对主要部门法的基本知识以及对这些法律知识实践的认知，即能够在社会生活中"知法、懂法"。③ 对法律价值的认知是为了更好的"知法"与"守法"，从而知道行为的法律界限，这也是预防犯罪的最佳途径。

2. 法律认知的结构

研究者通过法律特质词分类法，揭示大学生对法律概念的认知结果表明，大学生对法律概念的认知分为：涉法人员，法律条规，司法机关；犯罪与惩罚；法律功能和法律主旨；执法要求；宏观范畴。④ 从法律认知的层次来看，法律认知又可分为法律实体认知、法律程序认知和法律本性认知。这三个层次是从低级到高级，由具体到抽象的一个发展过程。⑤ 也有学者认为，法律认知结构包括感知和认识两个层次，前者属于个体在法律生活中接收到的经验型知识，后者则属于对法律现象的理论型知识。⑥ 通过对法律认知内涵的梳理，作者将法律认知的结构分为对法律价值和国家现行法律的认知，后者的核心内容则为法律权利和法定义务的认知。

目前国内对法律意识的研究多采用理论思辨的形式⑦，实证研究则主

---

① 薛伦倬：《马克思主义法学新探》，重庆出版社 1992 年版，第 139 页。
② 胡启忠：《法律正义与法律价值之关系辨正》，《河北法学》2010 年第 3 期。
③ 徐淑慧、苏春景：《法律信仰的特点、结构与培养策略》，《教育研究》2016 年第 6 期。
④ 成强、张巧明、王惠萍：《大学生对法律概念的认知研究》，《山东师范大学学报》（人文社会科学版）2007 年第 3 期。
⑤ 幸强国：《法律认知层次刍议》，《四川师范大学学报》（社会科学版）1995 年第 3 期。
⑥ 张文显：《法律文化的结构与功能分析》，《法律科学（西北政法学院学报）》1992 年第 5 期。
⑦ 李步云、刘士平：《论法与法律意识》，《法学研究》2003 年第 4 期；苗连营：《公民法律意识的培养与法治社会的生成》，《河南社会科学》2005 年第 5 期。

要表现为两种类型：第一种类型采用描述性的调查方式，主体多为成年人[①]，这种研究仅对法律意识的现状做出描述性分析，这为量化法律意识做出重要的一步，但缺乏标准化的测量工具以及严格的实验设计，对法治教育所提供的策略亦缺乏实证验证。[②] 第二种类型采用测量统计学技术开发测评工具[③]，但目前针对小学生法律认知的测评工具几乎没有。小学生与中学生、成年人的心理发展特点存在较大的差异，由此推断其法律认知也应该具有其自身特点，故有必要开发属于小学生法律认知的测评工具。另外，缺乏这方面的工具，会直接给中小学《道德与法治》课程的教学工作带来不利影响。因为教师对课程的安排、教学内容、教学方式的选择，均应依照学生法律认知发展特点来做出组织与安排，这样才是真正的"因材施教"；对教学效果的评价，标准化的量化工具也是必不可少，故本研究尝试编制适用于中小学生法律认知的测评工具，以期为量化评估中小学生法律认知水平提供科学有效的测评工具。

二 小学生法律认知量表的编制

1. 研究方法

（1）量表初稿的形成和检验

根据法理学中关于法律认知的相关理论，将个体对法律的认知划分为三个维度，即法律价值认知、法律理论知识认知以及对运行中法律的认知，并初步编制测题30个。然后，将初步编制的测题用于访谈，访谈的内容主

[①] 刘亚娜、高英彤：《论网络游戏对青少年法律意识的影响》，《教育研究》2013年第4期；谢山河、黄章华：《关于当代大学生法律意识的调查分析》，《教育学术月刊》2008年第7期；王开琼：《当代大学生法律意识教育调查研究》，《黑龙江高教研究》2012年第7期；马艳华：《大学生网络行为中法律意识调查报告——以兰州大学为例》，硕士学位论文，兰州大学，2010年；冯仕政：《法社会学：法律服从与法律正义——关于中国人法律意识的实证研究》，《江海学刊》2003年第4期。

[②] 何树彬：《青少年法治教育：目标定位、实施原则与路径》，《青少年犯罪问题》2016年第2期；许晓童：《从法制教育到法治教育的历史意蕴及实践策略——基于〈青少年法治教育大纲〉视角》，《教育评论》2017年第4期。

[③] 陈诚、张新民：《大学生法律意识量表的编制和信效度检验》，《西南师范大学学报》（自然科学版）2019年第5期；徐淑慧：《中学生法律认知测评量表的编制及信效度检验》，《预防青少年犯罪研究》2019年第2期；秦华、任大鹏：《公民法律意识的量表测量：一个基于调查数据的分析》，《法学家》2009年第5期。

要为：量表题项表述的内容是否能够被理解，如果不理解觉得怎么样修改会更合适；量表中的题项表述是否存在异议，如果有异议该如何表述会更好；量表中题项的措辞是否通俗，如果过于学术化，是否有好的建议等。通过对小学生的访谈，对测题进行删减与修改后，请相关领域的专家进行评价并给予修改建议后再一次以小学生为被试做了测度项分类，其目的是验证量表的各个维度划分是否合适。测度项分类分为两步，第一步由主试将测题顺序打乱并分别写在卡片上，要求被试进行分类，并命名每一类的主题；第二步换一批被试，由主试根据前一轮的反馈意见对测题进行调整修改后，将测题根据已有的理论划分好维度并对该维度进行命名与解释，由被试将测题进行归类。通过访谈、专家评定法以及测度项分类后，最终确定初始问卷17个测题。量表采用从"完全不符合""比较不符合""不确定""比较符合""完全符合"的5级评分方式，要求被试根据实际情况进行填写。得分越高代表被试的法律认知水平越高。

（2）测试对象

初测：选取浙江省某市小学四年级和五年级的学生作为被试，第一次发放量表120份，有效回收的问卷116份，有效调查对象中男生68人，女生48人。

复测：选取浙江省某市两所小学的学生共289人作为被试，其中四年级112人，男生60人，女生52人；五年级95人，男生53人，女生42人；六年级82人，男生49人，女生33人。

（3）研究程序

首先，结合法律认知的相关理论并借鉴已有的相关量表，自编《小学生法律认知量表》，请相关领域专家对题目进行评定和修改，并进行预测。其次，对预测结果进行项目分析和探索性因子分析，根据回答情况进行修改题目，同时对题目进行访谈，确定法律认知的结构。最后，对修改后的量表正式施测，并进行探索性因子和验证性因子分析，检验量表的信度和效度，形成正式量表。

（4）统计处理

探索性因素分析采用主成分分析，因子旋转采用正角旋转，统计工具为SPSS21.0；验证性因素分析采用的统计工具是AMOS21.0。

2. 研究结果

（1）项目分析

以正负一个标准差作为高分组与低分组界限，求出两组被试在每题得分的平均数差异，所有题目均达显著性水平（p<0.01）。计算每个题目与总分之间的相关，除了第一个题目外（r值为0.223，p=0.000），剩余题目与总分的相关都可以被接受（r>0.4）。项目分析后保留所有题目。

（2）探索性因素分析

采用方差极大旋转法对法律认知量表的17个测度项做第一次主成分因子分析，结果表明：KMO值为0.849，Bartlett球形检验的结果达到了显著水平（p<0.001），表明数据适合做因子分析。根据λ>1的原则，提取5个因子，总解释率为59.247%。由于题目A9在因子2和因子3上的载荷接近（在因子2和因子3上的载荷分别为0.417和0.426），因此将该题目删除，对保留的16个测度项重新做主成分分析。

第二次主成分因子分析结果显示：KMO值为0.828，Bartlett球形检验的结果达到了显著水平（p<0.001），卡方值达到显著性水平（卡方值=1040.143，自由度=120，p=0.000），表明适合进行因素分析。根据λ>1的原则，结合碎石图，抽取5个公因子，可解释的方差累计贡献率59.759%。根据探索性因素分析结果可以将法律认知量表分为5个维度，根据每个维度所包含的项目可对其命名如下：维度1：法律价值认知；维度2：法律知识认知；维度3：法律权利认知；维度4：法律义务认知；维度5：法律实践认知。

表5.1　　　　　　　法律认知量表的旋转成分矩阵

测度项	维度1	维度2	维度3	维度4	维度5
A17	0.762				
A15	0.759				
A14	0.743				
A13	0.609				

续表

测度项	维度1	维度2	维度3	维度4	维度5
A16	0.498				
A7		0.765			
A8		0.691			
A6		0.565			
A4			0.685		
A11			0.683		
A12			0.572		
A5				0.748	
A3				0.715	
A10				0.539	
A2					0.828
A1					0.824

3. 信度与效度分析

本研究考察量表的内部一致性信度Cronhach'a系数为0.763，分半信度采用奇偶分半法，计算量表的分半信度为0.702。

最终保留16个测度项。以每个维度为潜变量，每个维度上的测度项为观测变量进行验证性因素分析。5个潜变量之间设定为两两相关。观测变量的残差之间设定为相互独立。结果表明，总量表的结构效度较好，具体结果见表5.2。

表5.2　　　　　　　总量表的效度分析

CMIN	DF	CMIN/DF	GFI	AGFI	IFI	TLI	CFI	RMSEA
147.606	93	1.587	0.941	0.913	0.947	0.930	0.945	0.045

3. 结果讨论

（1）内容效度

本研究基于文献回顾及访谈结果确定了法律价值、法律知识、法律权利、法律义务、法律实践认知5个维度及各维度所包含的条目。在对5

个维度的条目进行筛选时，先采用主观评定法修订量表的表面效度和内容效度，确定可用于施测的初始量表条目。同时，在编制量表的过程中，结合了对4—6年级小学生及《道德与法治》这种可以反映小学生法律认知发展的材料以及与该课程教师的访谈结果、专家评审建议等，来确定量表的题目，确保题目内容简明扼要、措辞精准无歧义。

（2）结构效度

该量表具有较好的结构效度。通过探索性因素分析，对各个分量表进行了主成分分析，进一步确定了量表的结构，并在对个别题项调整的基础上，对最终确定的16个条目进行了验证性因素分析。验证性因素分析结果表明，卡方值与自由度比值为1.587，GFI、AGFI、IFI、CFI值均在0.9以上，RMSEA < 0.05，这说明数据与理论模型拟合度较好，量表具有较好的结构效度。

需要指出的是，虽然在探索性因子分析中，维度5只有2个条目，但是由于其每个因子负荷均超过0.8，故予以保留。

（3）信度

本研究采用了Cronhach'a系数和分半信度考察了量表的信度情况，结果表明，量表的信度水平均达到可以接受的标准。这说明，小学生法律认知测评量表是一个信度较好的测评工具。

在整个量表的编制过程中，探索流程比较规范，且每一步均经过仔细筛选，例如在半结构式访谈的过程中，结合了多种访谈对象的视角（小学生、小学教师、相关领域的专家等），尽可能保证了测题的科学性和客观性；对量表进行探索性和验证性因素分析的过程中，研究者秉持科学严谨的态度，如探索性因素分析的时候，每次只删除一个题目，在需要删除3个以上题目的时候，就需重新施测一次，量表的内部一致性信度、分半信度、结构效度均符合心理测量学的基本要求。

三 中学生法律认知量表的编制

1. *研究方法*

（1）量表的编制

初测量表测度项的来源主要包括：一是根据对国内外关于法律认知

文献的梳理,将法律认知分为四个维度:法律价值认知、法律知识认知、法律权利义务认知、法律实践认知。依据相关研究者对这几种维度内涵的解释以及结合中学生《道德与法治》课程的相关内容,编制了相应的测度项。二是研究者对 18 名中学生进行有关法律认知的质性访谈,与《道德与法治》课程的授课老师进行访谈,根据访谈结果编写具体的测度项。三是对目前相关测评量表题项的借鉴与修订,如公正世界信念量表中的部分题项可为法律价值认知题项做参考。最初共形成 30 个测度项。同时,在编制好量表以后,通过焦点小组讨论法,与初中三个年级各 7 名学生就每个测度项进行讨论分析,确定措辞的准确性和可被理解性。并且,进一步通过测度项分类法,对量表的结构和内容进行修订,最终初始问卷确定了 17 个条目。量表采用 Likert5 点计分法,从"完全不符合""比较不符合""不确定""比较符合""完全符合"依次计分为 1 分、2 分、3 分、4 分、5 分,要求被试根据实际情况进行填写。得分越高,表明个体的法律认知水平越好。

(2)施测对象

选取浙江省某市初中生以班级为单位进行团体施测。主试为接受过心理测量培训的心理学系学生。测试时间约为 10 分钟,被试的年级与性别分布详见表 5.3。

表 5.3　　　　　　　　测试对象年级与性别情况

年级	男	女	合计
1	46	36	82
2	62	63	125
3	17	25	42
合计	125	124	249

(3)研究程序

第一步,根据确立的中学生法律认知量表的理论构想,编制 30 个测度项,通过专家评定法、焦点小组讨论法、测度项分类法对题目进行删减调整,初步形成 17 个测度项。第二步,对初中生进行施测,用收集到的数据做探索性因素分析,最终确定 15 个测度项。第三步,用收集到的数据对量表理论构想进行验证性因素分析,考察量表的信效度指标。

(4) 统计处理

探索性因素分析采用主成分分析,因子旋转采用正交旋转,统计工具为 SPSS21.0;验证性因素分析采用的统计工具是 AMOS22.0。

2. 法律认知测评量表项目分析、因素分析和信度效度检测结果

(1) 项目分析

以量表总分最高的 27% 和最低的 27% 作为高分组与低分组界限,求出两组被试在每题得分的平均数差异,所有题目均达显著性水平($p < 0.001$),表明各测度项的鉴别力良好。计算每个题目与总分之间的相关,所有题目与总分的相关都可以接受($r > 0.3$)。因此,经项目分析后保留所有题目。

(2) 法律认知量表探索性因素分析和验证性因素分析

采用方差极大旋转法对法律认知量表的 17 个测度项做第一次主成分因子分析,结果表明:KMO 值为 0.878,Bartlett 球形检验的结果达到了显著水平($p < 0.001$),表明数据适合做因子分析。根据 $\lambda > 1$ 的原则,提取 4 个因子,总解释率为 63.375%。由于题目 A14 和 A5 分别在两个因子上的载荷接近(A14 在因子 1 和因子 2 上的载荷分别为 0.421 和 0.443;A5 在因子 1 和因子 3 上的载荷为 0.404 和 0.480),因此将这两个因子删除,对保留的 15 个测度项重新做主成分分析。

第二次主成分因子分析结果显示:KMO 值为 0.862,Bartlett 球形检验的卡方值达到显著性水平(卡方值 = 1004.229,自由度 = 136,$p = 0.000$),表明适合进行因素分析。根据 $\lambda > 1$ 的原则,结合碎石图,抽取 4 个公因子,可解释的方差累计贡献率为 66.178%。根据探索性因素分析结果可以将法律认知量表分为 4 个维度,根据每个维度所包含的项目可对其命名如下:维度 1:法律价值认知;维度 2:法律权利义务认知;维度 3:法律知识认知;维度 4:法律实践认知。量表的因子结构及各项目因素负荷见表 5.4。

表 5.4　　　　法律认知量表的因子结构及各项目的因素负荷

题目	因子负荷			
	维度 1	维度 22	维度 3	维度 4
A1	0.800			
A2	0.783			
A4	0.740			
A3	0.656			
A13	0.602			
A9		0.860		
A10		0.846		
A12		0.665		
A11		0.456		
A7			0.848	
A6			0.820	
A8			0.805	
A17				0.808
A16				0.644
A15				0.580

经过探索性因素分析，剩余 15 个项目，形成法律认知量表。为考察构想模型与实际模型拟合度，以及各个测度项与各维度之间的关系，对该模型进行验证性因素分析。各维度的因子结构模型各项具体指标如表 5.5 所示。

表 5.5　　　　各分量表验证性因素分析的拟合指数

维度	X^2	df	X^2/df	GFI	AGFI	NFI	CFI	IFI	RMSEA
1	8.333	5	1.667	0.987	0.961	0.982	0.993	0.993	0.052
2	1.648	1	1.648	0.997	0.967	0.996	0.998	0.998	0.051
3	—		—	—	—	—	—	—	—
4									

拟合度是检验假设模型与原始数据是否吻合的重要指标。卡方值比

自由度小于 2 时，表示假设模型的适配度较佳，本研究的此值均小于 2，说明拟合度较好。其他拟合度指数越接近 1，表示理论假设的拟合度越好①，本研究的大多数指标都在 0.9 以上，说明总体上拟合度较好。

（3）信度与效度分析

本研究考察量表各维度的内部一致性信度和分半信度。4 个维度的 Cronhach'a 一致性系数和分半信度②如表 5.6 所示。

表 5.6　　　　　　各个维度及总量表的信度分析

	维度 1	维度 2	维度 3	维度 4	总量表
Cronhach'a	0.832	0.757	0.837	0.578	0.872
分半信度	0.806	0.701	—	—	0.770

最终保留 15 个测度项。以每个维度为潜变量，每个维度上的测度项为观测变量进行验证性因素分析。4 个潜变量之间设定为两两相关。观测变量的残差之间设定为相互独立。结果表明，总量表的结构效度较好，具体结果见表 5.7。

表 5.7　　　　　　　　总量表的效度分析

CMIN	DF	CMIN/DF	GFI	NFI	IFI	TLI	CFI	RMSEA
156.943	80	1.962	0.924	0.904	0.950	0.934	0.950	0.062

3. 中学生法律认知测评量表的讨论及展望

法律认知是法律意识结构的重要内容之一，研究中学生法律认知发展状况首先应客观评价其法律认知发展水平，而中学生法律认知测评工具是开展中学生法律认知研究的前提与基础，编制科学有效地适用于中国中学生法律认知测评工具具有重要价值。遗憾的是，从目前文献来看，对法律认知测评工具的开发几乎没有。造成这种现状的主要原因是学科

---

① 吴明隆：《结构方程模型》，重庆大学出版社 2010 年版，第 42 页。

② 做分半信度的前提是测度项足够多，维度 3 和维度 4 各有 3 个测度项，故不进行分半信度评估。

之间的壁垒，法律意识理论是法理学主要研究的主题，而对认知或意识等工具的开发主要是心理学专业人员在做。基于此，本研究者尝试对这一现状进行破冰并编制了适用于测评中学生法律认知的工具，最终编制的量表包括15个测度项，量表的编制符合心理测量学和统计学的要求。

首先，从量表编制的理论基础来看，关于法律认知的概念、结构和相关理论已然很成熟，对这部分理论知识主要由法学专家在研究。那么，本研究依据法理学相关理论，结合心理测量与统计学的分析结果，将中学生法律认知划分为四个维度，分别为法律价值认知、法律知识认知、法律权利义务认知以及法律实践认知。法律价值虽然具有高度的凝练性、抽象性与模糊性，但却可以通过语词被感知到。[①] 主流观点认为，公平、自由、秩序乃为法律价值包含的基本要素。其中公平的语义有公正或正义等，那么，法律维护的即是某种公认的道德，这种道德所导致的是共同的善。因此，公正也是法律得以存在的正当性依据。法律的秩序价值表明法律存在的目的是维护社会和平稳定，法律是一种社会治理的手段与方式。[②] 法律知识认知维度的内涵主要是指个体对目前国家运行中的基本法律知识的贮存量，即该维度测评的是个体"知法"的程度。法律权利义务是对法律价值的具体体现，也是个体法律知识的进一步细化。权利主要是借助法律之力保障个体可选择性的法益，以此彰显对人性的尊重；义务就是依照法律规定应当承担的或者依照约定自愿承担的责任[③]，经常与权利相伴相随，履行义务是确保他人权利实现的重要方式。法律实践认知，主要指对"活着的法律"的基本观点，即对运行着的法律的认知。了解中学生对法律这四个维度的认知，可以使法治教育更有针对性，也可以对预防青少年犯罪教育提供参考。

其次，从中学生法律认知量表编制的过程来看，根据文献梳理构建法律认知维度，并依据核心概念的内涵及相关理论编制量表，初步形成各个维度的30个测题；然后将每个测度项与中学生和相关教师进行访谈，并与相关领域专家进行咨询与评定，对题项进行修改、调整与删减，

[①] 张奎:《法律价值与法律的建构性阐释》,《求索》2017年第11期。
[②] 于浩:《功利主义视角下法律价值的认知逻辑》,《社会科学》2017年第5期。
[③] 薛波:《元照英美法词典》,北京大学出版社2017年版,第452页。

最后形成 17 个测度项后通过测度项分类法，进一步确保量表各个维度测度项的内容效度；接着将量表投入到施测环节，对收集到的数据进行检验，包括项目分析、探索性因子分析、验证性因子分析以及信度和效度检验。同时，在量表的编制过程中，为避免正反向题混合导致的项目表述方法效应，[1] 除了最后一个题目外，其他题目均为正向表达。整个量表的编制过程，访谈、测度项分类、焦点小组讨论以及实证分析过程均严格按照相关规定进行，故过程科学严谨、结论可靠有效。

最后，从量表编制的结果来看，本次法律认知测评量表最终保留 15 个题项，均为 5 级计分。经过探索性因子分析后获取 4 个因子，4 个因子的方差累计贡献率为 66.178%，15 个题项的因子负荷值均大于 0.45；从信效度检验结果来看，量表内部一致性信度和分半信度良好，验证性因素分析结果显示，绝对适配度指数与增值适配度指数均达到模型的可接受统计学评价标准，这说明数据拟合度较好，量表有较好的结构效度。综上所述，此次量表编制基本上达到了预期效果，中学生法律认知测评量表可作为测量中学生法律认知水平的工具。

尽管如此，本次编制的中学生法律认知量表也存在一些不足之处。比如，较全国大样本来看，本研究的样本量较小，未来研究有待扩大被试的取样范围。另外，对中学生法律意识的测评不能只停留于认知层面的考核上。法律意识包括法律认知、法律情感、法律意志、法律动机、法律理想等。因此，今后的研究应将法律意识各个结构的测评工具开发出来，形成全面一体的法律意识测评工具。另外，随着人工智能的普及，各种算法的不断更新发展，在开发量表的时候对这些技术加以利用，比如通过 Python 对论坛文本的分析代替一个个的实地访谈与调研；同时，也能以线上发放量表的方式获取更大的数据，通过深度学习算法，构建青少年法律意识预测模型。基于此，设置科学、有针对性、个性化的青少年预防犯罪法治教育课程及相关活动，有效提高青少年法律意识，将犯罪行为扼杀在摇篮之中。

---

[1] 胡天强、张大均、程刚：《中学生心理素质问卷（简化版）的修编及信效度检验》，《西南大学学报》（社会科学版）2017 年第 2 期。

第二节　法律情感的理论构建

　　法律缘起之际就与情感相伴相随。西方法学理论中，早有功利主义法学家杰里米·边沁（Jeremy Bentham）就提出法律的目的是"增进公共幸福"，而约翰·斯图尔特·穆勒（John Stuart Mill）更是将边沁的观点进行了发展，在他的法律思想中论及个性自由时提出"幸福、快乐是一种自我评价，应允许人们按自己的意见选择生活方式的自由。"[①] 这均体现出法律与情感的紧密联系。法社会学的先驱鲁道夫·冯·耶林（Rudolf von Jhering）直接提出了法权感，也被译为法律情感，认为客观的"法律情感"是法的最终源泉，主观的"法律情感"与人的人格紧密相连。[②] 哈罗德·J.伯尔曼则提出了法律信仰，他认为对法律的信仰不仅涉及理性，而且涉及感情、直觉和信仰。[③] 这说明，法律情感的存在是客观且被承认的。法学理论的奠基人孟德斯鸠（Montesquieu）在《论法的精神》中提出法律不应该约束某些民族的心胸开阔、热爱生活、趣味十足、宽容、率真等美德。[④] 博登海默则认为法律的目的之一便是为个人创设有利于其智力和精神力量发展的环境，从而保障个人人格的良性发展。[⑤] 这表明，即便法律具有强制性，也不应以牺牲个体健全的人格为基础，而健全的人格势必包含健全的情感。

　　"中国古代立法皆为孔家的概念所支配。"[⑥] 也就是说，我国古代法律的理论基础是儒家思想，儒家思想的内涵之一便是尚"礼"，重视人情。比如孔子提出的"父为子隐，子为父隐，直在其中矣。"（《论语·子路》）体现出重情的司法原则。秦汉的"十恶"大罪中的"大不敬、不

[①] 严存生：《西方法律思想史》，法律出版社2015年版，第207—214页。
[②] 同上书，第242—243页。
[③] ［美］哈罗德·J.伯尔曼：《法律与革命——西方法律传统的形成》，贺卫方等译，中国大百科全书出版社1993年版，第5页。
[④] ［法］孟德斯鸠：《论法的精神》，夏玲译，红旗出版社2017年版，第258页。
[⑤] ［美］博登海默：《法理学——法哲学及其方法》，邓正来等译，华夏出版社1987年版，第377—378页。
[⑥] 瞿同祖：《中国法律与中国社会》，中华书局1981年版，第326页。

孝、不睦"亦讲的是人际关系中的情。① 荀子更试图以亲亲、尊尊的礼法培养良民。中国法文化中讲究血亲情感，中国民族传统的法心理是一种"法—情—权"的儒家型结构模式，这里的"情"指的是宗法伦理为内容的"情理"，法和权均受情的制约。"调解"制度更是宗法血缘之"情"的硕果。② 所以，儒家的法治是法律与人情的相辅相成。

从中西方的法学思想和理论可知，情感在法律中是客观存在的，但法学界，尤其是司法过程中却一再表现出对"情感"的"嫌弃"与贬低。诚然，这种现象的出现也有其缘由，但不可否认的是，只有正视情感在法律中的地位，发挥情感在法律中的功能，才是一种科学又不失理性的态度。

一 法律情感的内涵及特征

法律与情感的研究大抵上划分为三个阶段：第一阶段就是正视法律中存在情感的这一事实；第二阶段便是研究特定的法律情境下具体的情感所发挥的作用，比如对刑法中"后悔"这种情感的研究；第三阶段则是期望通过法律手段塑造特定的情感。③ 关于法律与情感的研究可以说已经揭开序幕，二者表现为一种"你中有我，我中有你"的"伴生"关系。这种关系凝结为抽象概念便为法律情感。

法律情感是情感的一个下位概念，它是个体对法治精神、现行法律体系及其运行的相关法律刺激事件做出的复杂反应，反映了个体的愿望和需要的一种心理现象。根据法律情感这一概念，可得出其有以下几个特征：

第一，法律情感兼具个体性和群体性。法律情感是个体对法律现象的一种主观体验，反映了法律情感的个体性，同时，又具有群体性。群体性主要表现为：首先，法律情感的可替代性，即发生在其他成员身上的法律事件亦会诱发个体产生相应的情感反应。比如，看到新闻报道中

---

① 俞荣根：《儒家法思想通论》，商务印书馆2018年版，第25页。
② 同上书，第29—30页。
③ 李柏杨：《情感，不再无处安放——法律与情感研究发展综述》，《环球法律评论》2016年第5期。

"坏人"得到了法律的严惩所产生的愉悦感，听到法律不公正行为所产生的愤怒感等。其次，法律情感的相似性，即大多数群体成员对法律情感具有类似的情感体验。比如对正义感的肯定、对侵权行为的愤怒等，这些类似的法律情感一方面源于共通的人性，如人性对真善美的追求；另一方面是由群体共同的道德理念影响所致，而道德又是法重要的渊源。最后，法律情感的社会传递性，即法律情感在群体成员之间传递，从而对群体态度和行为起到激发与调控作用，比如某一审判结果所引发的群体愤怒或赞赏。法律情感的社会感染性也反映了法律情感的可替代性和共享性。

第二，法律情感的刺激源为法治精神、现行法律体系及运行中的法律。个体的情感有很多种，法律情感特指由法律现象所引发的主观体验。大体上分为两层：第一层是对法治价值精神的情感，比如对法所蕴含的公正、平等、民主、自由等理念的主观体验；第二层是对现行法律体系的情绪情感状态。现行法律体系由静态和动态两部分构成，静态的法律体系即为宪法统率下的法律、行政法规、地方性法规，以及多个法律部门；法律的运行，主要包括立法、执法、司法和守法等过程，即为动态的法律体系部分。法律情感就是指由这些法律现象所诱发的主观体验。

第三，法律情感的发生逻辑为正义这种法治精神。当人们打破了为维护相互利益而建立的理性协议时，法律情感就发生了。此刻，出现在法律情境中的情感便打上了法律的烙印。此时的法律情感多属个人法律情感，因为其发生是基于个人的利益受损，是基于互利性正义发生的。还有另外一种正义便为公道性正义，这种正义指向一种共享的公共善的理念。当这种正义被损害后，法律就需要承担公道性正义的主体进行裁决或者对受害者进行安抚。这时候由于正义遭到破坏所产生的法律情感变为国家法律情感的发生逻辑。[①] 也就是说，不管是个人法律情感，还是国家法律情感，其发生的逻辑起点均为正义这种法治精神。

第四，法律情感的发生伴随着一系列的生理唤醒状态。法律情感属于情感的下位概念，情感与其他心理过程不同的地方在于其发生总是伴

---

① 郭景萍：《法律情感逻辑形成、运行与功能的三维机制》，《社会科学研究》2013年第1期。

随着生理反应和外部表现。那么，法律情感同样有这样的特征。换言之，当法律情感发生时，会引发个体的植物性神经系统和躯体性神经系统的反应。这一特征成为法律情感可进行测量和量化的前提条件。

二 法律情感的维度

根据目前心理学界对情绪结构的研究，采用情绪的环形模型理论，[①]将法律情感从效价结构划分为积极法律情感和消极法律情感；从唤醒层面及基本和复合情绪层面[②]考虑又将积极法律情感划分为兴趣、期待、信任与敬畏感四个维度，法律消极情感划分为失望、蔑视、厌恶三个维度。每个维度均基于对法治精神、现行法律体系及运行中法的主观体验。

1. 积极法律情感

积极法律情感，即法治精神或当前的法律体系及运行能够满足个体对法律的期许或需求，从而伴随着愉悦的主观体验。从唤醒程度的强烈依次包含兴趣、期待、信任和敬畏。积极的法律情感表达了个体对法律的认同，这种法律情感也是国家所倡导和期待教育培育的一种情感状态。

从激活状态来看，兴趣属于低强度的唤醒，是一种指向具体活动的趋向性。对法律的兴趣更侧重于个体性，且和具体对象相联系。比如青少年学生对法律具体价值的兴趣、对基本权利义务的兴趣、对法院审判活动的兴趣等。

期待属于普拉切克（Plutchik，2003）所提出的 8 种基本情绪之一，法律期待指个体对法律"应然"状态的一种主观预期。比如认为法律终将会带来公正，法律能够伸张正义，法律对人类充满了关怀等等。所以，法律期待指向未来，是个体对法律自身应具备美好德性的一种预期，反映了人类普遍的理想价值。

信任同属于基本情绪之一，法律信任属于非人际信任的一种社会信

[①] Posner J., Russell J. A., Peterson B. S., "The circumplex model of affect: An integrative approach to affective, neuroscience, cognitive development, and psychopathology." *Development and Psychopathology*, Vol. 17, No. 3, 2005.

[②] 唤醒指情绪反应强度，分为高唤醒和低唤醒两种状态。基本情绪是人与动物所共有的，具有先天性。复合情绪是由基本情绪的不同组合派生出来的。考虑到法律情感的特性，故综合从唤醒和基本情绪、复合情绪考虑进行维度的划分。

任，是对人们在社会交往过程中涉及的法律法规的一种制度信任。这种法律信任可对个体的"有限理性"起到一定克服作用，且可促进社会成员之间良性交往，成为一种有效的社会控制手段。如，社会成员基于对民法诚实信用原则的信任，所以能够进行良性的交易活动；基于对刑法的信任，觉得国家安全和个人安全都处于被保护的状态。如果说法律期待情感指向未来，则法律信任是对法律体系"实然"状态的一种情感，故法律信任更多的是着眼于当下。

《孟子·告子上》："恻隐之心，人皆有之；羞恶之心，人皆有之；恭敬之心，人皆有之；是非之心，人皆有之。"这里的"恭敬之心"其实就是敬畏感。敬畏不是单纯的惊恐或畏惧，而是一种复合情绪组合。研究表明，敬畏情感中积极成分占主导，同时包含了恐惧和焦虑等消极成分。[①] 法律敬畏是一种理性的情感，是接近法律信仰的一种内在精神状态。敬畏法律，是因为敬法治所体现了人类终极追求，畏法律的权威与神圣，唯有对法律怀有敬畏之心，才能够更好地践行法律。对法律的敬畏，实则是对法律所蕴含的规律性、神圣性、权威性等人类追求的终极目标的尊重，并以此约束自身的言行，从而促使个体形成一种隐忍、克制的人格特性。法律敬畏感是个体对法的一种反思态度，表现为个体法律自我的完善。唯有对法律怀有敬畏之心，才能够体验并获得法所追求的终极价值，才能更好地成就自我。法律敬畏是个体与法之间的一种互相敬重、互相约束的关系，更是个体对秩序、对规律的一种态度。

对法律的敬畏中，个体意识到自身的渺小与法的强力，从而产生一种"臣服"与敬仰之情。这种"臣服"心理的积极后效就是在社会生活中将法视为一种可依赖的"精神后盾"，在对法的臣服心理中，个体多了一份理性，少了盲从与冲动。这个层面的敬畏感更多反映的是对法权威性的折服。另一层面则为敬仰之情，由于法追求的终极目标使得个体感到自我的渺小和卑微，从而自愿去人格化来感受这种宏大的精神追求，处在一种宁静致远的状态中。这时候，法对个体来说就是神圣、不可亵渎的美好存在。个体在这种情感体验中获得了归属感与完满感，这将导

[①] Keltner D., Haidt J., "Approaching awe, a moral, spiritual, and aesthetic emotion." *Cognition and Emotion*, Vol. 17, No. 2, 2003.

致对现行法律体系的认可与接纳，即便它还没那么完美。

归根结底，对法律的敬畏之心，一方面是个体对自己在法律素养上的修炼与提升，是追求法律自我完满的表现；另一方面，有助于建立守法、尊法的和谐平稳的法治社会。

2. 消极法律情感

消极的法律情感是指法治精神或现行法律体系及运行对个体的心理所造成的负面体验，主要包括失望、蔑视和厌恶。

失望是结果的发生与自己的预期不一致且比预期结果要差的时候所体验到的情绪情感。[①] 对法律的失望感来自于法未达到个体的预期期待值或预期落空时所产生的一种主观体验。例如，当事人在卷入法律纠纷的时候，或者对于公众所知的法律案件，基于对案情的了解以及本着对法价值的期待，相信法律会给予一个公正的答复，但结果并不如所愿，或者当事人觉得法并未给予其一种公正的裁决，这时候就会对法有一种失望感。那么，对法的失望感将导致个体后续对法的态度。相关理论研究表明，由于情绪对评价的加权影响，当预期和结果差距相差较大的时候，会引发更为强烈的失望感。[②] 因此，当个体对法的期待落空后，会导致失望感，且这种失望感会随着预期和结果之间的差距增加出现一种加权效果。对学生法律情感的培育应考虑到这种加权效应，并给予合理的消解对策。

对于蔑视，有学者从"不予承认"这个角度进行揭示，并提出了三种不同形式的蔑视，即通过一定的方式令个体丧失对其身体的控制权、剥夺个体的法律权利将主体排除在特定的团体外、通过社会制度的确立贬损个体的生活方式或信念。[③] 对法的蔑视亦可以从"不承认"予以理解。对法最为严重的蔑视便是将法这种元素完全从个体的生活当中剥离出去，即忽视法存在的现实。纵然法是客观存在的，但个体认知中它是一种不存在且个体完全不与之发生任何互动。不发生互动，表明法是没

[①] 庄锦英：《情绪与决策的关系》，《心理科学进展》2003 年第 4 期。

[②] 庄锦英：《情绪影响决策内隐认知机制的实验研究》，博士学位论文，华东师范大学，2003 年。

[③] ［德］A. 霍耐特：《完整性与蔑视：基于承认理论的道德概念原则》，赵琰译，《世界哲学》2011 年第 3 期。

有价值或者不具备意义的。此乃对法最为严重的蔑视形式，这代表着在个体的社会化过程中，法已被彻底"抛弃"并附带着消极贬损的情绪体验。第二层面对法的蔑视则需从法的社会性来理解，法的"定纷止争"作用表明其发生于人与人的互动过程中。那么，若是产生对法的蔑视，则会体现在人与人交往过程中会摒弃对法的运用。至于摒弃的缘由，可以是对法价值的贬损，也可以是第一层次对法的"抛弃"所导致个体缺乏"法律素养"。这种形式的蔑视直接导致法应有功能不会实现，从而使法成为一种"死法"。第三层次对法的蔑视则是抹杀掉法的特性，法与其他调节社会关系方式的不同在于其"强制性"与"权威性"，如若将法看作与道德、风俗习惯无异，虽然后者也是重要的法源之一，但抹杀掉法的特殊性就意味着法具有可替代性。这也是一种对法的蔑视。综上所述，第一种对法的蔑视其实更侧重于个体角度，情感上则是与法的一种相分离和拒斥形态。第二种和第三种侧重于社会意义对法的蔑视，这两种形式终将使法丧失掉自身的价值从而"死去"，而这始于个体第一层面对法的蔑视。

厌恶是人类在自然选择过程中所形成的一种具有适应性功能的典型负性情绪。厌恶情绪的发生导致个体对厌恶刺激源的回避或拒绝。目前主要将厌恶情感分为由食物、动物、排泄物等具体刺激引发的核心厌恶和对不道德行为的道德厌恶两大类。[1] 那么，个体对法的厌恶具体归为哪种类型目前并没有实证研究的支持。对法的厌恶是指个体对法治精神、法律体系及相关现象的一种负性情绪体验。不同的厌恶情绪其认知加工过程及涉及的神经层面有所不同，目前虽然没有实证研究支持法厌恶属于哪种类型，但可以推测应属于道德厌恶。道德厌恶的加工依赖社会认知和评价，并受到社会文化的影响。[2] 故此，对法及其制度和运行的厌恶感实际上可能是个体在与法的双向互动过程中，对理解和体会到的个人化的法的厌恶。在个体社会生活当中，可能由于种种原因并未真正认识

---

[1] 丁道群、张湘一、陈锡友：《不同注意资源水平上核心厌恶和道德厌恶刺激加工分离效应的 ERPs 研究》，《心理科学》2016 年第 2 期。

[2] Chapman H. A., Anderson A. K., "Things rank and gross in nature: A review and synthesis of moral disgust. J." *Psychological Bulletin*, Vol. 139, No. 2, 2013.

到法的价值，基于对法不准确的理解所形成的一种消极情感状态，比如个体的特殊经历导致他认为法是不公正的，法做了肮脏的勾当，从而厌恶法。这种厌恶情绪属于道德厌恶，是出于对自我心灵纯洁性的保护而产生的回避性的情绪体验。教育的目标是培养学生的积极法律感，但对法律的厌恶情绪进行深入了解，具有积极的教育意义，只有找到厌恶法的缘由，方可更好地进行法治教育。

三 法律情感的功能

1. 健康法律情感对人格的健全作用

法律情感是个体法律意识的组成部分。个体法律意识的成熟定型就表现为一种法律人格，即"法律自我"，法律自我是个体在成长过程中将法律意识植根于人格形成中，从而在个体的人格中注入了追求公正、珍惜权利等有利于社会发展的价值理念。法律情感作为"法律自我"的动机机制，是法律自我健康发展的必要前提。法律自我又为人格的组成部分，故良性法律情感是个体人格健全的必要保证，此其一。其二，伊扎德提出人格是由内驱力、感情—认知间的相互作用以及感情—认知结构三种类型的动机结构结合而成。内驱力的发生和各种情绪体验密切相关，固然，包括法律情感体验；感情—认知间的相互作用和感情—认知结构中重要的一方因素就是感情因素，由此可见伊扎德的人格理论中，情绪处于核心位置。[①] 法律情感是情感的下位概念，是对象指向情绪中的一个特例，据此可得，法律情感在个体人格中的重要作用。

综上所述，法律情感属于"法律自我"的重要组成部分，而"法律自我"是个体自我中的物质自我、精神自我和社会自我并列的人格自我的一个维度。因此，个体人格的健全成长，法律情感的良性发展不可或缺。另一方面，从人格和情绪的关系中可得，法律情感是个体人格特质中重要的动机因素之一。

2. 法律情感对法律意识发展的促进作用

法律情感的组织功能是指法律情感对法律意识其他组成部分的影响。这种影响作用主要表现为积极法律情感的促进作用和消极法律情感的消

---

① 孟昭兰：《情绪心理学》，北京大学出版社2005年版，第35页。

解作用。当个体对法律处于兴趣、期待或敬畏情感状态时，可促进个体对法律认知的深入程度以及对法律的意志坚定状态，最后可形成对法律的信仰；反之，当个体对法是一种蔑视、厌恶的情感状态时，导致"不知法"，对破坏法律的现象也不会采取积极的行动。

  法律情感是个体对法律现象的情感宣泄。这里法律现象的效价可以是正的，亦可以是负的。何以导致法律情感？乃是人类对终极公平正义这种信念的信仰所致，而法律则成为这种信仰的载体。韦伯认为，一种秩序的正当性可以通过情绪得到保障的基础之一就是情感上对这种正当性的信仰。[①] 个体对法律现象所引发的情感，实则就是一些客观法律事件使个体的这种终极价值得到确认或遭到破坏的结果，如为正义伸张感到欢欣鼓舞，为冤假错案感到义愤填膺。法律情感的进一步后果是促使个体去维护自己的终极信念，在情感得到释放或宣泄之后，从感情步入理性，寻求问题解决的最佳方式。这种情感与理性的结合，使情感得到了升华，但它的驱动性功能也得到了体现，进而促进个体法律意识的提升。

  3. 积极法律情感对法律社会控制的"黏合剂"作用

  法律是一种社会现象，法律意识形成于社会关系中意味着法律情感也是在关系中形成。对法的积极依赖与信任，能够将卷入法律中的人际关系良性化，从而间接地导致一种良性的社会交往状态。对法律的期待、信任与敬畏实则是对社会主流文化的一种认可与遵守，这也构成了社会稳定和谐的前提条件。每个生活在社会中的个体都保持这种积极的法律情感，则可形成一种"黏合剂"作用，这种黏合剂将不同的个体联结在一起，从而确保个体不被边缘化。

  情绪社会结构论认为，情绪体验植根于合理的社会情境关系中，情绪是在社会文化系统中获得的。[②] 法律情感属于情绪社会化过程中的类型之一。现行的法律实则是对社会主流文化的一种确认和承诺。由于一定社会时期人们共享某种法律制度，个体对这种法律制度的认知评价成为法律情感的基础，这种基于对现行法律制度的评价又会受到他人的影响，

---

  ① ［德］德马克斯·韦伯：《经济与社会》第 1 卷，阎克文译，上海世纪出版集团 2010 年版，第 124—128 页。

  ② 傅小兰：《情绪心理学》，华东师范大学出版社 2016 年版，第 60 页。

同时也反映出了与他人之间的关系。换言之，法律情感一部分是形成于人际互动的过程中，并且会对人际关系产生影响。这种形成于人际关系中，又对人际关系有塑造功能便是法律情感的社会控制力作用的体现。比如，当律师接收一个离婚案件，首先是对当事人法律情感的回应，在离婚的过程中，当事人随着对法律认知的加深其法律情感亦会发生改变，随着离婚案件的结束，双方当事人的关系（除了离婚事实外，有可能从彼此仇视到放下仇视）亦发生了改变，这种改变很大程度就是法律情感影响的结果。

四 青少年学生积极法律情感的培养策略

情感教育一方面为促进个体形成与社会价值观相适应的积极情感；另一方面是对社会要求的消极情感的调控。① 法律情感教育亦然。培育青少年学生理性化的积极情感可为当前法治社会的建设奠定主体性动力因素。

1. 法律认知教育是培育法律积极情感的前提

情绪的认知理论集大成者拉扎勒斯（Lazarus）认为，情绪是人对自身与环境之间相互关系的综合分析，这一过程的核心便是认知评价。他将评价分为初评价和再评价，每一次的评价过程都可能有具体情绪的发生或者是情绪事件的结束。② 依据这一理论，对积极法律情感培养的前提是确保学生对法律现象有着正确的认知。目前我国中小学校都有开设《道德与法治》课程，其目的就是为学生灌输基本的法律知识，培养学生的法治思维。期望学生对我国法律体系具有积极的法律情感，最好的途径便是从法律认知入手，只有了解了什么是法律、法律的基本性质、社会主义法律体系的基本内容以及具体的权利义务等法律知识，学生才有可能对社会生活中的法律现象或者对法律本身做出正确的评价，这种评价是导致法律情感发生的重要源头。唯独了解法律的价值与功能，才能理解法律存在的必要性，才会导致对法律的积极评价与积极情感；也唯独懂得法律的特殊性与终极追求意义，才会对身边法律现象有一个理性

---

① 毛豪明：《再论指向生活意义的情感教育》，《安庆师范学院学报：社会科学版》2006 年第 2 期。

② 傅小兰：《情绪心理学》，华东师范大学出版社 2016 年版，第 45—47 页。

而客观的分析，不会被社会舆论所左右，避免了对法治存有偏见与敌意。正如学者朱小蔓认为，情感教育不是对理性的否定，而是对非理性的强调，其最终目的是培养高理智与高情感协调发展的人才。① 所以，法律情感的培育是首先以法律认知为基础，以法理使人信服，法律情感是对法理的认可，法理是法律情感的源头，从而达到合情合理的和谐状态。例如，当学生懂得了法律的强制性特征以及其背后的法理，就不会觉得法律义务是一种负担，因为他懂得强制性的根本缘由是确保法律的生命力，而法律的生命力则在于保障每个守法人的基本权利。这样，当遇到不履行法律义务的个体时，学生则表现出对违法行为的负性情感，对法律被践踏的担忧与关怀，从而可促进对法律的维护。这种最终做出对法律维护行为的前提是基于对法律的正确认知与积极评价，这种评价导致对现行法律的积极情感，对违反法律行为的消极情感。

2. 良好的人际关系是培育积极法律情感的保障

开展情感教育的最终目标是实现人的全面和谐发展。② 情感教育的重点在于使学生学会交往、学会合作。③ 梁启超则认为，情感教育的目的是教人成为仁者，这里的"仁"即为孔子所说的："仁者人也。"就是人格的完成，而人格的实现又是在关系中生成的。④ 积极法律情感培育的保障便是良好的人际关系。法律情感作为一种高级社会化情绪，它是在个体情绪社会化过程中发展起来的。发展心理学家鲍尔比（Bowlby, 1969, 1972）认为，亲子依恋是儿童情绪社会化的桥梁。儿童要产生正性情感依赖于养育者对其舒适度需求的满足程度。亲子依恋作为个体对养育者强烈持久的情感联结，会影响到儿童后期与其他交往对象的关系。比如与同伴、恋人、不特定的他人等。同时，良好的亲子依恋也为人格的健全发展奠定基础。法律情感产生于个体情绪社会化过程中，换言之，产生于个体与他人的互相交往过程中。据以上研究可推论，良好的人际关系有助于塑造个体正向积极的法律情感。安全型的亲子依恋是良好人际关系的保证。后续

---

① 朱小蔓：《当代情感教育的基本特征》，《教育研究》1994 年第 10 期。
② 郑琳川：《立德树人务必重视情感教育》，《中国教育学刊》2015 年第 9 期。
③ 赵鑫：《国外情感教育研究的进展与趋势述评》，《比较教育研究》2013 年第 8 期。
④ 魏义霞：《梁启超情感教育论》，《求索》2014 年第 9 期。

的同伴关系、师生关系及与社会的关系均会影响到个体法律情感的"效价"。那么,培育个体积极的法律情感,就需要从各种关系入手。

首先,尽量保障个体能有安全型的亲子依恋关系,安全型的亲子依恋关系不仅作为一种内部交往模式为以后人际交往奠定良好基础,更为重要的一点是,可确保个体人格良性成长。健全的人格与积极的法律情感具有相匹配性。健全的人格不仅是物质自我、精神自我、社会自我良性发展的表现,也是"法律自我"健康成长的展示。因此,可通过亲子教育,为父母提供科学有效的育儿方法,有助于形成良好的亲子依恋关系。

其次,随着儿童年龄增长及人际交往范围的扩大,同伴关系占据的重要性越来越大。同伴之间的良性交往不仅可以为个体提供情感归属,还可以影响个体的价值观。那么,法律情感便有可能在同伴交往中逐步形成。步入学校生活中的个体,开始学习法律知识,对法律是否认可及随后产生的法律情感,均会受到同伴的影响。健康的同伴关系往往能够提供一种主流的价值观。

最后,个体与社会关系是否为良性,直接决定了个体是否会遵纪守法。个体被社会边缘化,极有可能导致犯罪行为的发生。罪犯最明显的特征便是对现行刑法的践踏,那么,其对法律的情感是不言而喻的;但个体若生活于社会控制网中,便会信任法律、对法律心存敬畏。

决定个体是否会被边缘化的重要因素便是个体与他人的关系是否为良性,也就是个体与家庭、同伴、重要的生活工作机构等是否有强烈的依恋。所以,要培育青少年学生积极的法律情感,从关系入手不失为一种可靠的策略。

3. 法律情感体验是培育积极法律情感的关键

情感教育的研究者朱小蔓认为,渗透性、非实体性是情感教育的基本形式。[①] 情感教育的基础是情感体验。法律情感教育属于情感教育的子类型,故可通过两种方式达成培育学生积极法律情感的教育目标。第一种是通过法学案例诱发学生的法律情感,让学生体验法律情感,达到培育法律情感,即"以情育情";第二种是让学生参加法律实践活动,比如旁听法院审判活动,或者进行模拟法庭的法律实践活动,从而达到"以

---

① 朱小蔓:《〈情感教育论〉与情感教育理论建设》,《教育科学》1995 年第 4 期。

境育情"的目标。

21世纪我国法学教育改革就通过引入案例教学的方式来激发学生学习法律的兴趣。① 这说明,通过法学案例教学,可提高学生的法律情感。通过真实的法律案例诱发学生法律情感,将学生代入到案例中,从而在认知过程中伴随着法律情感体验,这样的结果会促使学生掌握相关的法律知识、领悟法条背后的法理、从而有助于增强其法律意识,最终增强了学生的积极法律情感。也就是说,"正是由于体验的情感性,主体在积极的体验中形成积极态度"②。也由于学生在法律案例中体验到了法的正义,以及对违背正义、公平等法价值的愤怒,最终有助于形成对法的积极情感。

为增强学生法律实践能力,培养学生的社会责任感,法学教学中引入诊所法律教育。③ 法律诊所教育中的其中一项评价目标便是态度评价,即学生进行相关课程的学习后对法学教育等相关问题的态度。④ 法律诊所教育属于实践性教育,且这种法学教学方式关注学生的法律情感。为培育学生法律情感,在法治教育课程当中,也可以开设"模拟法律诊所",学生参加一系列角色扮演和模拟训练,在"身临其境"的法律实践活动中,提高学生对法律知识的兴趣,促进对法追求的终极意义的领悟。由于情绪具有感染性,因此,也可通过旁听真实的法院审判活动,可将枯燥的法律知识以直观生活的情境展现给学生;同时,当事人的情绪情感传染给学生,让学生体验正义伸张后的愉悦感、法的不容侵犯性与威严,从而形成对法的认可、信任和敬畏等积极的法律情感。

4. 民族法文化是培育积极法律情感的核心

"能够铭刻在公民心灵里的法律情感必然滋生于一个民族国家深厚的法文化之中。"⑤ 中国的法文化是以儒家思想作为其内在精神,即"引礼入法"。为达到对学生积极法律情感培养的目标,需要对中国法文化进行两个层面的理解:第一个层面是使学生对传统法文化发生兴趣,比如对"礼不下庶人,刑不上大夫"(《礼记·曲礼》)意义的理解,如果教师不进

---

① 张琳:《案例教学法与民法教学》,《当代法学》2002年第10期。
② 闫守轩:《体验与体验教学》,《教育科学》2004年第6期。
③ 浦纯钰:《"法律诊所"教育若干问题探讨》,《社会科学家》2005年第6期。
④ 袁钢:《法律诊所教学评价方法探究》,《法学杂志》2011年第2期。
⑤ 董杰、魏纪林:《论法律情感的培植》,《理论导刊》2009年第8期。

行深入剖析，很可能就会认为这是古代礼法制度阶级性的体现，是将庶人和大夫排除在礼和刑的实施对象之外。但若通过深入分析，对"上"和"下"的含义理解为"至"和"在某之上（下）"则意义完全不同。[1] 还有另一种解说更为有趣，认为"礼不下庶人"是由于"庶人贫无物为礼"（《礼记正义·曲礼上》），这种解释完全基于原文的具体意思进行理解，表示庶人都没有车可以坐，怎么行下车之礼呢？通过这样的一种解释，让学生对传统法思想发生浓烈兴趣，可主动去探究传统法文化的滥觞，最终使学生对现行法律的积极情感体验置于肥沃的法文化土壤中。第二个层面则是对目前法律制度从传统法文化的视角进行解读。比如对未成年人刑事政策"坚持教育、感化、挽救的方针"，以"教育为主，惩罚为辅"的理解，且不说我国古代文化中的"恤幼"思想对这一政策的影响，更为直接的是古代儒家对犯罪的预防观点。比如孔子认为"性相近也，习相远也。"（《论语·阳货》）他持有的是"性善论"，那么人犯罪则是"习"所导致，也就是后天环境所导致的。在这样的基础之上，孔子提出了犯罪预防措施，即"富之""教之"、先富后教。[2] 荀子则进一步提出"不富无以养民情，不教无以理民性"（《荀子·大略》），并提出"教"的具体内容，以及达成"礼义之化"的目标。那么，据此观点，我们可以认为对未成年人的"以教育为主"的"教"的思想，可推及未成年人犯罪是缺乏"教"，而这一观点正是印证了儒家法的犯罪预防观。现观目前中小学生《道德与法治》课程的设置也是先培育学生的道德情操，其目的之一就是为培育其法治思维做好伏笔，这种做法与我国传统法文化注重道德修养是相符合的。

第三节　大学生法律情感测评工具的编制及信效度检验

一　研究方法

1. 量表初稿的形成和检验

根据法理学、心理学乃至教育学中关于法律情感的相关理论，对法

---

[1] 李晓明：《"礼不下庶人，刑不上大夫"辨》，《法学杂志》2003 年第 4 期。
[2] 俞荣根：《儒家法思想通论》，商务印书馆 2018 年版，第 278 页。

律情感的内涵特征、分类进行整理分析，将法律情感分为两大类，即积极法律情感和消极法律情感。根据心理学中情绪情感相关研究，对积极法律情感和消极法律情感进一步划分为若干个因素，并将这些因素转变为可测量的要素。在此基础上，初步建立测评工具的题库，题库的建立确保每个因素的题目至少8个以上。然后，将初步编制的测题进行访谈，访谈的内容主要为：量表题项表述的内容是否能够被理解，如果不理解觉得怎么样修改会更合适；量表中的题项表述是否存在异议，如果有异议该如何表述会更好；量表中题项的措辞是否通俗，如果过于学术化，是否有好的建议；以及每个因素包含的题目彼此之间是否能够相互印证，不同因素的题目是否可以互换等。通过对大学生进行深入访谈，对测题进行删减与修改后，请相关领域的专家进行评价并给予修改建议后再一次以大学生为被试做了测度项分类，其目的是验证分量表的各个因素划分是否合适。测度项分类分为两步，第一步由主试将测题顺序打乱并分别写在卡片上，要求被试进行分类，并命名每一类的主题；第二步换一批被试，由主试根据前一轮的反馈意见对测题进行调整修改后，将测题根据已有的理论划分好维度并对该维度进行命名与解释，由被试将测题进行归类。通过访谈、专家评定法以及测度项分类后，最终确定初始问卷57个测题。量表采用从"完全不符合""比较不符合""不确定""比较符合""完全符合"的5级评分方式，要求被试根据实际情况进行填写。算总分时，需要将法律消极情感进行反向计分，得分越高代表被试的法律情感水平越高。

2. 测试对象

初测：选取浙江省某高校的大学生作为被试，第一次发放量表100份，回收的有效问卷88份，有效调查对象中男生34人，女生54人。

复测：选取浙江省某高校的学生共246人作为被试，其中大一18人，大二162人，大三28人，大四38人，其中男生65人，女生181人、文科专业的学生有225人，理科专业的学生有21人。

3. 研究程序

首先，结合法律情感的相关理论并借鉴已有的情绪情感等量表，自编《大学生法律情感量表》，请相关领域专家对题目进行评定和修改，并进行预测。其次，对预测结果进行项目分析和探索性因子分析，根据回答情况修改题目，同时对题目进行访谈，确定法律情感量表的结构。最后，对修改后的量表正式施测，并进行项目分析和因素分析，检验量表的信度和效度，形成正式量表。

4. 统计处理

探索性因素分析采用主成分分析，因子旋转采用正角旋转，统计工具为SPSS21.0。验证性因素分析采用的统计工具是AMOS21.0。

二 研究结果

1. 项目分析

以量表加总后各被试总分的27%为高低分组的界限，采用独立样本 t 检验求出高低两组被试在各试题平均数的差异显著性，结果显示各个题项均达显著性水平（$p<0.001$），决断值 t 统计量的标准值 $CR>3$，表示题目的鉴别度较好。计算每个题目与总分之间的相关，除了第6题和第8题外（r_6值为0.328，$r_8=0.260$，$p=0.000$），剩余题目与总分的相关都可以被接受（$r>0.4$）。项目分析后删除第6题和第8题，其他题目予以保留。

2. 题目同质性检验——信度检验、共同性与因素负荷量

对55个题目进行内部一致性检验，α系数值为0.944，表示其信度高，测量误差值小。一般而言，共同性值低于0.20，表示题目与共同因素间的关系不密切，此题可考虑删除。数据分析发现，1，2，3，4，5，7，9，14，15，17，18，21，22，23，24，26，27，28，32，33，38题目共同性低于0.2，表明该题目与共同因素"法律情感"程度关系微弱，依此标准可考虑删除。再看成分矩阵表，若是题目因素负荷量小于0.45，可考虑将之删除。从成分矩阵中可以发现：1，2，3，4，5，7，9，14，15，17，18，21，22，23，24，26，27，28，32，33，38题目因素负荷量小于0.45，其余题目的因素负荷量均大于0.45。

3. 探索性因素分析

经项目分析程序后为检验法律情感量表的建构效度对保留的34个题目进行探索性因素分析。根据法律情感的理论构想，将法律情感分为积极法律情感和消极法律情感两个分量表，然后分别进行探索性因素分析。

(1) 法律积极情感量表探索性因素分析

采用方差极大旋转法对法律认知量表的 11 个测度项做主成分因子分析，结果表明：KMO 值为 0.906，Bartlett 球形检验的卡方值为 1228.334，（自由度为 55）结果达到了显著水平（$p<0.001$），表明变量间有共同因素存在，数据适合做因子分析。反映像矩阵数据表中，对角线数值每个 MSA 值均大于 0.8，表示所有题目适合进行因素分析。

在编制量表时，将法律积极情感归类为三个明确的因素，故采取限定抽取共同因素法萃取三个共同因素。提取 3 个因子，总解释率为 68.802%。三个因素包含的题目与使用者构建的理论大致符合，故法律积极情感三个维度分别为：法律信任感、法律期待感和法律兴趣。

表 5.8　　法律积极情感量表的旋转成分矩阵

题目	因子负荷		
	法律信任感	法律期待感	法律兴趣
A13	0.827		
A11	0.789		
A10	0.707		
A12	0.668		
A20		0.774	
A19		0.743	
A16		0.676	
A25		0.614	
A30			0.817
A29			0.798
A31			0.724
因素负荷量平方	2.808	2.411	2.349
累积解释变异量	68.802%		

(2) 法律消极情感量表探索性因素分析

采取最大变异法对法律消极情感的 23 个题目进行探索性因素分析，KMO 值为 0.943，Bartlett 球形检验的卡方值为 4608.429（自由度为 253），达 0.001 显著水平，表明变量适合进行因素分析。每个题目的反映像相关矩阵的 MSA 值均大于 0.85，表示每个题目都适合进行因素分析。且每个题目的共同性均大于 0.2。根据 $\lambda > 1$ 的原则，结合碎石图，抽取 3 个公因子，可解释的方差累计贡献率为 68.245%。由于第 47 题目在因素 1 和因素 2 上的载荷接近（在因素 1 和因素 2 上的载荷分别为 0.594 和 0.560），因此将该题目删除，对保留的 22 个题目重新做主成分分析。

第二次主成分因子分析结果显示：KMO 值为 0.942，Bartlett 球形检验的结果达到了显著水平（$p < 0.001$），卡方值为 1040.143，（自由度为 120），每个题目的反映像矩阵的 MSA 值均大于 0.85，表明适合进行因素分析。根据 $\lambda > 1$ 的原则，结合碎石图，抽取 3 个公因子，可解释的方差累计贡献率为 68.357%。根据探索性因素分析结果可以将法律消极情感量表分为 3 个因素，根据每个因素所包含的题目可对其命名如下：因素 1：法律厌恶感；因素 2：法律蔑视感；因素 3：法律失望感。

表 5.9　　　　　　　　法律消极情感量表的旋转成分矩阵

题目	因子负荷			共同性
	法律厌恶感	法律蔑视感	法律失望感	
54	0.775			0.652
55	0.759			0.717
50	0.757			0.663
52	0.697			0.602
53	0.688			0.727
56	0.684			0.712
48	0.679			0.544
49	0.674			0.772
42	0.597			0.510
45		0.812		0.759
43		0.808		0.798
40		0.766		0.817
41		0.668		0.697
44		0.642		0.708
51		0.631		0.756
57		0.603		0.649

续表

题目	因子负荷			共同性
	法律厌恶感	法律蔑视感	法律失望感	
46		0.559		0.463
35			0.876	0.797
36			0.821	0.739
39			0.770	0.685
34			0.754	0.701
37			0.690	0.571
因素负荷量平方	6.029	5.190	3.820	
累积解释变异量	68.358%			

4. 信度与效度分析

（1）信度分析

本研究两个分量表各个因素的内部一致性信度 Cronhach'a 系数和分半信度系数详见表 5.10。

表 5.10　　　　两个分量表各个因素的信度系数

	信任感	期待感	兴趣	厌恶感	蔑视感	失望感
Cronhach'a	0.81	0.84	0.79	0.93	0.93	0.88
分半信度	0.80	0.85	0.78	0.92	0.93	0.85

（2）效度分析

题目经过删减，最终在 6 个因素上一共保留 33 个题目。求出法律积极情感和法律消极情感量表中各个因素的总分，以 6 个因素总分为测量变量，以 2 个分量表为潜变量，进行验证性因子分析。2 个潜变量之间设定为两两相关，6 个测量变量的残差之间设定为相互独立。验证性因素分析结果表明，卡方值与自由度比值小于 3，GFI、AGFI、IFI、CFI 值均在 0.9 以上，RMSEA<0.08，这说明数据与理论模型拟合度较好，量表具有较好的结构效度，详见表 5.11。

表 5.11　　　　　　　　总量表的效度分析

CMIN	DF	CMIN/DF	GFI	AGFI	IFI	TLI	CFI	RMSEA
9.976	5	1.995	0.987	0.946	0.993	0.978	0.993	0.064

三　结果讨论

1. 效度

本研究基于文献回顾及访谈结果确定了大学生法律情感分为两种，即积极法律情感和消极法律情感，每种法律情感下又包括三个因素。在阅读文献以及访谈、个案分析的基础上，先采用主观评定法修订量表的表面效度和内容效度，确定可用于施测的初始量表条目。同时，在编制量表的过程中，结合了对大学生《道德与法治》这种可以反映大学生法律情感发展的材料以及与该课程教师的访谈结果、专家评审建议等，来确定量表的题目，确保题目内容简明扼要、措辞精准无歧义。

2. 信度

本研究采用了 Cronhach'a 系数和分半信度考察了量表的信度情况，结果表明，量表的信度水平均达到可以接受的标准。这说明，大学生法律情感测评量表是一个信度较好的测评工具。

在整个量表的编制过程中，探索流程比较规范，且每一步均经过仔细筛选，例如在半结构式访谈的过程中，结合了多种访谈对象的视角（大学生，大学教师，相关领域的专家等），尽可能保证了测题的科学性和客观性；对量表进行因素分析的过程中，研究者秉持科学严谨的态度，如在初步确定测题的时候，采用了焦点小组讨论法、测度项分类法，力求确保量表的信度良好，后期通过统计学方法检测量表的内部一致性信度、分半信度、结构效度均符合心理测量学的基本要求。

第四节　自我与法律意识关系的实证研究

在第四章的内容中，作者从理论上探讨了法律意识植根于自我的教育主体主要包括父母、教师以及同伴，而教育方式最大的特点就是蕴含在"关系"当中，比如亲子关系、师生关系、同伴关系等，在良好的

"关系"中，个体会形成强大的、健全的人格"自我"，同时，个体的法律意识亦得以培育。这两者并不是分离的，而是同步发生的，即法律意识植根于自我体系是在"关系"中形成，是逐步从最初的混沌状态过渡到共生状态，到第三阶段的融合状态，即"法律自我"的形成。所以，"法律自我"实则是一种人格特质，只是这种特质是理想化状态下的"自我"，也是社会秩序对个体的期待。形成高水平"法律自我"的个体既是一个独立的、脱离了具体规则秩序束缚的个体，又是一个能以最佳状态融于社会关系中的个体，对规则、法律秩序本质达到深刻认知的个体。

以上纵然是属于理论层面的构建，对于自我与法律意识之间的发展关系，作者预从实证调查视角来论证。在实证调查中，作者将调查被试分为三个阶段，分别为小学阶段、中学阶段以及大学阶段，分别探究不同阶段被试的法律意识与自我之间的关系。这里的实证调研依然不会从法律意识的各个维度进行调查，而是和前面的研究保持一致，从法律认知、法律情感这两个维度进行调查。对于自我的测评，不同阶段的被试选取不同的测评工具进行测量，但测评工具的理论依据和本书中对"自我"的界定相符合。

一 小学生法律认知与自我的关系

1. 研究方法

（1）研究被试

本次调查采取线上调研法，被试为小学四、五、六年级的学生，共回收有效问卷514份。各个省份的样本量为：浙江省419人，河北省75人，其他省份20人。其中男性有296人，占总样本数的57.6%，女性有218人，占总样本数的42.4%。样本中小学四年级有50人，占总样本数的9.7%，五年级有239人，占总样本数的46.5%，六年级有225人，占总样本数的43.8%。

（2）研究工具

法律认知量表：小学生法律认知量表（上述研究已详细介绍）：该量表本次研究的内部一致性系数 α 为0.828。

Piers-Harris 儿童自我意识量表①：采用"智力与学校情况"分量表测评儿童自我的发展状况。该分量表的内部一致性系数 α 为 0.684，共包含 17 个条目，反映被试对自己的智力和学习能力的自我评价，得分高表示对自己的智力和学习满意，也就是自我意识发展水平高。量表为是否选择型测题，符合各条目的标准答案计 1 分，否则计 0 分。本次研究内部一致性系数 α 为 0.803。

儿童少年生活质量量表（QLSCA）②：采用儿童少年生活质量量表的师生关系和同伴关系分量表对被试的社会关系发展状况进行调查。其中师生关系维度包含 5 个条目，同伴关系包含 5 个条目。量表采用 4 级评分，从"从不这样"到"总是这样"。本次研究同伴关系、师生关系两个维度的内部一致性系数 α 分别为 0.78、0.838。

（3）研究程序与数据分析

本研究通过问卷网进行在线施测，主要由各班班主任或者《道德与法治》任课教师予以监督，并辅以电话、微信咨询的方式对测试过程中可能存在的问题进行解答，经过一段时间的数据收集，关闭问卷作答通道，统一回收数据。使用 SPSS21.0 软件进行信度分析、描述统计、相关分析，使用 PROCESS 插件进行中介效应的分析。

2. 研究结果

（1）描述统计和相关分析

将自我意识、法律认知、同伴关系和师生关系四个变量做相关分析，结果显示，变量之间两两相关显著，且均呈正相关（详见表 5.12）。

表 5.12　　　　　各变量的描述统计与相关系数矩阵

变量	M	SD	1	2	3	4
1. 法律认知	4.29	0.53	1			
2. 自我意识	13.04	3.17	0.20***	1		
3. 同伴关系	16.15	2.30	0.15**	0.29***	1	
4. 师生关系	15.65	3.06	0.23***	0.41***	0.60***	1

注：** $p<0.01$，*** $p<0.001$。

---

① 戴晓阳：《常用心理评估量表手册》，人民军医出版社 2010 年版，第 242—249 页。
② 同上书，第 207—217 页。

(2) 小学生自我意识与法律认知的关系：亲子关系、师生关系和同伴关系的中介效应检验

在控制性别、年级的情况下，对同伴关系和师生关系在自我意识与法律认知之间的中介效应检验。结果表明，自我意识显著预测法律认知，且加入两个中介变量后，自我意识对法律认知的影响依然显著，所以同伴关系和师生关系在自我意识与法律认知之间起中介作用。自我意识对师生关系的正向预测作用显著，师生关系对法律认知的正向预测作用也显著；同理，自我意识对同伴关系的正向预测作用显著，同伴关系对法律认知的预测作用不显著。详见表5.13和模型图5.1。

表 5.13　　　　自我意识与法律认知之间的中介效应

指标	法律认知 β	法律认知 t	师生关系 β	师生关系 t	同伴关系 β	同伴关系 t
constant	3.33	18.07***	3.83	4.65***	13.45	16.51***
自我意识	0.02	2.99**	0.25	7.40***	0.27	6.79***
同伴关系	0.00	0.30	0.53	14.65***		
师生关系	0.03	2.96**				
性别	−0.07	−1.60	0.07	0.33	−0.37	−1.43
年级	0.11	3.19**	−0.05	−0.32	−0.14	−0.72
R^2	0.09		0.42		0.09	
F	9.82***		91.26***		16.54***	

注：** $p<0.01$，*** $p<0.001$。

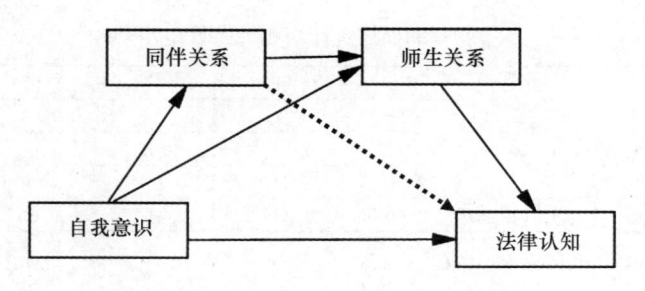

图 5.1　自我意识与法律认知的关系：同伴关系和师生关系的中介效应模型

采用 Bootstrap 法重复抽样 5000 次分别计算 95% 的置信区间，结果如表 5.14 所示。结果显示，路径 2 和路径 3 所对应的置信区间均未包含 0，说明中介效应显著。路径 1 所对应的置信区间均包含 0，说明中介效应不显著。三条中介路径的效应占比分别为 2.24%（路径 1）、20.45%（路径 2）和 11.48%（路径 3），总中介效应占比为 34.17%，详见表 5.14。

表 5.14　同伴关系和师生关系在自我意识与法律认知之间的中介效应检验

指标	Effect	BootSE	BootLLCI	BootULCI	效应占比（%）
间接效应	0.012	0.005	0.004	0.022	34.17
路径 1	0.001	0.003	−0.004	0.006	2.24
路径 2	0.007	0.003	0.002	0.014	20.45
路径 3	0.004	0.002	0.001	0.008	11.48
直接效应	0.024	0.010	0.005	0.041	65.83
总效应	0.036	0.008	0.021	0.051	

注：路径 1：智力与学校情况—同伴关系—法律认知；路径 2：智力与学校情况—师生关系—法律认知；路径 3：智力与学校情况—同伴关系—师生关系—法律认知。

二　初中生法律认知与自我的关系

1. 研究方法

（1）研究被试

本次研究在浙江省某市的某中学选取初中生 569 人，其中男生 279 人，女生 290 人；初一 130 人，初二 168 人，初三 271 人。

（2）研究工具

自尊量表：Rosenberg 自尊量表，量表采用李克特四点计分法，共包含 10 个条目，得分越高代表自尊水平越高。[1] 自尊是个体在社会比较过程中获得的有关自我价值的积极评价与体验，是自我意识之自我体验的重要组成部分。[2] 故本研究用该量表来测评初中生"自我"的发展状况。本次研究中内部一致性系数 α 为 0.791。

---

[1] 戴晓阳：《常用心理评估量表手册》，人民军医出版社 2010 年版，第 251—253 页。

[2] 陈琦、刘儒德：《当代教育心理学》，北京师范大学出版社 2019 年版，第 38—40 页。

法律认知量表（上述研究已详细介绍）：本次研究中内部一致性系数 α 为 0.847。

同伴依恋量表：本研究使用的是由宋海荣修订的中文版《父母同伴依恋问卷》（IPPA）[①] 中的同伴依恋分量表中的同伴信任维度。用于测量中学生与同伴之间的信任发展状况。该维度包括 10 个题目。采用 5 点计分，从"从不"到"总是"分别计 1—5 分。根据量表使用手册，该量表具有较好的信度和效度。分数越高表明同伴信任度越高。本研究中，同伴信任维度的内部一致性系数 α 分为 0.774。

中学生亲子关系问卷：采用吴继霞等人编制的中学生亲子关系问卷（中学生卷）中的亲子喜爱尊重维度，该维度共有 5 个题目，采用 5 点计分，从"很不符合"到"非常符合"分别计 1—5 分，高的分数表示亲子关系发展良好。[②] 本次研究该维度内部一致性系数 α 为 0.727。

（3）数据处理与统计分析

使用 SPSS21.0 软件进行信度分析、描述统计、相关分析，使用 PROCESS 插件进行中介效应分析。从而确定初中生"自我"与法律认知之间的关系及心理机制。

2. 研究结果

（1）共同方法偏差的检验

本研究在收集数据过程中通过匿名调查，数据来源比较多样化。同时，采用 Harman 的单因素分析法来检验共同方法偏差。结果显示特征根大于 1 的因子有 16 个，其中第一个公因子的方差解释率为 20.455%，小于 40% 的临界标准，表明本研究不存在严重的共同方法偏差问题。

（2）描述统计和相关分析

对自尊、法律认知、亲子喜爱与同伴信任进行相关分析。结果显示，各变量之间均呈显著正相关，详见表 5.15。

[①] 宋海荣：《青少年依恋、自尊及其二者关系的发展性研究》，硕士学位论文，华东师范大学，2004 年。

[②] 申继亮、陈英和主编：《中国教育心理测评手册》，高等教育出版社 2014 年版，第 544—545 页。

表 5.15　　　　　各变量的描述统计与相关系数矩阵

变量	M	SD	1	2	3	4
1. 自尊	3.389	0.578	1			
2. 法律认知	4.109	0.559	0.341***	1		
3. 亲子喜爱	3.584	0.963	9.289***	0.255***	1	
4. 同伴信任	3.451	0.652	0.394***	0.336***	0.226***	1

注：*** $p<0.001$。

（3）自尊与法律认知的关系：亲子喜爱与同伴信任的链式中介效应检验

在控制性别的情况下，对亲子喜爱与同伴信任在自尊与法律认知之间关系中的链式中介效应进行检验。结果表明，自尊显著预测法律认知，且加入两个中介变量后，自尊对法律认知的影响依然显著，所以亲子喜爱与同伴信任在自尊与法律认知之间起中介作用。自尊对亲子喜爱的正向预测作用显著，亲子喜爱对同伴信任的正向预测作用也显著；同理，自尊对同伴信任的正向预测作用显著，同伴信任对法律认知的正向预测作用显著。详见表 5.16 和模型图 5.2。

表 5.16　　　　　自尊与法律认知之间的中介效应

变量	法律认知 β	法律认知 t	同伴信任 β	同伴信任 t	亲子喜爱 β	亲子喜爱 t
constant	2.58	16.05***	1.68	9.73***	1.69	6.47***
性别	-0.11	-2.68**	0.06	1.27	0.19	2.47*
自尊	0.22	5.19***	0.41	9.14***	0.47	6.93***
亲子喜爱	0.09	3.89***	0.08	2.95**		
同伴信任	0.18	4.98***				
R^2	0.20		0.18		0.09	
F	33.42***		39.79***		27.07***	

注：* $p<0.05$，** $p<0.01$，*** $p<0.001$。

采用 Bootstrap 法重复抽样 5000 次分别计算 95% 的置信区间，结果如

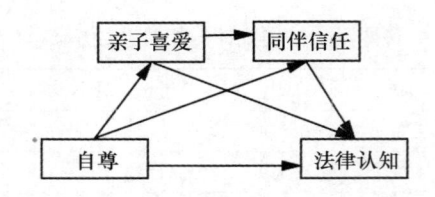

图 5.2　自尊与法律认知的关系：亲子喜爱和同伴信任的链式中介效应模型

表 5.17 所示。结果显示，三条路径所对应的置信区间均未包含 0，说明中介效应显著。三条中介路径的效应占比分别为 12.6%（路径 1）、22.1%（路径 2）和 2%（路径 3），总中介效应占比为 36.7%，详见表 5.17。

表 5.17　亲子喜爱和同伴信任在自尊与法律认知之间的链式中介效应检验

	Effect	BootSE	BootLLCI	BootULCI	效应占比（%）
TOTAL	0.126	0.028	0.076	0.187	36.7
路径 1	0.043	0.018	0.014	0.084	12.6
路径 2	0.076	0.024	0.036	0.128	22.1
路径 3	0.007	0.003	0.002	0.015	2
直接效应	0.217	0.053	0.108	0.317	63.3
总效应	0.342	0.044	0.247	0.421	

注：路径1：自尊—亲子喜爱—法律认知；路径2：自尊—同伴信任—法律认知；路径3：自尊—亲子喜爱—同伴信任—法律认知。

三　大学生法律情感与自我的关系

1. 研究方法

（1）研究被试

本研究在全国范围内选取在校大学生被试 300 名，回收和有效被试共 243 名。其中，男生 68 人，女生 175 人；大一 36 人，大二 35 人，大三 34 人，大四 133 人，大五 5 人；文科生 139 人，理科生 104 人。

（2）研究工具

采用上述编制的大学生法律情感量表测量大学生法律情感的发展状

况。本次研究中的积极法律情感和消极法律情感的内部一致性系数 α 分别为 0.941、0.971。采用核心自我评价量表（详见前面章节）对大学生自我发展状况进行施测，本次研究中该量表的内部一致性系数 α 为 0.735。

（3）数据处理与统计分析

采用 SPSS21.0 对数据进行相关分析和回归分析。

2. 研究结果

（1）各变量的描述性统计及相关分析结果

描述性统计及相关分析表明，大学生核心自我评价与法律积极情感呈显著正相关，与法律消极情感呈显著负相关；法律积极情感与法律消极情感呈显著负相关。

表 5.18　　　　　　各变量的描述统计与相关系数矩阵

变量	M	SD	1	2	3
1. 核心自我评价	3.43	0.58	1		
2. 法律积极情感	4.43	0.59	0.21***	1	
3. 法律消极情感	1.50	0.71	-0.29***	-0.36***	1

注：*** $p < 0.001$。

（2）大学生核心自我评价与法律情感的关系

采用 Hayes 编制的 SPSS 宏中的 Model 4 对法律消极情感在大学生核心自我评价与法律积极情感之间关系中的中介效应进行检验。结果表明，核心自我评价对法律积极情感的预测作用显著，且当放入中介变量后，核心自我评价对法律积极情感的直接预测作用依然显著。核心自我评价对法律消极情感的负向预测作用显著，法律消极情感对法律积极情感的负向预测作用也显著。此外，核心自我评价对法律积极情感的直接效应及法律消极情感的中介效应 bootstrap 95% 置信区间的上、下限均不包含 0，表明核心自我评价不仅能够直接预测法律积极情感，而且能够通过法律消极情感的中介作用预测法律积极情感。该直接效应和中介效应分别占总效应的 55%、45%。详见表 5.19、表 5.20。

表 5.19　　　　　　　　法律消极情感的中介模型检验

指标	法律积极情感 β	法律积极情感 t	法律消极情感 β	法律消极情感 t	法律积极情感 β	法律积极情感 t
核心自我评价	0.12	1.91*	-0.35	-4.86***	0.21	3.45***
法律消极情感					-0.27	-5.52***
R^2	0.14		0.08		0.04	
F	21.85***		23.62***		11.92***	

注：$*p<0.05$，$***p<0.001$。

表 5.20　　　　　　总效应、直接效应及中介效应分解表

指标	效应值	Boot 标准误	BootLLCI	BootULCI	效应占比
法律消极情感的中介效应	0.096	0.035	0.041	0.179	45%
直接效应	0.116	0.053	0.013	0.219	55%
总效应	0.212	0.057	0.103	0.326	

四　讨论分析

1. 小学生法律认知与自我的关系

通过对小学生自我意识与法律认知的实证分析表明，小学生自我意识与法律认知呈显著正相关，且自我意识通过同伴关系和师生关系对法律认知产生影响。本研究中通过选取儿童自我意识中的智力和学校情况维度测评其自我意识发展状况，这是儿童对自己智力以及学校中的表现的一种评价，是儿童人格成长过程中重要的组成部分，这个阶段的自我评价也影响到儿童能否顺利实现社会化。法律认知是儿童对现行法律的基本态度和观点，是儿童法律意识的重要构成内容。儿童的自我意识和法律意识的发展是同步的。具备良好的法律意识既是个体顺利适应法治社会的必备条件，也是建设法治社会对个体的必然要求。儿童的自我意识是在关系中成长与发展起来的，法律认知亦是如此。本研究也印证了这一理论假设。

小学阶段，儿童在学校学习的时间开始增加，与同伴和老师的接触会更频繁，甚至超过与父母相处的时间。所以，这一时期的同伴关系和

师生关系在儿童自我意识发展中起到非常重要的作用。中国大陆的小学生在步入校园之时，就开始接受《道德与法治》课程，这门课程对儿童学习法律知识有一定的影响。年龄小的儿童对课程的学习非常容易受到师生关系的影响，这种影响不仅仅体现在课堂教学中，还会反映在课后的师生相处中。当然，对法律认知同样受到同伴的影响，同伴在儿童的成长中总是起到不可替代的作用。同伴对课程的态度与价值取向会直接影响到儿童的价值观。这就可以解释儿童同伴关系和师生关系在自我意识与法律认知中的中介效应了。

2. 初中生法律认知与自我的关系

研究结果表明，初中生自尊对法律认知的直接效应显著。这与我们之前对法律意识与自我之间的关系推测一致。法律认知作为法律意识重要的组成部分，同理，自尊也作为自我意识的重要成分。因此，自尊对法律认知的显著预测作用表明初中生法律意识与自我之间的密切关系。本研究的中介效应检验表明，法律认知通过亲子喜爱和同伴信任两条路径影响法律认知。对于这样的研究结果可从以下几个方面来解释：首先，自尊作为较稳定的人格特质，是在与父母与他人的交往过程中形成的，尤其是父母，对个体自尊水平的高低有着至关重要的作用。法律认知，是个体在社会化过程中通过正式的、非正式的方式获得的对现行法律的观点、态度，其中包括感知的和理论方面的。前者主要是通过非正式方式获得，后者主要是通过学校教育的方式获得。那么，这种非正式方式就包括通过与父母和同伴的交往过程中获得的有关法律的相关知识、态度与观念。其次，个体的法律认知水平代表着个体对社会主流文化价值观的认可与接纳程度。良好的亲子关系和同伴关系代表着个体良好的社会适应能力，而良好的社会适应能力其实也就是个体社会化程度的体现，判断个体社会化程度的发展高低最重要的一点便是对主流文化价值观的认可与遵循。最后，自尊的形成以及发展均会受到"关系"的影响，法律认知的发展状况也是受到各种"关系"影响，那么，这两个变量实质上均是在"关系"中形成与发展。所以，自尊通过亲子喜爱与同伴信任影响法律认知便很好理解了。不过，需要强调的是，自尊的形成时间点要早于法律认知。但在"法律自我"的最终形成过程当中，它们始终是相伴相随的。

3. 大学生法律情感与自我的关系

研究探讨了大学生法律消极情感在核心自我评价对法律积极情感之间的中介作用，不仅有助于理解核心自我评价对法律积极情感的影响作用，而且有助于我们揭示大学生法律积极情感发展的心理机制。本研究发现，大学生核心自我评价能够通过法律消极情感的中介作用预测法律积极情感。这一结果符合本书前期的相关理论推测，即法律意识与自我之间的"你中有我，我中有你"的耦合关系。本阶段的研究以核心自我评价测量大学生"自我"的发展状况，根据前面的理论，核心自我评价是在"关系"中逐步形成的一种人格特质，而法律意识亦是在与他人的正式与非正式交往中逐步形成的。高水平的核心自我评价一定程度上反映了个体社会网络的健康程度，也是个人对社会关系适应良好的表现。积极法律情感则体现了个体对国家现行法律制度、法律文化乃至法律文本的认可度。反之，消极的法律情感也反映出了个体对主流文化价值的拒斥。因此，个体核心自我评价会通过负向影响消极法律情感，进而正向影响个体的积极法律情感。

五 结论

通过对小学生、初中生和大学生的自我与法律意识之间关系的探究可以得知：第一，在不同发展阶段，个体的自我与法律意识之间总是有着密切的关系，且自我与法律意识之间呈显著正相关。第二，个体自我和法律意识均与各种社会关系呈现出显著相关。第三，个体自我既可以直接影响法律意识，也可以通过一些社会关系影响法律意识。据此可推论，在个体自我和法律意识的背后，隐藏着一个共同的特质，作者暂且称为"法律自我"。

总结与展望

第一节 主要结论

本书基于大量的理论研究，对自我、法律意识、犯罪这几组概念进行分析界定并对其相互关系进行了梳理。自我作为人格的核心，是在与他人交互作用下形成的一个具有结构性和发展阶段性，并以自我意识为其表现形式的人格机制。对自我的研究，首先应该对其自我意识发展水平进行研究，自我意识又包括自我认知、自我体验与自我控制，通过分析其自我意识发展状况，可探究其自我的发展状况。自我是在关系中形成的，家庭作为自我最初的关系发生的环境，亲子关系成为影响自我生成的最为关键的因素，所以首先对个体亲子关系进行剖析，可揭示其自我的最初发展状况。随着个体社会化，同伴关系的影响越来越大，最后个体对社会的适应则可从其社会关系层面进行观察评判。作者将自我以自我意识的形式展现出来，并将影响自我形成的因素进行关系化，这使得对法律意识植根于自我的量化研究。

作者立足于不同的视角，将法律意识分为宏观法律意识和微观法律意识，并说明宏观法律意识是连接社会文化、制度的一种社会意识，包括法律文化、法律传统和法律价值，且这种宏观的法律意识相对于个体而言具有先验性的存在特性。微观法律意识则是基于个体在社会化过程中，逐步将宏观法律意识内化为个体自我结构的一部分，即成为个体人格自我结构的因子，包括法律认知、法律情感、法律意志、法律需要和动机及法律信仰，故微观法律意识源于宏观法律意识，但需要个体人格对之进行吸纳、融合，从这一点来看，其具有内生性的特征。

本书始于对未成年人犯罪现象的关注,故需要对犯罪问题进行探讨。作者通过对犯罪本质的研究,梳理出目前三种犯罪本质观,即法律本位的犯罪内涵、社会本位的犯罪内涵和犯罪人角度所揭示的犯罪内涵。法律本位的犯罪观具有明显的外部特征,便于司法活动的顺利进行,但其缺点是可能会导致立法权的过度扩张。社会本质的犯罪观体现出了犯罪是对社会规则的破坏、对社会主流文化价值的违背,是一种不道德的行为,从而揭示了犯罪的社会危害性以及社会对犯罪行为滋生所提供的温床,最后得出要对犯罪活动进行控制,应在社会中寻找其规律。即便是犯罪的法律本位观,由于法律作为一种社会控制的手段而存在,故也应从属于社会本位观。最后作者论述了透过犯罪人所揭示的犯罪本质,将犯罪的发生归根于犯罪人人格的缺陷,并说明犯罪的社会本位观着眼于犯罪的行为,而犯罪行为会随着犯罪活动的结束而终止,故对犯罪本质的把握最终还是要落脚于对犯罪人的把握。犯罪人的把握应牢牢抓住其社会性,在犯罪人的社会互动过程中寻找犯罪的本质特征。那么,具体到本论文就是将自我作为理解其犯罪本质的一个着力点。

在理顺三组概念的内涵基础上,作者进一步分析了自我与犯罪、法律意识与犯罪、自我与法律意识之间的关系。自我和犯罪的关系表现为,一方面自我健康发展远离犯罪;另一方面自我发展受挫会促使个体成为犯罪易感性人群。法律意识与犯罪的关系表现为,犯罪与宏观法律意识的不相容性,具体表现为犯罪对法律文化的损害、作为法律传统的天敌及对法律价值的否定;另外,微观法律意识的不健全或缺失成为犯罪人的一个显著特征。通过这两组关系的阐释,更进一步地得出了法律意识植根于自我是这两者之间关系的应然之态。作者在接下来的部分首先论述了法律意识植根于自我的理论基础:宏观法律意识的先验性存在作为法律意识植根于自我的前提条件,法律的道德性作为法律意识植根于自我的桥梁作用及自我发展中道德水平的发展是法律意识植根于自我的应有之义。其次,进一步论述了法律意识植根于自我的价值——预防教育和矫治教育体系的建立,即法律意识植根于自我之体系一经形成便构成了犯罪的社会控制网且具备了复杂系统的特性,这种特性本身就具备一种功能性作用。矫治教育则是基于法律意识植根于自我之体系的本身特点、形成过程、影响因素出发,提出了对未成年犯进行矫治的可操作性策略。

接下来本书就以五个相互关联的实证研究对理论设想进行检验分析，其中四个为量化研究，一个为质性研究。四个量化研究是有关未成年犯自我意识与父母教养方式的关系，核心自我评价、依恋、社会支持及法律意识之间的关系，自我意识、疏离感、公正世界信念之间的关系等问题。简而言之，就是未成年犯亲子关系、社会关系及社会关系断裂在法律意识植根于自我之体系形成中的作用进行了实证论证，以及综合以上的实证研究，揭示出犯罪青少年形成的心理机制及预测模型。质性研究则是对三个量化研究的补充和深化。主要得到了下列结论：

第一，未成年犯自我意识发展水平显著低于同龄群体，其父母教养方式表现不良，且积极的父母教养方式很大程度上可以正向预测其自我意识发展状况；反之，消极的父母教养方式负向预测其自我意识发展水平。也就是说，未成年犯不良的亲子关系确实是造成其自我发展不良的关键性因素。

第二，未成年犯核心自我评价水平显著低于同龄群体，父母依恋、同伴依恋中疏离程度显著高于同年龄群体，信任和沟通维度显著低于同年龄群体，且父母依恋通过核心自我评价对同伴依恋起作用。这就是说，未成年犯在家庭关系中形成自我后，会将其行为图式复制到同伴关系方面。这从另一个角度证实了未成年犯自我受亲子关系的影响之大。

第三，未成年犯社会支持显著低于同年龄群体；未成年犯核心自我评价完全通过同伴关系对社会支持起作用。换言之，未成年犯社会交往由家庭、同伴扩大到社会层面后，在家庭关系中形成的自我亦复制到了社会关系层面。由于自我在形成之初便受重创，在接下来的同伴关系、社会关系中都受到了不健全自我的影响。理论上认为，自我形成的过程也是法律意识的内生过程，法律意识与自我兼是在良好的关系中形成，那么不良的关系伴随着不健全的自我的诞生，随之，不健全的自我导致更加不良的关系。这样，法律意识亦丧失掉了内生的土壤。

第四，未成年犯有着严重的社会疏离感，持有世界是不公正的信念且自我意识完全通过疏离感负向预测其公正世界信念——法律价值的发展状况。这一部分的实证研究从反面证实了未成年犯法律意识不能植根于不健全的自我，乃是由于其不健全的自我导致不健全的社会关系，或者不健全的自我导致其边缘化,即社会关系断裂,而社会关系的断裂导致其成为犯罪易感性人群。

第五,可通过变量自我意识与社会疏离感有效预测与解释未成年犯与普通学生组别,自我意识的三个维度和疏离感的九个维度对这两组未成年的预测分类正确百分比达到76.5%。这也进一步证明自我意识与疏离感是预测和影响青少年犯罪的重要因素。

未成年犯不健全的自我始于不良的亲子关系,这种不良的亲子关系表现在不良的父母教养方式中。未成年犯自我形成之初,由于父母角色扮演失败导致未成年犯不能将传统社会所要求的规则、秩序内化为其自我的一部分,间接导致未成年犯缺乏对生命的整合能力,也缺乏理想和对生存价值的思考,直接表现为法律意识的缺失。自我在个体的一生中都在发展,在青少年时期如果有良好的同伴关系或其他人际关系则可重塑其自我。未成年犯普遍表现出同伴关系及其他人际关系发展不良,故导致其不能将法律意识植根于自我,从而也是造成其犯罪的根本性原因。但实证研究亦表明,未成年犯对健康的同伴关系表现出渴求的态度,这为重塑其自我,并将法律意识植根于自我提供了一种路径。因此,法律意识植根于自我的教育体系,既可作为预防未成年人犯罪的有效方式,也是对未成年犯进行矫治的逻辑起点。

通过实证分析及理论研究,作者进一步对法律意识植根于自我之体系进行了论述,主要包括法律意识植根于自我之体系的教育主体和方式,主体包括实施者主体和实施对象主体,是一个双主体间的关系,方式则主要体现在这一体系形成于亲子关系、师生关系、同伴关系和社会关系之中;法律意识植根于自我之体系的内容,主要包括自我中的法律意识、法律意识中的自我,以及如何促使法律意识植根于自我的教育策略;再次,本书稿对法律意识植根于自我的发展三阶段,即混沌状态阶段、共生状态阶段和融合状态阶段进行了阐释;最后对未成年犯法律意识植根于自我的可能性、必要性和矫治策略进行了论述。

最后一部分内容,则是站在预防教育的视角,以小学生、中学生和大学生为研究被试,对法律意识与自我的关系进行了实证验证,以量化的方式验证了前期关于自我与法律意识之间的关系,对后期"法律自我"的提出做好铺垫。

第二节 展望

本研究提出的"法律意识植根于自我"之"双预机制"模型是基于丰富的理论基础，且通过了实证研究的检验。但是由于时间和精力方面所限，有以下几方面需要进一步研究：

首先，本书实证调研方法是基于横断研究进行收集资料，故进一步的研究需要加强纵向研究，通过长期的跟踪调查，揭示其自我与法律意识的生成过程及其走向犯罪道路的节点。同时，对法律意识植根于自我的形成阶段的实证研究也属于横断研究，缺乏纵向追踪数据。

其次，本书前期的实证研究对象为未成年犯，调研是对未成年犯自身各方面资料的收集，但自我和法律意识都是在关系中形成的，故需要对未成年犯重要他人，如父母、同伴、老师等进行直接的调研，以增加研究的可信度。

最后，本书是基于"法律意识植根于自我"之体系提出了教育的"双预机制"——预防与干预，但作者对此机制只是从理论上和实证方面对其可预防性做出了论证，而干预方面只是提出了一些策略建议，故之后的研究应将此机制投入预防教育和矫治教育的实践活动中，从实践中进一步丰富和完善理论研究。同时，本书对"法律自我"的介绍依然处于一种"犹抱琵琶半遮面"的状态，期待后期的研究能够揭开"法律自我"的神秘面纱。

参考文献

一 中文文献

（一）中译著作

［德］哈贝马斯:《重建历史唯物主义》，郭官义译，社会科学文献出版社2000年版。

［德］赫尔巴特:《普通教育学》，李其龙译，人民教育出版社1989年版。

［德］康德:《论教育学》，赵鹏详译，上海世纪出版集团2005年版。

［德］李斯特:《德国刑法教科书》，徐久生译，中国法律出版社2006年版。

［德］鲁道夫·冯·耶林:《为权利而斗争》，郑永流译，法律出版社2012年版。

［德］马克斯·韦伯:《经济与社会》第1卷，上海世纪出版集团2010年版。

［法］孟德斯鸠:《论法的精神》，夏玲译，红旗出版社2017年版。

［法］孟德斯鸠:《论法的精神》上卷，张雁深译，商务印书馆1962年版。

［法］皮埃尔·勒鲁:《论平等》，王允道译，商务印书馆1988年版。

［法］让·雅克·卢梭:《社会契约论》，徐强译，中国社会科学出版社2009年版。

［法］斯特法尼:《法国刑法总论精义》，罗结珍译，中国政法大学出版社1998年版。

［古罗马］西塞罗:《国家篇 法律篇》，沈叔平等译，商务印书馆2002年版。

［古罗马］西塞罗：《论共和国》，王焕生译，上海人民出版社 2006 年版。

［古希腊］亚里士多德：《形而上学》，吴寿彭译，商务印书馆 1959 年版。

［美］埃里克·H. 埃里克森：《同一性：青少年与危机》，孙名之译，浙江教育出版社 1998 年版。

［美］贝姆·艾伦：《人格理论》，陈英敏译，上海教育出版社 2011 年版。

［美］伯尔曼：《法律与革命》第 1 卷，贺卫方译，法律出版社 2008 年版。

［美］伯尔曼：《法律与宗教》，梁治平译，中国政法大学出版社 2003 年版。

［美］博登海默：《法理学——法哲学及其方法》，邓正来等译，华夏出版社 1987 年版。

［美］冯·贝塔朗菲：《一般系统论、基础、发展和应用》，林康义等译，清华大学出版社 1987 年版。

［美］弗里德曼：《法律制度》，李琼英等译，中国政法大学出版社 1994 年版。

［美］弗罗斯特：《西方教育的历史和哲学基础》，吴元训译，华夏出版社 1987 年版。

［美］富勒：《法律的道德性》，郑戈译，商务印书馆 2005 年版。

［美］理查德·昆尼：《新犯罪学》，陈兴良等译，中国国际广播出版社 1988 年版。

［美］列奥·施特劳斯：《自然权利与历史》，彭刚译，生活·读书·新知三联书店 2003 年版。

［美］罗纳德·德沃金：《认真对待权利》，信春鹰等译，中国大百科全书出版社 1998 年版。

［美］庞德：《通过法律的社会控制》，沈宗灵译，商务印书馆 2010 年版。

［美］特拉维斯·赫希：《少年犯罪原因探讨》，吴宗宪等译，中国国际广播出版社 1997 年版。

［美］希尔斯：《论传统》，傅铿等译，上海人民出版社 1991 年版。

［美］约翰·杜威：《民主主义与教育》，王承绪译，人民教育出版社 1984 年版。

［美］詹姆斯：《心理学原理》，田平译，中国城市出版社 2003 年版。

［日］木村龟二:《刑法学词典》,顾肖荣译,上海翻译出版公司1991年版。

［瑞士］弗洛姆:《荣格心理学导论》,刘韵涵译,辽宁人民出版社1988年版。

［瑞士］弗洛姆·荣格:《自我与自性》,赵翔译,世界图书出版公司2014年版。

［意］巴伦·拉斐尔·加罗法洛:《犯罪学》,耿伟等译,中国大百科全书出版社2004年版。

［意］恩里·菲利:《犯罪社会学》,郭建安译,中国人民公安大学出版社2004年版。

［意］菲力:《实证派犯罪学》,郭建安译,中国政法大学出版社1987年版。

［意］切萨雷·贝卡利亚:《论犯罪与刑法》,黄风译,北京大学出版社2008年版。

［英］边沁:《政府片论》,沈叔平译,商务印书馆1997年版。

［英］布莱克本:《犯罪行为心理学》,吴宗宪等译,中国轻工业出版社2000年版。

［英］霍布斯:《利维坦》,黎思复译,商务印书馆1985年版。

［英］霍布斯:《利维坦》,吴克峰译,北京出版社2008年版。

《马克思恩格斯全集》第3卷,人民出版社1972年版。

(二) 中文著作

《老子·道经·二十五章》

《墨子·兼爱上》。

《墨子·兼爱中》。

《荀子·君道篇第十二》。

北京大学哲学系:《古希腊罗马哲学》,商务印书馆1982年版。

蔡飞:《自身心理学:科赫特研究》,福建教育出版社2007年版。

曹立群、任昕:《犯罪学》,中国人民大学出版社2007年版。

陈桂生:《教育原理》,华东师范大学出版社2000年版。

陈琦、刘儒德:《当代教育心理学》,北京师范大学出版社2019年版。

陈卫佐:《德国民法典》,法律出版社2006年版。

戴晓阳:《常用心理评估量表手册》,人民军医出版社2010年版。

法学教材编辑部:《西方法律思想史资料选编》,北京大学出版社 1987 年版。

方俊明:《特殊教育学》,人民教育出版社 2005 年版。

傅小兰:《情绪心理学》,华东师范大学出版社 2016 年版。

高铭暄、马克昌:《刑法学》,北京大学出版社 2000 年版。

郭道晖:《法的时代呼唤》,中国法制出版社 1998 年版。

[美] 哈罗德·J. 伯尔曼:《法律与革命——西方法律传统的形成》,贺卫方等译,中国大百科全书出版社 1993 年版。

李道军:《法的应然与实然》,山东人民出版社 2001 年版。

李德顺:《话语的圈套》,北京出版社 1999 年版。

李放:《法学基础理论纲要》,吉林大学出版社 1987 年版。

李海东:《日本刑事法学者》上卷,法律出版社 1999 年版。

李鹏程:《当代文化哲学沉思》,人民出版社 1994 年版。

李永军:《民法总论》,法律出版社 2009 年版。

联合国教科文组织总部中文科:《教育——财富蕴藏其中》,教育科学出版社 1996 年版。

梁治平:《法律的文化解释》,生活·读书·新知三联书店 1994 年版。

林崇德:《发展心理学》,人民教育出版社 1995 年版。

马克昌、莫洪宪:《近代西方刑法学说史》,中国检察出版社 1996 年版。

孟昭兰:《情绪心理学》,北京大学出版社 2005 年版。

苗力田:《古希腊哲学》,中国人民大学出版社 1989 年版。

彭聃龄:《普通心理学》(修订版),北京师范大学出版社 2004 年版。

钱学森:《论系统工程》,湖南人民出版社 1982 年版。

瞿同祖:《中国法律与中国社会》,中华书局 1981 年版。

申继亮、陈英和主编:《中国教育心理测评手册》,高等教育出版社 2014 年版。

施春华:《神秘的原型》,黑龙江人民出版社 2002 年版。

王丽萍:《亲子法研究》,法律出版社 2004 年版。

王雨田:《控制论、信息论、系统论科学与哲学》,中国人民大学出版社 1988 年版。

王子琳、张文显:《法律社会学》,吉林大学出版社 1991 年版。

吴明隆：《结构方程模型》，重庆大学出版社2010年版。
吴宗宪：《西方犯罪学》，法律出版社2006年版。
吴宗宪：《西方犯罪学史》第3卷，中国人民公安大学出版社2010年版。
薛波：《元照英美法词典》，北京大学出版社2017年版。
薛伦倬：《马克思主义法学新探》，重庆出版社1992年版。
严存生：《西方法律思想史》，法律出版社2010年版。
余延满：《亲属法原论》，法律出版社2007年版。
俞荣根：《儒家法思想通论》，商务印书馆2018年版。
詹世友：《公义与公器——正义论视域中的公共伦理学》，人民出版社2000年版。
张宏生：《西方法律思想史》，北京大学出版社1983年版。
张明楷：《法益初论》，中国政法大学出版社2003年版。
张乃根：《西方法哲学史纲》，中国政法大学出版社1993年版。
张文显：《法理学》，高等教育出版社1999年版。
张正德、付子堂：《法理学》，重庆大学出版社2003年版。
赵祥麟：《外国现代教育史》，华东师范大学出版社1987年版。
周长龄：《法律的起源》，中国人民公安大学出版社1997年版。

（三）中文论文

［美］温伯格：《论美国的法律文化》，朱迪思、潘汉典译，《环球法律评论》1985年第1期。
［苏］马图佐夫：《发展中的社会主义法律体系》，《苏维埃国家与法》1983年第21期。
［德］A.霍耐特：《完整性与蔑视：基于承认理论的道德概念原则》，赵琰译，《世界哲学》2011年第3期。
Davaadorj，Purevsuren（苏伦）：《中蒙两国初中生的自我意识与父母教养方式的对比研究》，硕士学位论文，华东师范大学，2014年。
陈诚、张新民：《大学生法律意识量表的编制和信效度检验》，《西南师范大学学报》（自然科学版）2019年第5期。
陈建文、黄希庭：《中学生社会适应性的理论构建及量表编制》，《心理科学》2004年第27卷第1期。
陈伟、谢可君：《未成年人再犯行为特点与刑罚调整——以累犯制度修改前后的实证分析为基点》,《青年研究》2015 年第 2 期。

陈卓生、张喆、韩布新:《重复犯罪罪犯人格特征分析》,《中国心理卫生杂志》2005 年第 19 卷第 3 期。

成强、张巧明、王惠萍:《大学生对法律概念的认知研究》,《山东师范大学学报》(人文社会科学版)2007 年第 3 期。

程灶火、奚晓岚、陈媛媛:《家庭教养方式问卷的编制和信效度研究》,《中国临床心理学杂志》2011 年第 6 期。

邓验:《青少年网瘾现状及监控机制研究》,博士学位论文,中南大学,2012 年。

丁道群、张湘一、陈锡友:《不同注意资源水平上核心厌恶和道德厌恶刺激加工分离效应的 ERPs 研究》,《心理科学》2016 年第 2 期。

丁学良:《恢复马克思主义关于人的社会性思想的本来面目》,《复旦学报》(社会科学版)1981 年第 1 期。

董杰,魏纪林:《论法律情感的培植》,《理论导刊》2009 年第 8 期。

冯仕政:《法社会学:法律服从与法律正义——关于中国人法律意识的实证研究》,《江海学刊》2003 年第 4 期。

高婷婷:《公正世界信念和认知风格对责备无辜受害者的影响》,硕士学位论文,辽宁师范大学,2012 年。

龚玲:《未成年人犯罪与人格特质、家庭教养方式以及同伴关系的相关研究》,硕士学位论文,湖南师范大学,2010 年。

共青团中央维护青少年权益部,中国互联网络信息中心:《"2019 年全国未成年人互联网使用情况研究报告"发布》,《青年记者》2020 年第 16 期。

郭本禹:《柯尔伯格道德发展的心理学思想述评》,《南京师大学报》(社会科学版)1998 年第 3 期。

郭金花:《民工子女初中生自我意识状况及其与家庭教养方式的相关研究》,硕士学位论文,南京师范大学,2008 年。

郭景萍:《法律情感逻辑形成、运行与功能的三维机制》,《社会科学研究》2013 年第 1 期。

韩小慧:《男性犯罪青少年的教养方式和自我控制——特点、关系及犯罪预测》,硕士学位论文,河南大学,2011 年。

何树彬:《青少年法治教育:目标定位、实施原则与路径》,《青少年犯罪问题》2016年第2期。

洪珊:《小学农民工子女自我意识和教养方式的关系研究——以成都地区为例》,硕士学位论文,四川师范大学,2011年。

胡启忠:《法律正义与法律价值之关系辨正》,《河北法学》2010年第3期。

胡天强、张大均、程刚:《中学生心理素质问卷(简化版)的修编及信效度检验》,《西南大学学报》(社会科学版)2017年第2期。

姬旺华、张兰鸽、寇彧:《公正世界信念对大学生助人意愿的影响:责任归因和帮助代价的作用》,《心理发展与教育》2014年第5期。

姬旺华、张兰鸽、寇彧:《公正世界信念对大学生助人意愿的影响:责任归因和帮助代价的作用》,《心理发展与教育》2014年第5期。

贾应生:《论法律意识》,《人大研究》1997年第9期。

蒋索、何姗姗、邹泓:《家庭因素与青少年犯罪的关系研究述评》,《心理科学进展》2006年第3期。

蒋迅:《法律文化刍议》,《比较法研究》1987年第4期。

金灿灿、邹泓、侯珂:《情绪智力和父母社会支持对犯罪青少年社会适应的影响:直接效应还是缓冲效应》,《心理科学》2011年第6期。

景卫丽:《受害者无辜、群体类型对公正世界信念构成威胁的影响》,硕士学位论文,河南大学,2011年。

况志华:《自由意志与决定论的关系:基于心理学视角》,《心理学探新》2008年第28卷第3期。

李柏杨:《情感,不再无处安放——法律与情感研究发展综述》,《环球法律评论》2016年第5期。

李步云、刘士平:《论法与法律意识》,《法学研究》2003年第4期。

李金忠:《法律情感、法律认知、法律理念——当代大学生法律意识培养三部曲》,《中国成人教育》2012年第22期。

李静雅、徐夫真:《女青少年犯的公正世界信念与心理健康》,《山东省团校学报:青少年研究》2012年第4期。

李俊丽、梅清海、于承良:《未成年犯的人格特点研究》,《中国学校卫生》2006年第2期。

李晓明：《"礼不下庶人，刑不上大夫"辨》，《法学杂志》2003 年第 4 期。

李艳华、郑雪：《控制能力终生发展理论》，《心理学动态》2001 年第 3 期。

刘进田：《法律文化片论》，《法律科学》（西北政法学院学报）1991 年第 1 期。

刘思华、方时姣、刘江宜：《经济与环境全球化融合发展问题探讨》，《陕西师范大学学报》（哲学社会科学版）2005 年第 2 期。

刘旺洪：《法律意识论》，博士学位论文，中国人民大学，2000 年。

刘学灵：《法律文化的概念、结构和研究观念》，《河北法学》1987 年第 3 期。

刘亚娜、高英彤：《论网络游戏对青少年法律意识的影响》，《教育研究》2013 年第 4 期。

刘云林：《法律的道德性：依据及其价值》，《南京社会科学》2001 年第 9 期。

刘作翔、刘振宇：《对法律职业共同体的认识和理解——兼论中国式法律职业共同体的角色隐喻及其现状》，《法学杂志》2013 年第 4 期。

刘作翔：《从文化概念到法律文化概念——"法律文化"：一个新文化概念的取得及其"合法性"》，《法律科学（西北政法学院学报）》1998 年第 2 期。

璐石、吴燕、徐涛：《男性犯罪青少年的生活事件、社会支持和应对方式的对照研究》，《中国健康心理学杂志》2004 年第 8 期。

马艳华：《大学生网络行为中法律意识调查报告——以兰州大学为例》，硕士学位论文，兰州大学，2010 年。

毛豪明：《再论指向生活意义的情感教育》，《安庆师范学院学报：社会科学版》2006 年第 2 期。

苗连营：《公民法律意识的培养与法治社会的生成》，《河南社会科学》2005 年第 5 期。

聂衍刚、张卫、彭以松：《青少年自我意识的功能结构及测评的研究》，《心理科学》2007 年第 30 卷第 2 期。

浦纯钰：《"法律诊所"教育若干问题探讨》，《社会科学家》2005 年第

6 期。

秦华、任大鹏：《公民法律意识的量表测量：一个基于调查数据的分析》，《法学家》2009 年第 5 期。

树臣：《法律传统与法治智慧》，《河北法学》2014 年第 5 期。

宋海荣：《青少年依恋、自尊及其二者关系的发展性研究》，硕士学位论文，华东师范大学，2004 年。

苏志强、张大均、王鑫强：《高中生负性生活事件和主观幸福感：公正世界信念的中介作用分析》，《中国特殊教育》2013 年第 3 期。

唐永春、车承军：《公民法律意识与法治——公民法律意识的法治功能及其塑造》，《求是学刊》1999 年第 3 期。

田菲菲、田录梅：《亲子关系、朋友关系影响问题行为的 3 种模型》，《心理科学进展》2014 年第 6 期。

王丹、初玉霞：《犯罪青少年心理状态及其与社会支持的关系研究》，《中国特殊教育》2013 年第 7 期。

王开琼：《当代大学生法律意识教育调查研究》，《黑龙江高教研究》2012 年第 7 期。

王斯达：《未成年犯监内文化教育折射出的教育公平问题——基于上海、江苏两所未成年犯管教所的调查》，《现代教育科学》2010 年第 12 期。

王雁飞：《社会支持与身心健康关系研究述评》，《心理科学》2004 年第 27 卷第 5 期。

王昱文、王振宏、刘建君：《小学儿童自我意识情绪理解发展及其与亲社会行为、同伴接纳的关系》，《心理发展与教育》2011 年第 1 期。

魏义霞：《梁启超情感教育论》，《求索》2014 年第 9 期。

谢山河、黄章华：《关于当代大学生法律意识的调查分析》，《教育学术月刊》2008 年第 7 期。

邢媛媛：《规制未成年人犯罪的新视野——以内蒙古地区为例》，《前沿》2014 年第 9 期。

幸强国：《法律认知层次刍议》，《四川师范大学学报》（社会科学版）1995 年第 3 期。

徐彪：《论法律传统的功能》，《法学家》2008 年第 4 期。

徐慧、张建新、张梅玲：《家庭教养方式对儿童社会化发展影响的研究综述》,《心理科学》2008年第4期。

徐洁、方晓义、张锦涛:《家庭功能对青少年情绪问题的作用机制》,《心理发展与教育》2008年第2期。

徐淑慧、苏春景、刘若谷:《中国现阶段即将出监未成年犯心理健康状况的新趋势——以对山东省未成年犯的问卷调查为基础》,《心理学探新》2015年第35卷第6期。

徐淑慧、苏春景:《法律信仰的特点、结构与培养策略》,《教育研究》2016年第6期。

徐淑慧、苏春景:《男性未成年犯家庭教养方式与孤独感的关系研究》,《中国特殊教育》2015年第6期。

徐淑慧:《法律意识植根于自我的教育研究》,博士学位论文,鲁东大学,2016年。

徐淑慧:《中学生法律认知测评量表的编制及信效度检验》,《预防青少年犯罪研究》2019年第2期。

许晓童:《从法制教育到法治教育的历史意蕴及实践策略——基于〈青少年法治教育大纲〉视角》,《教育评论》2017年第4期。

闫守轩:《体验与体验教学》,《教育科学》2004年第6期。

杨东、吴晓蓉:《疏离感研究的进展及理论构建》,《心理科学进展》2002年第10卷第1期。

杨显滨:《论当代中国法律文化价值的应然归属》,《河北法学》2013年第31卷第2期。

姚兵、任立军:《论未成年犯罪人无期徒刑之适用》,《预防青少年犯罪研究》2014年第2期。

姚建龙:《国家亲权理论与少年司法——以美国少年司法为中心的研究》,《法学杂志》2008年第3期。

姚建宗:《法律传统论纲》,《吉林大学社会科学学报》2008年第5期。

殷晓菲、潘秀玮、涂有明:《青少年犯罪与公正世界信念的关系研究》,《皖西学院学报》2009年第2期。

于浩:《功利主义视角下法律价值的认知逻辑》,《社会科学》2017年第5期。

袁钢:《法律诊所教学评价方法探究》,《法学杂志》2011年第2期。

张钢成：《论法的价值》，《社会科学家》1993年第2期。

张奎：《法律价值与法律的建构性阐释》，《求索》2017年第11期。

张良驯、刘胡权：《违法犯罪未成年人的思想道德和法律意识研究》，《中国教育学刊》2014年第12期。

张琳：《案例教学法与民法教学》，《当代法学》2002年第10期。

张文显：《法律文化的结构与功能分析》，《法律科学（西北政法学院学报）》1992年第5期。

张文显：《法律文化的释义》，《法学研究》1992年第5期。

张文新、李静雅、赵景欣：《犯罪青少年公正世界信念与情绪适应的关系》，《中国特殊教育》2012年第12期。

赵芳：《家庭治疗的发展：回顾与展望》，《南京师范大学学报》（社会科学版）2010年第3期。

赵军：《家庭因素与未成年人犯罪关系研究——对若干流行观念的定量检验》，《法学评论》2012年第2期。

赵茂矩、徐秀莲、李玉华等：《母婴安全依恋关系与婴儿情绪情感》，《中国妇幼保健》2007年第22卷第13期。

赵鑫：《国外情感教育研究的进展与趋势述评》，《比较教育研究》2013年第8期。

郑杭生：《改革开放30年：快速转型中的中国社会——从社会学视角看中国社会的几个显著特点》，《社会科学研究》2008年第4期。

郑红丽、罗大华：《低自我控制与家庭社会经济地位在青少年犯罪中的作用——我国青少年犯罪成因实证研究初探》，《青年研究》2009年第3期。

郑琳川：《立德树人务必重视情感教育》，《中国教育学刊》2015年第9期。

郑日昌、张杉杉：《择业效能感结构的验证性因素分析》，《心理科学》2002年第25卷第1期。

周愫娴、温淑盈：《家庭结构、家庭功能、自我控制与儿童问题行为之纵贯性研究》，《犯罪与刑事司法研究》2004年第9卷第3期。

朱小蔓：《〈情感教育论〉与情感教育理论建设》，《教育科学》1995年第4期。

朱小蔓:《当代情感教育的基本特征》,《教育研究》1994年第10期。

庄锦英:《情绪影响决策内隐认知机制的实验研究》,博士学位论文,华东师范大学,2003年。

庄锦英:《情绪与决策的关系》,《心理科学进展》2003年第4期。

二 英文文献

Alves, H. & I. Correia., "Personal and general belief in a just world as judgement norms." *International Journal of Psychology*, Vol. 45, No. 3, 2010.

Arrindell W. A., Perris C., Eisemann M., et al., "Cross-national generalizability of patterns of parental rearing behaviour: Invariance of EMBU dimensional representations of healthy subjects from Australia, Denmark, Hungary, Italy and The Netherlands." *Personality & Individual Differences*, Vol. 7, No. 1, 1986.

Baldry A. C., Farrington D. P., "Bullies and Delinquents: Personal Characteristics and Parental Styles." *Journal of Community and Applied Social Psychology*, Vol. 10, No. 1, 2019.

Baron, and W. Stephen. "Self-Control, Social Consequences, and Criminal Behavior: Street Youth and the General Theory of Crime." *Journal of Research in Crime & Delinquency*, Vol. 40, No. 4, 2003.

Baumeister, R. F. & D. M. Tice., "The Strength Model of Self-Control." *Current Directions in Psychological Science*, Vol. 16, No. 6, 2007.

Belsky, J., "The determinants of parenting: a process model." *Child Development*, Vol. 55, No. 1, 1984.

Beyers J. M., Bates J. E., Pettit G. S., et al., "Neighborhood Structure, Parenting Processes, and the Development of Youths' Externalizing Behaviors: A Multilevel Analysis." *American Journal of Community Psychology*, Vol. 31, No. 1–2, 2003.

Bono, J. E. & A. E. Colbert., "Understanding Responses to Multi-Source Feedback: The Role of Core Self-Evaluations." *Personnel Psychology*, Vol. 58, No. 1, 2005.

Booth J. A., Farrell, A., Varano, S. P., "Social Control, Serious Delinquency, and Risky Behavior: A Gendered Analysis." *Crime & Delinquency*, Vol. 54, No. 3, 2008.

Bouffard J. A., Rice S. K., "The Influence of the Social Bond on Self-control at the Moment of Decision: Testing Hirschi's Redefinition of Self-control." *American Journal of Criminal Justice*, Vol. 36, No. 2, 2011.

Boutwell B. B., Beaver K. M., "The Intergenerational Transmission of Low Self-control." *Journal of Research in Crime and Delinquency*, Vol. 47, No. 2, 2010.

Bowlby, J., Attachment and loss, New York: *Basic*, Vol. 2. Separation, 1973.

Bronfenbrenner, U., "Alienation and the four worlds of childhood." *The Phi Delta Kappan*, Vol. 67, No. 6, 1986.

Bronfenbrenner, U., The ecology of human development: Experiences by nature and design, *Harvard University Press*, 1979.

Brown W., Jennings W. G., "A Replication and an Honor-Based Extension of Hirschi's Reconceptualization of Self-Control Theory and Crime and Analogous Behaviors." *Deviant Behavior*, Vol. 35, No. 4, 2014.

Butler, B. & G. Moran., "The impact of death qualification, belief in a just world, legal authoritarianism, and locus of control on venirepersons' evaluations of aggravating and mitigating circumstances in capital trials." *Behavioral Sciences & the Law*, Vol. 25, No. 1, 2007.

Calicchia, J. P. & R. M. Barresi., "Alcoholism and alienation." *Journal of Clinical Psychology*, Vol. 31, No. 4, 1975.

Chapman H. A., Anderson A. K., "Things rank and gross in nature: A review and synthesis of moral disgust. J." *Psychological Bulletin*, Vol. 139, No. 2, 2013.

Chen Z., Kaplan H. B., "Intergenerational Transmission of Constructive Parenting." *Journal of Marriage and Family*, Vol. 63, No. 1, 2001.

Chung H. L., Steinberg L., "Relations Between Neighborhood Factors, Parenting Behaviors, Peer Deviance, and Delinquency Among Serious Juvenile Offenders." *Developmental Psychology*, Vol. 42, No. 2, 2006.

Conger R. D. , Ge X. , Elder G. H. , et al. , "Economic stress, coercive family process, and developmental problems of adolescents." *Child Development*, Vol. 65, No. 2, 1994.

Crowell, J. A. & D. A. Treboux. , "Review of Adult Attachment Measures: Implications for Theory and Research." *Review of Social Development*, Vol. 4, No. 3, 1995.

Cullen, F. T. , J. P. Wright, & M. B. Chamlin. , "Social Support and Social Reform: A Progressive Crime Control Agenda." *Crime & Delinquency*, Vol. 45, No. 2, 1999.

Damon, W. R. & M. Lerner. , Handbook of child psychology: Theoretical models of humandevelopment, New York: *Wiley*, Vol. 1, 2006.

Darling, N. & L. Steinberg. , "Parenting style as context: an integrative model." *Psychological Bulletin*, Vol. 113, No. 3, 1993.

Delvecchio E. , Mabilia D. , Lis A. , et al. , "From China to Italy: Validation of the adolescent self-consciousness questionnaire." *European Journal of Developmental Psychology*, Vol. 11, No. 1, 2014.

Delvecchio E. , Mabilia D. , Lis A. , et al. , "From China to Italy: Validation of the adolescent self-consciousness questionnaireJ." *European Journal of Developmental Psychology*, Vol. 11, No. 1, 2014.

Desjardins, J. , J. M. Zelenski, & R. J. Coplan. , "An investigation of maternal personality, parenting styles, and subjective well-being." *Personality & Individual Differences*, Vol. 44, No. 3, 2008.

Donnellan M. B. , Trzesniewski K. H. , Robins R. W. , et al. , "Low Self-Esteem Is Related to Aggression, Antisocial Behavior, and Delinquency." *Psychological Science*, Vol. 16, No. 4, 2005.

Dornbusch S. M. , Erickson K. G. , Laird J. , et al. , "The Relation of Family and School Attachment to Adolescent Deviance in Diverse Groups and Communities." *Journal of Adolescent Research*, Vol. 16, No. 4, 2001.

Farrell M. , Barnes G. M. , Banerjee S. , et al. "Family cohesion as a buffer against the effects of problem-drinking fathers on psychological distress, deviant behavior, and heavy drinking in adolescents." *Journal of Health and*

Social Behavior, Vol. 36, No. 4, 1995.

Farrington D. P., Coid J. W., Murray J., et al., "Family factors in the intergenerational transmission of offending." *Criminal Behaviour and Mental Health*, Vol. 19, No. 2, 2009.

Ford J. A., "Substance Use, the Social Bond, and Delinquency *." *Sociological Inquiry*, Vol. 75, No. 1, 2005.

Furstenberg, F. F., Jr. *How Families Manage Risk and Opportunity in Dangerous Neighborhoods*. In W. J. Wilson (Ed.), Sociology and the public agenda). Newbury Park, CA: Sage. 1993.

Ge X., Brody G. H., Conger R. D., et al., "Contextual Amplification of Pubertal Transition Effects on Deviant Peer Affiliation and Externalizing Behavior among African American Children." *Developmental Psychology*, Vol. 38, No. 1, 2002.

Giedd, J. N., "The teen brain: insights from neuroimaging." *Journal of Adolescent Health*, Vol. 42, No. 4, 2008.

Giedd, J. N., J. Blumenthal, N. O. Jeffries, et al., "Brain development during childhood and adolescence: a longitudinal MRI study." *Nature Neuroscience*, Vol. 2, No. 10, 1999.

Goswami, U., *Handbook of Childhood Cognitive Development*, Oxford: Blackwell Publishers, 2011.

Gottfredson, M. R., Hirschi, T, *A General Theory of Crime*, New York: Stanford University Press, 1990.

Gottfredson, M. R., Hirschi, T., *A General Theory of Crime*, Stanford University Press, 1990.

Guyer, A. E., C. S. Monk, E. B. Mcclure-Tone, et al., "A developmental examination of amygdala response to facial expressions." *Journal of Cognitive Neuroscience*, Vol. 20, No. 9, 2008.

Haier, R. J., S. Karama, L. Leyba, et al., "MRI Assessment of Cortical Thickness and Functional Activity Changes in Adolescent Girls Following Three Months of Practice on a Visual-Spatial Task." *BMC Research Notes*, Vol. 2, No. 1, 2009. Hammond, E. M., M. A. Berry, & D. N. Rodriguez. , "The influence of rape myth acceptance, sexual attitudes, and belief in a just world on attributions of responsibility in a date rape scenario. " *Legal & Criminological Psychology*, Vol. 16, No. 2, 2011.

Hawkins J. D. , Weis J. G. , "The social development model: An integrated approach to delinquency prevention. " *The Journal of Primary Prevention*, Vol. 6, No. 2, 1985.

Henry D. B. , Tolan P. H. , Gormansmith D. , et al. , "Longitudinal family and peer group effects on violence and nonviolent delinquency. " *Journal of Clinical Child Psychology*, Vol. 30, No. 2, 2001.

Hirschi, T. , "Self-control and crime". In Baumeister, Roy F. (Ed.). Handbook of Self-Regulation: Research, Theory, and Applications,, New York: *Guilford Press*, 2004.

Hirschi, T. , *Causes of Delinquency*, *Berkeley*: University of California Press, 1969.

Hoeve M. , Dubas J. S. , Eichelsheim V. I. , et al. , "The Relationship Between Parenting and Delinquency: A Meta-analysis. " *Journal of Abnormal Child Psychology*, Vol. 37, No. 6, 2009.

Hogue A. , Steinberg L. , "Homophily of internalized distress in adolescent peer groups. " *Developmental Psychology*, Vol. 31, No. 6, 1995.

J. Judge, Timothy A. , et al. , "Dispositional effects on job and life satisfaction: The role of core evaluations. " *Journal of Applied Psychology*, Vol. 83, No. 1, 1998.

James, L. R. & J. M. Brett. , "Mediators, moderators and tests for mediation. " *Journal of Applied Psychology*, Vol. 69, No. 2, 1984.

Jessor R. , Den Bos J. V. , Vanderryn J, et al. , "Protective factors in adolescent problem behavior: Moderator effects and developmental change. " *Developmental Psychology*, Vol. 31, No. 6, 1995.

Jessor R. , Jessor S. L. , "Problem behavior and psychosocial development: a longitudinal study of youth. " *New York New York Academic Press*, Vol. 7, No. 6, 1977.

John, M. , *Doing Counselling Research (Second Edition)*, London: The

Cromwell Press Ltd, 2003.

Judge, T. A. & C. Hurst., "Capitalizing on one's advantages: role of core self-evaluations." *Journal of Applied Psychology*, Vol. 92, No. 5, 2007.

Judge, T. A., A. Erez, & J. E. Bono., "The Power of Being Positive: The Relation Between Positive Self-Concept and Job Performance." *Human Performance*, Vol. 11, No. 2, 1998.

Judge, T. A., E. Amir, & J. E. Bono., "The Power of Being Positive: The Relation Between Positive Self-Concept and Job Performance." *Human Performance*, Vol. 11, No. 2, 1998.

Kammeyer-Mueller, J. D., T. A. Judge, & B. A. Scott., "The role of core self-evaluations in the coping process." *Journal of Applied Psychology*, Vol. 94, No. 1, 2009.

Keltner D., Haidt J., "Approaching awe, a moral, spiritual, and aesthetic emotion." *Cognition and Emotion*, Vol. 17, No. 2, 2003.

Kohut, H., *The Analysis of the Self*, New York: International University Press, 1971.

Kohut, H., *The Restoration of the Self*, New York: International Universities Press, 2009.

Laundra K H, Kiger G, Bahr S J, et al., "A Social Development Model of Serious Delinquency: Examining Gender Differences." *The Journal of Primary Prevention*, Vol. 22, No. 4, 2002.

Leflore, L., "Delinquent Youths and Family." *Adolescence*, Vol. 91, No. 23, 1988.

Lerner, M. J. & D. T. Miller., "Just world research and the attribution process: looking back and ahead." *Psychological Bulletin*, Vol. 85, No. 5, 1978,

Lerner, M. J., *The Belief in a Just World: A Fundamental Delusion*, New-York: Plenum Press, 1980.

Levy, K. N., "Introduction: attachment theory and psychotherapy." *Journal Of Clinical Psychology*, Vol. 69, No. 11, 2013.

Lodewijkx, H. F. M, T. Wildschut, B. A. Nijstad, et al., "In a Violent World a Just World Makes Sense: The Case of "Senseless Violence" in The

Netherlands. " *Social Justice Research*, Vol. 14, No. 1, 2001.

Ludwig J, Duncan G J, Hirschfield P J, et al. , "Urban Poverty and Juvenile Crime: Evidence from a Randomized Housing-Mobility Experiment. " *Quarterly Journal of Economics*, Vol. 116, No. 2, 2001.

Luthar, S. S. & A. S. Goldstein. , "Substance use and related behaviors among suburban late adolescents: The importance of perceived parent containment. " *Development and Psychopathology*, Vol. 20, No. 2, 2008.

Marcia, J. E. , "Development and validation of ego-identity status. " *Journal of Personality and Social Psychology*, Vol. 3, No. 5, 1966.

Mason & Heather. , "Trials of Teens: Alienation, Risk Behaviors Linked. " *Gallup Poll Tuesday Briefing*, 2004.

Millon, T. , *Disorders of Personality: DSM IV and Beyond* 2nd ed, New York: John Wiley and Sons, 1996.

Nofziger S. , "The 'Cause' of Low Self-Control The Influence of Maternal Self-ControlJ. " *Journal of Research in Crime and Delinquency*, Vol. 45, No. 2, 2008.

Patterson G. R. , Dishion T. J. , Yoerger K. , et al. , "Adolescent Growth in New Forms of Problem Behavior: Macro-and Micro-Peer Dynamics. " *Prevention Science*, Vol. 1, No. 1, 2000.

Peng, K. , Ames, D. , & Knowles, E. D. . *Culture and Human Inference: Perspectives from Three Traditions. In D. Matsumoto (Ed.) , The Handbook of Culture and Psychology.* New York, NY: Oxford University Press. 2001.

Perrone D. , Sullivan C. J. , Pratt T. C. , et al. , "Parental efficacy, self-control, and delinquency: A test of a general theory of crime on a nationally representative sample of youth. " *International Journal of Offender Therapy & Comparative Criminology*, Vol. 48, No. 3, 2004.

Posner J. , Russell J. A. , Peterson B. S. , "The circumplex model of affect: An integrative approach to affective, neuroscience, cognitive development, and psychopathology. " *Development and Psychopathology*, Vol. 17, No. 3, 2005.

Raffaelli, M. L. , J. Crockett, &Y. L. Shen. , "Developmental stability and change in self-regulation from childhood to adolescence. " *Journal of Genetic*

Psychology, Vol. 166, No. 1, 2005.

Rand, D. L., J. A. Stein, S., "Turner. Reliability and validity of a self-control measure: Rejoinder." *Criminology*, Vol. 36, No. 1, 1998.

Reekless, T. E., "Adoleseence limitedand Life course persistent an tisoeial behavior: A developmental taxonomy." *Psychologieal Review*, Vol. 100, No. 4, 1993.

Tracy, J. L. & R. W. Robins., "Self-Conscious Emotions: Where Self and Emotion Meet." *Self in Social Psychology*, 2007.

Walters G. D., Espelage D. L., "Bullying Perpetration and Subsequent Delinquency: A Regression-Based Analysis of Early Adolescent Schoolchildren." *Journal of Early Adolescence*, Vol. 39, No. 5, 2019.

Walters G. D., "Mothers and Fathers, Sons and Daughters: Parental Knowledge and Quality of the Parent-Child Relationship as Predictors of Delinquency in Same-and Cross-Sex Parent-Child Dyads." *Journal of Child and Family Studies*, Vol. 28, No. 7, 2019.

White, J. L., T. E. Moffitt, A. Caspi, et al. "Measuring impulsivity and examining its relationship to delinquency." *Journal of Abnormal Psychology*, Vol. 103, No. 2, 1994.

Wright J. P., Cullen F. T., Miller J. T., et al., "Family social capital and delinquent involvement." *Journal of Criminal Justice*, Vol. 29, No. 1, 200.

Yuill, C., "Forgetting and remembering alienation theory." *History of the Human Sciences*, Vol. 24, No. 2, 2011.

附录 A

个人基本情况调查表

亲爱的少年朋友们：

　　你们好！本次测试只作为一项调查活动，不用填写姓名，各种答案没有正确、错误之分。你只需要按照自己的实际情况，认真回答就可以了。为了确保问卷的完整性，请不要漏答。对每份问卷的回答，我们都将严格保密，不会对你、你的家人和同伴造成任何伤害。

　　谢谢你的合作。

　　个人基本情况问卷调查：姓名：可不写　　如果想了解自我情况的可写

　　1. 你的年龄是（　　）岁
　　2. 家庭来源：
　　①城镇（包括县级市）　　　　　　②农村
　　3. 您在家中属于：
　　①独生子女　　　　　　　　　　　②非独生子女
　　4. 你认为自己家庭经济情况：
　　①非常困难　　　　　　　　　　　②比较困难
　　③一般　　　　　　　　　　　　　④比较好
　　⑤非常好
　　5. 单亲家庭与否：
　　①单亲（父或母亡）　　　　　　　②父母离异
　　③非单亲
　　6. 家庭结构：
　　①与父母同住　　　　　　　　　　②与祖父母或外祖父母同住

③其他

……

11. 对人和法律选择选择一种来畏惧，你会选：
①人　　　　　　　　　　　②法律

12. 抛开现实问题，你对法律本身的感情是：
①积极　　　　　　　　　　②消极
③不知道

13. 你对目前社会法律制度的态度：
①满意　　　　　　　　　　②不满意
③不知道

14. 你遵守法律是因为：
①父母从小的教导　　　　　②老师的教导
③自我对法律的学习

附录 B

青少年自我意识量表(部分)

下面是一些关于个人对自己的陈述,请根据是否符合自己的真实情况,在符合自己情况的数字上打"√",其中"1"表示"完全不符合";"2"表示"不符合";"3"表示"说不清";"4"表示"比较符合";"5"表示"完全符合"。

题目	完全不符合	不符合	说不清	比较符合	完全符合
1. 和同伴相比,我觉得自己很聪明	1	2	3	4	5
2. 在学习技能中,我感到自己是一个有价值的人	1	2	3	4	5
3. 只要我努力,我的掌握技能方面就会有进步	1	2	3	4	5
4. 我有明确的学习目标	1	2	3	4	5
5. 我善于抵制诱惑	1	2	3	4	5
6. 无论做什么,我的思路都很清晰	1	2	3	4	5
7. 我长得很难看*	1	2	3	4	5
8. 我喜欢为集体和同伴服务	1	2	3	4	5
9. 我总觉得自己在某些方面不如别人	1	2	3	4	5
10. 在集体面前讲话,我可以讲得很好*	1	2	3	4	5
11. 我是一个幸福的人	1	2	3	4	5
12. 我做事情之前总是先做好计划	1	2	3	4	5

续表

题目	完全不符合	不符合	说不清	比较符合	完全符合
13. 我是一个身体健康的人	1	2	3	4	5
14. 当我做一件事情的时候，我能觉察自己的思考过程	1	2	3	4	5
15. 我时常因为自己的体貌而烦恼*	1	2	3	4	5
16. 教官找我谈话时，我总是很紧张	1	2	3	4	5
17. 我会违反一些服刑守则*	1	2	3	4	5
18. 归根到底，我觉得自己是一个失败者*	1	2	3	4	5
19. 我相信自己在很多事情上的看法是正确的	1	2	3	4	5
20. 对将要发生的事情，我常常会很担忧	1	2	3	4	5
21. 只要有机会，我就能够把尚未学会的东西学会	1	2	3	4	5
22. 讨论问题时，我常常有新的思想观点	1	2	3	4	5
23. 我习惯在入睡前对一天的生活做一个总结	1	2	3	4	5
24. 我对自己的长相很满意	1	2	3	4	5
25. 我善于与人交往	1	2	3	4	5
26. 我是一个热心的人	1	2	3	4	5
27. 在公共场合表演节目或讲话，我会很紧张	1	2	3	4	5
28. 要教官或父母经常督促我，我才会好好学习掌握技能*	1	2	3	4	5
29. 早晨按时起床对我来说是件痛苦的事情*	1	2	3	4	5
30. 我很难集中注意力做一件事情*	1	2	3	4	5
31. 我长得很好看	1	2	3	4	5
32. 在新环境我能很快交到新朋友	1	2	3	4	5
33. 我有很多好朋友	1	2	3	4	5
34. 在学习技能方面上我是一个聪明的人	1	2	3	4	5
35. 我像大多数人一样能够胜任自己的学习	1	2	3	4	5
36. 如果电视节目很好看，我会先看完电视再完成任务*	1	2	3	4	5
37. 我喜欢和我的父母在一起	1	2	3	4	5
38. 我经常被同伴捉弄*	1	2	3	4	5

续表

题目	完全不符合	不符合	说不清	比较符合	完全符合
39. 我有坚持了几年的爱好，如跑步、练琴、书法等	1	2	3	4	5
40. 我的绝大多数朋友长得比我好看	1	2	3	4	5
41. 我会做饭	1	2	3	4	5
42. 我善于安排自己的时间	1	2	3	4	5
43. 我喜欢设身处地地想问题	1	2	3	4	5
44. 我可以控制好自己的情绪	1	2	3	4	5
45. 每次考试或考察掌握学习技能前，我都相信我做好了充分的准备	1	2	3	4	5

附录 C

父母教养方式评价量表（部分）

在回答问卷之前，请您认真阅读下面的指导语：

父母的教养方式对子女的发展和成长是至关重要的。让您确切回忆小时候父母对您说教的每一细节是很困难的，但我们每个人都对我们成长过程中父母对待我们的方式有深刻印象。回答这一问卷，就是请您努力回想小时候留下的这些印象。

问卷有很多题目组，每个题目答案均有 1、2、3、4 四个等级，您分别在最适合您父亲和您母亲的等级数字上画"√"。每题只准选一个答案。您父亲和母亲对您的教养方式可能是相同的，也可能是不同的。请您实事求是地分别回答。

如果您小时候父母不全，可以只回答父亲或母亲一栏。如果是独生女，没有兄弟姐妹，相关的题目可以不答。问卷不记名，请您如实回答。

题目		从不	有时	经常	总是
1. 我觉得我父母干涉我做的任何一件事	父	1	2	3	4
	母	1	2	3	4
2. 我能通过父母的言谈、表情感受他（她）很喜欢我	父	1	2	3	4
	母	1	2	3	4
3. 与我的兄弟姐妹相比较，父母更宠爱我	父	1	2	3	4
	母	1	2	3	4
4. 我能感受到父母对我的喜爱	父	1	2	3	4
	母	1	2	3	4

续表

题目		从不	有时	经常	总是
5. 即使是很小的过错，父亲也惩罚我	父	1	2	3	4
6. 父母总试图潜移默化地影响我，使我成为出类拔萃的人	父	1	2	3	4
	母	1	2	3	4
7. 我觉得父母允许我在某些方面有独到之处	父	1	2	3	4
	母	1	2	3	4
8. 父母能让我得到其他兄弟姐妹得不到的东西	父	1	2	3	4
	母	1	2	3	4
9. 父母对我的惩罚是公平的	父	1	2	3	4
	母	1	2	3	4
10. 我觉得父亲对我很严厉	父	1	2	3	4
11. 父母总是左右我该穿什么衣服和该打扮成什么样子	父	1	2	3	4
	母	1	2	3	4
12. 父母不允许我做一些其他孩子可以做的事情，因为他们害怕我会出事	父	1	2	3	4
	母	1	2	3	4
13. 在我小时候，父母曾经当着别人的面打我或训斥我	父	1	2	3	4
	母	1	2	3	4
14. 父母总是很关心我晚上干什么	父	1	2	3	4
	母	1	2	3	4
15. 当遇到不顺心的事时，我能感到父母在尽量鼓励我，使我得到一些安慰	父	1	2	3	4
	母	1	2	3	4
16. 父母总是过分担心我的健康	父	1	2	3	4
	母	1	2	3	4
17. 父母对我惩罚往往超过我应受的程度	父母	1	2	3	4
		1	2	3	4
18. 如果我在家里不听吩咐，父亲就会恼火	父	1	2	3	4
19. 如果我做错了什么事，母亲总是以一种伤心的样子使我有一种犯罪感或内疚感	母	1	2	3	4
20. 我觉得父亲难以接近	父	1	2	3	4
21. 父亲曾在别人面前唠叨一些我说过的话或做过的事，这使我感到很难堪	父	1	2	3	4

续表

题目		从不	有时	经常	总是
22. 我觉得父母更喜欢我，而不是我的兄弟姐妹	父	1	2	3	4
	母	1	2	3	4
23. 在满足我需要的东西，父母是很小气的	父	1	2	3	4
	母	1	2	3	4
24. 母亲常常很在乎我取得的分数	母	1	2	3	4
25. 如果我面临一项困难的任务，我能感到来自父母的支持	父	1	2	3	4
	母	1	2	3	4
26. 我在家里往往被当作"替罪羊"或"害群之马"	母	1	2	3	4
27. 父母总是挑剔我所喜欢的朋友	父	1	2	3	4
	母	1	2	3	4
28. 父母总是以为他们的不快是由我引起的	父	1	2	3	4
	母	1	2	3	4
29. 父母总试图鼓励我，使我成为佼佼者	父	1	2	3	4
	母	1	2	3	4
30. 父母总向我表示他们是爱我的	父	1	2	3	4
	母	1	2	3	4
31. 父母对我很信任，且允许我独自完成某些事	父	1	2	3	4
	母	1	2	3	4
32. 我觉得父母很尊重我的观点	父	1	2	3	4
	母	1	2	3	4
33. 我觉得父母很愿意跟我在一起	父	1	2	3	4
	母	1	2	3	4
34. 我觉得父母对我很小气、很吝啬	父	1	2	3	4
	母	1	2	3	4
35. 父母总是向我说类似这样的话"如果你这样做我会很伤心"	父	1	2	3	4
	母	1	2	3	4
36. 父母要求我回到家里必须向他们说明我在做的事情	父	1	2	3	4
	母	1	2	3	4
37. 我觉得父母在尽量使我的青春更有意义和丰富多彩（如给我买很多的书，安排我去夏令营或参加俱乐部）	父	1	2	3	4
	母	1	2	3	4

附录 C 父母教养方式评价量表(部分)

续表

题目		从不	有时	经常	总是
38. 母亲经常向我表述类似这样的话"这就是我们为你整日操劳而得到的报答吗?"	母	1	2	3	4
39. 父母常以不能娇惯我为借口不满足我的要求	父	1	2	3	4
	母	1	2	3	4
40. 如果不按父亲所期望的去做,就会使我良心上感到不安	父	1	2	3	4
41. 我觉得母亲对我的学习成绩、体育活动或类似的事情有较高的要求	母	1	2	3	4
42. 当我感到伤心的时候可以从父母那儿得到安慰	父	1	2	3	4
	母	1	2	3	4
43. 父母曾无缘无故地惩罚我	父	1	2	3	4
	母	1	2	3	4
44. 父母允许我做一些我的朋友们做的事情	父	1	2	3	4
	母	1	2	3	4

附录 D

核心自我评价量表(部分)

以下是一些陈述，您可能同意，或不同意，请您根据下面的陈述符合您情况的程度，在题后给出的 5 个选项中进行选择，并在相应的数字上打"√"。

题目	完全不同意	不同意	不能确定	同意	完全同意
1. 我相信自己在生活中能获得成功	1	2	3	4	5
2. 我经常感到情绪低落	1	2	3	4	5
3. 失败时，我感觉自己很没用	1	2	3	4	5
4. 我能成功地完成各项任务	1	2	3	4	5
5. 我觉得自己对工作（学习）没有把握	1	2	3	4	5
6. 总的来说，我对自己满意	1	2	3	4	5
7. 我怀疑自己的能力	1	2	3	4	5

附录 E

父/母亲及同伴依恋量表

表 E1　母亲依恋量表（部分）

下列某些句子问及你对妈妈的感受，或者是你对扮演妈妈角色的那个人的感受。如果有几个扮演妈妈角色的人（例如，生母、继母、奶奶、外婆、阿姨等），选你影响最大的那个人进行回答。请阅读每个句子，然后在后面相应的数字上打"√"。

题目	完全不符合	不太符合	有时符合	常常符合	完全符合
1. 妈妈尊重我的感受	1	2	3	4	5
2. 我感到，妈妈是很称职的妈妈	1	2	3	4	5
3. 我希望有一个和现在不一样的妈妈	1	2	3	4	5
4. 妈妈接受我的现状	1	2	3	4	5
5. 对于我关切的事情，我喜欢征求妈妈的意见	1	2	3	4	5
6. 我感到，将我自己的感受告诉妈妈没有用	1	2	3	4	5
7. 我心烦意乱的时候，妈妈能觉察到	1	2	3	4	5
8. 如果和妈妈讨论我的难题，我感到害羞或者感到愚蠢	1	2	3	4	5
9. 妈妈对我期望太多	1	2	3	4	5
10. 和妈妈相处，我感到心烦意乱	1	2	3	4	5
11. 我感受到的烦恼要比妈妈所知道的要多得多	1	2	3	4	5
12. 当妈妈和我讨论事情时，妈妈在意我的观点	1	2	3	4	5
13. 妈妈信任我的判断	1	2	3	4	5

续表

题目	完全不符合	不太符合	有时符合	常常符合	完全符合
14. 妈妈有自己的难题，因此，我有难题时也不打扰她	1	2	3	4	5
15. 妈妈帮助我更好地理解我自己	1	2	3	4	5
16. 我将我的难题和烦恼告诉妈妈	1	2	3	4	5
17. 我对妈妈感到愤怒	1	2	3	4	5
18. 我从妈妈那里没有得到什么关注	1	2	3	4	5
19. 妈妈帮助我讨论我的困难	1	2	3	4	5

表 E2　父亲依恋量表（部分）

这部分问及你对爸爸的感受，或者是你对扮演爸爸角色的那个人的感受。如几个扮演爸爸角色的人（例如，亲生爸爸、继父、爷爷、外公、叔叔等），选择影响最大的那个人进行回答。请阅读每个句子，然后在后面相应的数字上打"√"。

题目	完全不符合	不太符合	有时符合	常常符合	完全符合
1. 爸爸尊重我的感受	1	2	3	4	5
2. 我感到，爸爸是很称职的爸爸	1	2	3	4	5
3. 我希望有一个和现在不一样的爸爸	1	2	3	4	5
4. 爸爸接受我的现状	1	2	3	4	5
5. 对于我关切的事情，我喜欢征求爸爸的意见	1	2	3	4	5
6. 我感到，将我自己的感受告诉爸爸没有用	1	2	3	4	5
7. 我心烦意乱的时候，爸爸能觉察到	1	2	3	4	5
8. 如果和爸爸讨论我的难题，我感到害羞或者感到愚蠢	1	2	3	4	5
9. 爸爸对我期望太多	1	2	3	4	5
10. 和爸爸相处，我感到心烦意乱	1	2	3	4	5

续表

题目	完全不符合	不太符合	有时符合	常常符合	完全符合
11. 我感受到的烦恼比爸爸所知道的要多得多	1	2	3	4	5
12. 当爸爸和我讨论事情时，爸爸在意我的观点	1	2	3	4	5
13. 爸爸信任我的判断	1	2	3	4	5
14. 爸爸有自己的难题，因此，我有难题时也不打扰他	1	2	3	4	5
15. 爸爸帮助我更好地理解我自己	1	2	3	4	5
16. 我将我的难题和烦恼告诉爸爸	1	2	3	4	5
17. 我对爸爸感到愤怒	1	2	3	4	5
18. 我从爸爸那里没有得到什么关注	1	2	3	4	5
19. 爸爸帮助我讨论我的困难	1	2	3	4	5

表 E3　同伴依恋量表（部分）

这个部分问及你与亲密朋友们之间的关系。请阅读每个句子，然后在后面相应的数字上打"√"。

题目	完全不符合	不太符合	有时符合	常常符合	完全符合
1. 对于我关切的事情，我喜欢征求朋友们的意见	1	2	3	4	5
2. 我心烦意乱的时候，朋友们能理解我	1	2	3	4	5
3. 当我们讨论事情时，朋友们在意我的观点	1	2	3	4	5
4. 和朋友们讨论我的难题使我感到害羞或者感到愚蠢	1	2	3	4	5
5. 我希望更换新的不同的朋友	1	2	3	4	5
6. 朋友们理解我	1	2	3	4	5
7. 朋友们鼓励我说出我自己的困难	1	2	3	4	5
8. 朋友们接受我的现状	1	2	3	4	5
9. 我感到有必要与朋友们更频繁地接触	1	2	3	4	5

续表

题目	完全不符合	不太符合	有时符合	常常符合	完全符合
10. 朋友们不理解我最近的状况	1	2	3	4	5
11. 当我和朋友们在一起的时候，我感到孤单或者感到有距离	1	2	3	4	5
12. 朋友们仔细听我说话	1	2	3	4	5
13. 我感到我的朋友们都很好	1	2	3	4	5
14. 要和朋友们说上话很容易	1	2	3	4	5
15. 当我对某事愤怒时，朋友们试图理解我	1	2	3	4	5
16. 朋友们帮助我更好地理解我自己	1	2	3	4	5
17. 朋友们在意我的感受	1	2	3	4	5
18. 我对朋友们感到愤怒	1	2	3	4	5
19. 我可以依赖朋友们，摆脱情绪困扰	1	2	3	4	5

附录 F

青少年社会支持量表(部分)

您好!请根据您自身与各个项目所描述情况相符合的程度在每题后相应的数字上画"√"。答案无所谓好坏对错,请根据您的真实情况填写,我们承诺对您的资料严格保密。在此向您表示衷心的感谢!

题目	符合	有点符合	不确定	有点不符合	不符合
1. 大多数同学都很关心我	1	2	3	4	5
2. 面对困难的选择时,我会主动向他人寻求帮助	1	2	3	4	5
3. 当有烦恼时,我会主动向家人、亲友倾诉	1	2	3	4	5
4. 我经常能得到同学、朋友的照顾和支持	1	2	3	4	5
5. 当遇到困难时,我经常会向家人、亲人寻求帮助	1	2	3	4	5
6. 我周围有许多关系密切、可以给予我支持和帮助的人	1	2	3	4	5
7. 在我遇到问题时,同学、朋友会出现在我身旁	1	2	3	4	5
8. 在困难的时候,我可以依靠家人或亲友	1	2	3	4	5
9. 我经常从同学、朋友那里获得情感上的帮助和支持	1	2	3	4	5
10. 我经常能得到家人、亲友的照顾和支持	1	2	3	4	5
11. 需要时,我可以从家人、亲友那里得到经济支持	1	2	3	4	5
12. 当遇到麻烦时,我通常会主动寻求别人的帮助	1	2	3	4	5
13. 当我生病时,总能得到家人、亲友的照顾	1	2	3	4	5
14. 当有烦恼时,我会主动向同学、朋友倾诉	1	2	3	4	5

附录 G

法律意识问卷(部分)

请您根据下面的陈述符合您情况的程度,在题后给出的 4 个选项中进行选择,并在相应的数字上打"√"。

题目	完全同意	有点同意	有点不同意	完全不同意
1. 法律面前,人人平等	1	2	3	4
2. 个人自由以不侵犯他人的自由为前提	1	2	3	4
3. 权利与生俱来,神圣不可侵犯	1	2	3	4
4. 没有无义务的权利,也没有无权利的义务	1	2	3	4
5. 权利和义务都是虚幻的东西	1	2	3	4
6. 法律以保护公民的权利为出发点	1	2	3	4
7. 法律是政府管理老百姓的工具	1	2	3	4
8. 自己权利主张的同时必须尊重他人的权利	1	2	3	4
9. 权利是国家和政府给的	1	2	3	4
10. 法律能够确保我们的安全	1	2	3	4

附录 H

青少年疏离感量表（部分）

下列语句是人们的一些体验，对每项描述，看是否符合您的真实感受，并作出选择，请在相应的数字上打"√"。其中"1"表示"完全不符合"；"2"表示"比较不符合"；"3"表示"有点不符合"；"4"表示"不确定"；"5"表示"有点符合"；"6"表示"比较符合"；"7"表示"完全符合"，谢谢您的参与与帮助。

题目	完全不符合	比较不符合	有点不符合	不确定	有点符合	比较符合	完全符合
1. 我感到自己孤独一人	1	2	3	4	5	6	7
2. 每天紧张的生活使我感到苦闷	1	2	3	4	5	6	7
3. 我觉得自己和大自然之间有种疏远的感觉	1	2	3	4	5	6	7
4. 我的思想观念和许多人的思想观念不一致	1	2	3	4	5	6	7
5. 遇到麻烦时，我无法依靠他人给予支持和帮助	1	2	3	4	5	6	7
6. 我时常体验到有种无能为力感	1	2	3	4	5	6	7
7. 我有一种讨厌自己的嫌弃感	1	2	3	4	5	6	7
8. 我觉得生活在一个自己不满意的社会中	1	2	3	4	5	6	7
9. 我感到生活在远离大自然的环境中	1	2	3	4	5	6	7
10. 我感到周围的人像陌生人一样	1	2	3	4	5	6	7
11. 我的理想和意愿与现实不一致	1	2	3	4	5	6	7

续表

题目	完全不符合	比较不符合	有点不符合	不确定	有点符合	比较符合	完全符合
12. 我没有空虚的感觉	1	2	3	4	5	6	7
13. 我对目前的生活感到满意	1	2	3	4	5	6	7
14. 我喜欢我自己	1	2	3	4	5	6	7
15. 即使与朋友在一起，我也经常感到孤独寂寞	1	2	3	4	5	6	7
16. 我经常感到不得不去做自己不想做的事	1	2	3	4	5	6	7
17. 我感到生活在比较令人满意的社会中	1	2	3	4	5	6	7
18. 我感到与周围的人很亲近	1	2	3	4	5	6	7
19. 我感到被什么东西束缚了自由	1	2	3	4	5	6	7
20. 我对自己持肯定的态度	1	2	3	4	5	6	7
21. 朝夕万变、世事无常，我不能把握	1	2	3	4	5	6	7
22. 我感到与亲人之间的感情很亲近	1	2	3	4	5	6	7
23. 我感到大自然离我的生活环境越来越远了	1	2	3	4	5	6	7
24. 我感到和他人之间有距离	1	2	3	4	5	6	7
25. 我感到自己是一个不错的人	1	2	3	4	5	6	7
26. 我对他人失去了兴趣，而且不关心他们	1	2	3	4	5	6	7
27. 我有一种被什么东西逼迫的感觉	1	2	3	4	5	6	7
28. 我感到自己不能融入周围的环境中	1	2	3	4	5	6	7
29. 我总感到自己对许多事情不能控制	1	2	3	4	5	6	7
30. 我觉得自己的生活缺乏充实感	1	2	3	4	5	6	7
31. 我总觉得自己是一个失败者	1	2	3	4	5	6	7
32. 现在的各种思想那么多，我无法确定该信奉哪一个	1	2	3	4	5	6	7
33. 我感到和朋友之间的关系很亲近	1	2	3	4	5	6	7
34. 总的来说，我对自己感到满意	1	2	3	4	5	6	7
35. 我时常体验到一种紧张压迫感	1	2	3	4	5	6	7

附录 I

公正世界信念量表（部分）

下面是一些陈述的语句。对其中一些陈述，您可能极为认同，另一些极不认同，还有一些可能持较中立的看法。请仔细阅读这些语句，根据您认同的程度（从"非常同意"到"非常不同意"），其中"1"表示"非常同意"；"2"表示"同意"；"3"表示"不确定"；"4"表示"不同意"；"5"表示"非常不同意"，请在每题后面相应的数字上打"√"。感谢您的参与和帮助！

题目	非常同意	同意	不确定	不同意	非常不同意
1. 我认为世界基本上是公正的	1	2	3	4	5
2. 我认为我通常得到了应得到的东西	1	2	3	4	5
3. 我觉得许多重大决策是不公平的	1	2	3	4	5
4. 社会上的名人多数是浪得虚名	1	2	3	4	5
5. 那些遭受不公正待遇的人最终会得到补偿	1	2	3	4	5
6. 许多坏人没有得到应有的惩罚	1	2	3	4	5
7. 善有善报，恶有恶报	1	2	3	4	5
8. 正义终将战胜邪恶	1	2	3	4	5
9. 那些寒窗苦读的人，终会实现自己的学业理想	1	2	3	4	5
10. 善于逢迎拍马的人比有真才实学的人爬升得更快	1	2	3	4	5
11. 付出终会有回报	1	2	3	4	5

续表

题目	非常同意	同意	不确定	不同意	非常不同意
12. 找工作时人事关系比能力更重要	1	2	3	4	5
13. 那些关系到我利益的决策基本上是都是公正的	1	2	3	4	5
14. 许多人遭受了不公正的待遇	1	2	3	4	5

附录 J

未成年犯访谈提纲

你好！我是一名在校研究生。因为学术要求，我希望能够得到你得帮助。想对你做一次访谈。这次访谈内容完全保密，并且属于匿名。希望你能够配合我。十分感谢。那么，我们现在开始吧：

第一部分：法律认知

1. 对于"法律面前，人人平等"这句话你怎么看？
2. 个人自由以不侵犯他人的自由为前提，谈谈你的看法？
3. 权利与生俱来，神圣不可侵犯（受教育权利）
4. 没有无义务的权利，也没有无权利的义务（抚养、赡养）
5. 法律应当以保护公民的权利为出发点，法律是政府管理老百姓的工具。这两句话你更喜欢哪一句？为什么？
6. 自己权利主张的同时必须尊重他人的权利
7. 权利是国家和政府给的。谈谈你的看法？
8. 真正的法律能够确保我们的安全，给我们一个和平有序的环境。是这样吗？为啥？

第二部分：法律情感和态度

1. 只要我不违法犯罪，法律与我无关。
2. 法律只是为那些老实人制定的。
3. 你觉得法治社会和人治社会有什么区别？（法治，法律老大；人治，人大于法）
4. 生活中没有了法律，会怎么样？（你喜欢有法律还是没法律）
5. 法律可以让生活变得更美好吗？

第三部分：法律实践能力

1. 经常有人说"人情大于法"，你觉得呢？（关系）

2. 你觉得一般人认为目前社会，法律和权力，谁更大？（解释权力、权势）

3. 你觉得一般人认为打官司丢人吗？

4. 你觉得一般人会认为法院、检察院、公安机关值得信任吗？他们公正吗？

5. 帮朋友报仇，去殴打别人。你觉得一般人会意识到这可能是犯罪行为吗？

6. 如果单身一人走路，遭遇抢东西。一般人会怎么办？（等待回答）会报警吗？为什么？

7. 故事：

王军的父亲是局长。王军的母亲又非常宠爱她的唯一儿子，所以王军养了一身坏习惯。经常和一帮朋友去夜店喝酒，玩乐。有一次，他在夜店喝多了，还打了一个女孩，把女孩的牙齿打掉了2颗。你分析一下，王军的结局？他犯法吗？他爸爸会怎么做？王军会受到惩罚吗？如果他受到了惩罚，你有什么感受？（情绪情感）

第四部分：法律理想

1. 你理想中的法律应该是什么样子？请你展开想象的翅膀，描述一下。可假想。

你想学习法律知识吗？

2. 如果是这样的法律，你喜欢吗？目前社会的法律，你喜欢吗？

第五部分：家庭功能

你和父母一起生活长大的吗？（否）你生活中最重要的人是？画图：心

请回忆你最初进入你脑海中的关于父母的记忆。

讲故事：

小润今年9岁。她读小学三年级。今天老师在课堂上给她们布置了一篇作文，题目是：我的爸爸妈妈。请想象：小润如何描写她的爸妈？或者优缺点是什么。（一件记忆深刻的事情）

第六部分：父母职能

请回忆小时候当你成功地做成某一件事，展示给爸妈时，他们的反应是？

你觉得父母在一定情况下是否是个称职的观众（在你需要表扬、鼓励的时候，他们是否做到了）？

谈论理想中父母的形象。理想和现实有差距吗？

故事：过年的时候，薛景的爸妈让薛景给客人表演节目。薛景很不开心，因为她不喜欢爸妈老把她的表演当作可以炫耀的资本。当客人离开后，爸妈从来不愿意多表扬她一次，更多是提醒她做得不好。薛景的想法可以理解吗？探讨薛景爸妈的做法？

小时候做错事，有受到父母惩罚吗？一致吗？惩罚的理由呢？

第七部分：同伴功能

除了家人，你生命中有没有值得你怀念的人？为什么？引导她多讲。

如果有魔法，你期望自己有一位什么样的朋友？

如果时间可以倒转，你希望这位朋友出现在你人生的哪个阶段？大约几岁？为何？

读书的时候，有没有喜欢的老师或同学？开放式

第八部分：自我薄弱测试

1. 你说，一个人关注自己当下是否幸福？还是更多地应该找寻人类活着的意义呢（理想）？

2. 有没有觉得自己有一种能量（动力），可以促使你去实现自己的梦想？以前有吗？为什么？

3. 如果一个人缺乏别人的鼓励或支持，会怎样？（消沉、酗酒、沉迷玩乐？）

4. 一个人可以忍受多久的单独生活呢？

5. 你觉得生命中，哪一件事情影响你，让你不想规规矩矩地生活，比如触犯法律？

再次表示感谢！

附录 K

小学生法律认知与自我意识及生活质量量表

K1　小学生法律认知量表

亲爱的小学生，你们好！

这份问卷是关于大家对法律的一些基本看法。请仔细阅读题目，并在题目后面的选项中选择最适合你自己的选项，并画圈。例如，我是一名小学生。选项中①②③④⑤分别代表完全不符合、不太符合、不确定、比较符合、完全符合。那么，因为你们是一名小学生，所以会选择⑤，即完全符合。本次调查采取匿名方式，且答案无好坏之分，所以请按照真实情况作答。谢谢大家的参与。

年级：①四年级　　　②五年级　　　③六年级

出生年月：_____年_____月

性别：①男　　　②女

题目	完全不符合	比较不符合	不确定	比较符合	完全符合
1. 法律上来讲，我认为可以独自去买文具	1	2	3	4	5
2. 法律上来讲，我认为我可以独自去买电脑	1	2	3	4	5
3. 我认为律师是提供法律服务的职业人员	1	2	3	4	5
4. 我知道打官司会用到法律方面的知识，比如离婚的时候	1	2	3	4	5

续表

题目	完全不符合	比较不符合	不确定	比较符合	完全符合
5. 在大多数情况下，借钱的时候写了欠条，法律会让写欠条的人还钱	1	2	3	4	5
6. 我知道《中华人民共和国宪法》是根本大法	1	2	3	4	5
7. 我知道《义务教育法》	1	2	3	4	5
8. 我知道《未成年人保护法》	1	2	3	4	5
9. 我认为成年子女有赡养扶助父母的义务	1	2	3	4	5
10. 我觉得去学校读书是我的一种权利	1	2	3	4	5
11. 当我的受教育权被侵犯时，我可以通过法律途径来维护	1	2	3	4	5
12. 我觉得法律可以维护秩序	1	2	3	4	5
13. 我觉得法律面前人人平等	1	2	3	4	5
14. 在我看来，大多数人都会遵守规则	1	2	3	4	5
15. 法律应该禁止非法剥夺他人的生命	1	2	3	4	5
16. 大多数人认为法律很公平					

K2 Piers-Harris 儿童自我意识量表（部分）

亲爱的同学们，以下是自我意识相关的题目。保密情况同上，请大家根据你们的实际情况做出选择，符合你们的情况请选择"是"，不符合你们的情况请选择"否"。

题目	是	否
我聪明		
当老师找我时，我感到紧张		
我长大后将成为一个重要的人物		
在学校里我表现好		
我常常有好主意		

续表

题目	是	否
我在家里是重要的一员		
我的学校作业做得好		
我完成学校作业很慢		
在班上我是一个重要的人		
在全班同学面前讲话我可以讲得很好		
在学校我是一个幻想家		
我的朋友喜欢我的主意		
在学校我自愿做一些事		
在学校里同学们认为我有好主意		

K3 儿童少年生活质量量表（QLSCA）（部分）

以下问卷是为了了解你的生活情况，与你是否聪明、是否是好学生没有关系，题目的答案也没有正确与错误之分。保密同上。请你根据自己的实际情况，选择与你的感觉和生活最接近的答案，并在答案前面的○上进行选择。每题只选一个答案。例题：你喜欢冰淇淋吗？○不喜欢○有点喜欢○比较喜欢○非常喜欢

题目	从不这样	很少这样	经常这样	总是这样
你觉得班上的同学对你友好吗？	1	2	3	4
你对你和老师的关系感到满意吗？	1	2	3	4
你的朋友关心你吗？	1	2	3	4
你对自己的朋友感到满意吗？	1	2	3	4
需要帮助时，你能找到可信赖的朋友吗？	1	2	3	4
你喜欢你的老师吗？	1	2	3	4
你觉得老师对你友好吗？	1	2	3	4

附录 L

中学生法律认知量表

亲爱的同学：你好！本次调查的是关于中学生对法律的基本观点和看法，请根据你的实际情况作答，从 1 到 5 分别代表"完全不符合"到"完全符合"，请在符合你的情况上画"√"。本问卷采用不记名方式作答，遵循保密原则，请放心作答。请不要遗留选项，非常感谢你的参与！

一、基本资料：1. 年级：①初一　　②初二　　③初三
　　　　　　　2. 性别：①男　　②女

题目	完全不符合	比较不符合	不确定	比较符合	完全符合
1. 我觉得法律可以维护秩序	1	2	3	4	5
2. 我觉得法律面前人人平等	1	2	3	4	5
3. 在我看来，大多数人都会遵守规则	1	2	3	4	5
4. 我觉得法律可以确保我们的人身和财产的安全	1	2	3	4	5
5. 我认为法律很公平	1	2	3	4	5
6. 我知道《中华人民共和国宪法》的基本内容体系	1	2	3	4	5
7. 我知道《中华人民共和国义务教育法》的一些内容	1	2	3	4	5
8. 我知道《中华人民共和国未成年人保护法》	1	2	3	4	5
9. 我认为父母有抚养教育未成年子女的义务	1	2	3	4	5
10 我认为成年子女有赡养扶助父母的义务	1	2	3	4	5
11. 我觉得去学校读书是我的一种权利	1	2	3	4	5
12. 当我的受教育权被侵犯时，我可以通过法律途径来维护	1	2	3	4	5

续表

题目	完全不符合	比较不符合	不确定	比较符合	完全符合
13. 我认为当别人借钱写了欠条，法律就会去保护这个借钱的人的利益	1	2	3	4	5
14. 我知道打官司会用到法律方面的知识	1	2	3	4	5
15. 我知道律师具体是做什么的	1	2	3	4	5
16. 法律上来讲，我可以独自去买文具					
17. 法律上来讲，我认为我可以独自去买电脑					

附录 M

自尊量表

亲爱的同学，你们好！以下题目是一些关于我们对自己看法的句子，请根据你的真实想法在答题纸选择相应选项框内打勾或画圈。选项中①②③④分别代表很不符合、不符合、符合、非常符合。请各位同学按照自己的真实情况填写。谢谢配合！

题目	很不符合	不符合	符合	非常符合
1. 我感到我是一个有价值的人，至少与其他人在同一水平上	1	2	3	4
2. 我感到我有许多好的品质	1	2	3	4
3. 归根到底，我倾向于觉得自己是一个失败者	1	2	3	4
4. 我能像大多数人一样把事情做好	1	2	3	4
5. 我感到自己值得自豪的地方不多	1	2	3	4
6. 我对自己持肯定的态度	1	2	3	4
7. 总的来说我对自己是满意的	1	2	3	4
8. 我要是能看得起自己就好了	1	2	3	4
9. 我确实时常感到自己毫无用处	1	2	3	4
10. 我时常认为自己一无是处	1	2	3	4

附录 N

大学生法律情感测评量表

您好！首先，感谢您能够抽出宝贵的时间和精力参与本项研究。这是一份仅供学术研究所用的问卷，本问卷采用匿名方式进行，各题目选项无好坏对错之分，您的真实回答就是最好的答案。我们保证对您所提供的一切信息严格保密。请您仔细阅读每道题目，根据您在工作中的实际感受和体验作答。您所提供的回答对本研究有至关重要的帮助，希望您按真实情况作答。衷心感谢您的帮助和支持！

第一部分：基本信息（相应选项打"√"即可）

你的性别：1 男　　　2 女

你的年级：1 大一　　2 大二　　3 大三　　4 大四

你的专业属于：1 文科　　2 理科

第二部分：

下面是你对我国法律制度、法治精神、基本权利义务的一些情绪体验，请选择一个最符合实际情况的答案。每个题目后面的五个数字代表这些情绪体验与你自身情况的符合程度：1 代表"完全不符合"；2 代表"比较不符合"；3 代表"不确定"；4 代表"比较符合"；5 代表"完全符合"。请仔细阅读每一道题目，并在后面相应的数字上打"√"。

题目	完全不符合	比较不符合	不确定	比较符合	完全符合
1. 我认为法律可以维护良好的社会秩序	1	2	3	4	5
2. 我相信人民法院会公正司法	1	2	3	4	5

续表

题目	完全不符合	比较不符合	不确定	比较符合	完全符合
3. 我认为法治较人治而言，是一种值得信任的治理方式	1	2	3	4	5
4. 我相信个人的法律权利会受到法律保护	1	2	3	4	5
5. 我所承担的法律义务是合理的	1	2	3	4	5
6. 我认为学习法律会提升个人的综合素质	1	2	3	4	5
7. 我认为法治社会可以带给人民幸福	1	2	3	4	5
8. 我认为在法律的保护下，社会会越来越美好	1	2	3	4	5
9. 我觉得在日常生活当中运用法律知识解决问题很有趣，很有意思	1	2	3	4	5
10. "法律权利"是个美好的词	1	2	3	4	5
11. 我对自己享有的基本权利很感兴趣	1	2	3	4	5
12. 我觉得依法治国希望渺茫	1	2	3	4	5
13. 法律在社会生活中的公信力并不好	1	2	3	4	5
14. 法律在社会生活中的作用力不好	1	2	3	4	5
15. 我觉得自己的基本权利没有得到保护	1	2	3	4	5
16. 我对社会主义法律的权威性感到失望	1	2	3	4	5
17. 法律是什么与我无关	1	2	3	4	5
18. 我不关心当前社会是不是法治社会	1	2	3	4	5
19. 我并不关心当前有哪些法律部门	1	2	3	4	5
20. 法律不值得我尊重	1	2	3	4	5
21. 我觉得相信法律是一件无聊的事情	1	2	3	4	5
22. 我觉得维权行为很无聊	1	2	3	4	5
23. 我觉得过马路闯红灯还被教育很没意思	1	2	3	4	5
24. 我不关注别人是否履行了法律义务	1	2	3	4	5
25. 法律权利和法律义务是否平等，与我无关	1	2	3	4	5
26. 学习法律基础知识让我厌烦	1	2	3	4	5
27. 我讨厌类似人民法院这样的司法机关	1	2	3	4	5
28. 看那些卷入到法律纠纷中的报道让我厌烦	1	2	3	4	5
29. 法律的强制性让我讨厌	1	2	3	4	5
30. 去法院旁听庭审过程是一件令人生厌的事情	1	2	3	4	5

续表

题目	完全不符合	比较不符合	不确定	比较符合	完全符合
31. 我讨厌学习公民的基本法律权利	1	2	3	4	5
32. 我不喜欢宪法规定的各种法律义务	1	2	3	4	5
33. 法律义务让我觉得失去了自由	1	2	3	4	5

后　　记

　　本书稿始于博士学位论文的开题，主体部分完成于 2016 年的春季。在那个草长莺飞、春意盎然的季节，我的博士学位论文也要随着那个春天的到来而含苞待放。它在经历过寒风侵肌、风号雪舞的冬季后，终于迎来了属于自己的莺啼燕语、桃红柳绿的春天。当时，我看着鲁东大学教科院门前的玉兰花肆无忌惮地绽放着自己的美丽，呵，它的花瓣是那么洁白轻柔，好似一无辜的仙女初来人间，欢快的又略带矜持地打量着这个陌生的世界。玉兰花的美，终究吸引了大学女生前来观赏。她们三五成群地与她合影，或许期许自己也像这花儿一样娇美吧。玉兰花在这个时候，也会被女生们的笑声和青春的容颜所感染，这种时光真的好惬意。也会有男士拿着相机，不为自拍，只是为了记录她的美，想将这份美永远地留在记忆中。从不同的角度、不同的拍照姿势表现出他对玉兰花的一种独有的情怀。等待一切喧嚣沉寂下来，唯有我依然艳羡着玉兰花存在状态。它不以物喜，不以己悲，始终只是在安静地做着自己，开着属于自己的那份美丽，最终又与大地消融于一体。它从未依仗自己的美而恃宠若娇，亦不因为自己短暂的花期而沉沦悲观，它热爱这个世界，但同时也期望回归大自然的怀抱。这就是它所具有的气定神闲的气质，这份独特的气质，足以让我倾心。我的博士学位论文工作，就在这玉兰绽放的季节，渐进尾声，体验不到更多的喜悦，但却心怀感激之情。

　　在整个论文期间，对我帮助最大的莫过于我的导师苏春景教授。对苏老师的敬意始于 2013 年走进鲁东大学的大门，很感谢命运对我的眷顾，能够成为鲁东大学首届、他的第一个博士生。三年的求学生涯，让我对导师一词有了全新的认识；他不仅仅是我的学术引领者，更是我学业的指导者，做人、做事的典范与榜样。说到这里，又回到了我博士学位论文中所说的关系对个体成长的重要性。即便我已成年、即便即将步入社会，但是关系对我而言依然极其重要，苏老师在师生关系中，给予的是宽容、博爱、责任，对他来说，学生的发展是第一位的，他包容了我不成熟的处事方式，并身体力行指点学生该如何去做事、做人，在他的期待中，我学会了与人为善，学会了宽容待人，更被他勤勉与负责的工作精神所感动。我从不敢公开承认，自己有社交恐惧的嫌疑，可是在鲁东大学，导师成了我最大的社会支持，是我去面对社交的精神支持。总觉得，是在我尊敬的导师的引导下，成就了今天的自我。从此以后，导师一词代表着关爱他人、代表着严谨、代表以人为本，着眼于人的发展。而这一切，都是苏春景老师教给我这个有点笨拙的弟子的。所有的语言在这里尽显苍白无力，我只能说，谢谢您，我敬爱的苏老师！

　　生活于这个社会中，我依然感谢其他的老师。感谢平易近人且极具人格魅力的张武升老师，睿智博学的吴宗宪老师，和蔼可亲的毕宪顺老师，感谢答辩委员会主席刘复兴教授，答辩委员会成员王坦教授，感谢美貌与智慧并存的郑淑杰老师、张香兰老师，代表正义的于大水老师，勤奋的闫旭蕾老师、章恩友老师，博才多学的姚建龙老师、张济洲老师、靳玉乐老师，为我们读博士研究生期间创造良好学习氛围的魏雪峰老师、孙本洁主任、曲卫玲老师，以及一直以来对我心灵上给予支持的郑林科老师和肖琼老师，在你们的帮助下，我方可完成自己的博士学位论文。感谢你们用自己的智慧与师德助我遇见更好的自己。

　　感谢山东省未管所的领导李厥瑞、王长征、赵东，心理咨询人员杨军，感谢芝罘区人民检察院、人民法院相关领导和工作人员对我的研究所提供的帮助和支持！

　　感谢我的同门师妹师兄的帮助，王陵宇师兄对我的写作过程中的"质疑"很好地启发了我对论文脉络的把握与理解，师妹张蕾、张静、刘丽、赵秀欣、李亚、张彩艳、李雅君、林欣、彭楠楠和赵茜对我实证研究数据方面的录用让我免去了更多烦琐的工作量。也谢谢我的同学段炼炼博士三年间对我做人做事的影响，让我顺利地社会化，更好地适应社会。感谢赵西、王译锋两位研究生对本书稿排版所做的贡献，以及感谢弟弟徐文斌在我写书稿的时候给予的支持与关心。

你们的付出我无以为报，但愿在每个春意盎然的季节里，大自然能够明白我的心意，愿这份感激之情乘着和煦的春风，伴随着甜美的花香在你们工作学习之余带给你们一个愉悦的心情。

在博士研究生毕业四年后，我决定出版本书。四年的时光如同白驹过隙，一切宛如昨日，一切却已悄然变化。在这四年里，十分感谢我就职的高校——温州大学，感谢温州大学的各位领导在我成长的路上给予我的无私帮助与关怀，同时感谢温州大学人文社科处的领导对于出版本书所给予的支持与资助。也许，这些感谢的话语可能被视为附庸风雅，或讥为场面话，但请相信，这些语言没有沾染一丝媚俗的气息。谢谢你们！

学术的道路是无止境的，这种无止境来源于我们对真理的追求，对真善美的执着，更是对生命意义的思索。本书稿的完结，只是对我过去科研任务的一个小结。愿我自己能够保持初心，以一颗至善至美的心，用一份纯粹无瑕的情，投入到对智慧的探寻之路上。在春风又绿江南岸的盎然春季，于绿树阴浓夏日长的鼎盛夏日，置身湖光秋月两相和的丰盈饱满的秋季以及到北风吹雁子雪纷纷的沉稳冬季里去邂逅那个更美的自己！